Análise das Demonstrações Financeiras

3ª Edição Revista e Ampliada

Dados Internacionais de Catalogação na Publicação (CIP)
(Câmara Brasileira do Livro, SP, Brasil)

Padoveze, Clóvis Luís.
　　Análise das demonstrações financeiras / Clóvis Luís Padoveze, Gideon Carvalho de Benedicto. - 3. ed. rev. e ampl. – São Paulo : Cengage Learning, 2024.

　　8. reimpr. da 3. ed. de 2010.
　　Bibliografia
　　ISBN 978-85-221-1070-4

　　1. Administração financeira 2. Balanço financeiro 3. Controladoria 4. Demonstrações contábeis I. Benedicto, Gideon Carvalho de. II. Título.

10-08969　　　　　　　　　　　　　　　　　　CDD-657.3

Índices para catálogo sistemático:

1. Análise das demonstrações financeiras : Contabilidade : Administração de empresas 657.3
2. Demonstrações financeiras : Análise : Contabilidade : Administração de empresas 657.3

Análise das Demonstrações Financeiras

3ª Edição Revista e Ampliada

Clóvis Luís Padoveze
Gideon Carvalho de Benedicto

∵ CENGAGE

Austrália • Brasil • México • Cingapura • Reino Unido • Estados Unidos

CENGAGE

Análise das Demonstrações Financeiras – 3ª edição revista e ampliada
Clóvis Luís Padoveze e Gideon Carvalho de Benedicto

Gerente Editorial: Patricia La Rosa

Editora de Desenvolvimento: Gisela Carnicelli

Supervisora de Produção Editorial: Fabiana Alencar Albuquerque

Revisão: Bel Ribeiro e Daniele Fátima

Diagramação: Cia. Editorial

Capa: MSDE/Manu Santos Design

© 2011 Cengage Learning, Inc.

Todos os direitos reservados. Nenhuma parte deste livro poderá ser reproduzida, sejam quais forem os meios empregados, sem a permissão, por escrito, da Editora. Aos infratores aplicam-se as sanções previstas nos artigos 102, 104, 106 e 107 da Lei nº 9.610, de 19 de fevereiro de 1998.

Esta editora empenhou-se em contatar os responsáveis pelos direitos autorais de todas as imagens e de outros materiais utilizados neste livro. Se porventura for constatada a omissão involuntária na identificação de alguns deles, dispomo-nos a efetuar, futuramente, os possíveis acertos.

A Editora não se responsabiliza pelo funcionamento dos sites contidos neste livro que possam estar suspensos.

Para informações sobre nossos produtos, entre em contato pelo telefone **+55 11 3665-9900**.

Para permissão de uso de material desta obra, envie seu pedido para **direitosautorais@cengage.com**.

ISBN-13: 978-85-221-1070-4
ISBN-10: 85-221-1070-0

Cengage
WeWork
Rua Cerro Corá, 2175 – Alto da Lapa
São Paulo – SP – CEP 05061-450
Tel.: +55 11 3665-9900

Para suas soluções de curso e aprendizado, visite **www.cengage.com.br**.

Impresso no Brasil
Printed in Brazil
8. reimpr. – 2024

AGRADECIMENTOS

Agradecemos imensamente ao professor Geraldo Romanini pela revisão geral do nosso trabalho, assim como pela cessão de algumas figuras e exercícios. Agradecemos também ao professor Geraldo Biaggi pelo auxílio no desenvolvimento do instrumental estatístico do Capítulo 7.
A Érika Baptistella da Silva, mais uma vez nosso agradecimento pela ajuda na formatação deste trabalho.

Prefácio à Segunda Edição

É com muita satisfação que temos a oportunidade de apresentar a segunda edição de nosso trabalho. Estamos complementando a edição original com aperfeiçoamentos e a apresentação de novos conceitos e instrumentos, que julgamos necessários para a atualização adequada do livro, dentro do espírito de termos um trabalho bastante focado e conciso. As principais alterações foram:

No Capítulo 1, complementamos a obtenção dos indicadores decorrentes dos principais eventos econômicos, com a inserção da margem bruta percentual.

No Capítulo 4 – Análise da Rentabilidade –, com o objetivo de vincular esta análise à estrutura de capital, introduzimos um resumo das teorias desta estrutura com a apresentação das abordagens ortodoxa, do lucro operacional e MM (Modigliani e Miller).

O Capítulo 5 recebeu dois complementos significativos. Introduzimos dois indicadores de análise de crescimento, o de crescimento sustentável e a análise de crescimento de uma série de mais de três períodos, com base anual, denominada taxa anual composta de crescimento, mais comumente utilizada pela sigla do nome em inglês – CAGR (*Compound Annual Growth Rate*).

Introduzimos também um novo tópico denominado Indicadores da Bolsa de Valores, em que são apresentados três indicadores gerados pela Bovespa: o Ibovespa, o Índice de Negociabilidade da Ação e o Índice de Sustentabilidade Empresarial (ISE).

No Capítulo 8, complementando a análise pelo EBITDA, introduzimos o conceito e indicador de margem EBITDA, também muito utilizado nas análises de investimentos. Também nesse capítulo fizemos a introdução de um novo tópico – Valor da Empresa e Múltiplos – para dar maior consistência e atualidade ao conjunto de técnicas de análise de investimentos.

Agradecemos a todos os colegas, discentes e docentes, pela recepção e utilização do nosso trabalho, que nos permitiram a oportunidade de oferecer esta atualização.

Clóvis Luís Padoveze
Gideon Carvalho de Benedicto.

Prefácio à Terceira Edição

Renovamos mais uma vez a satisfação de termos a oportunidade de atualizar nosso trabalho. Para nós é um motivo de grande satisfação porque entendemos que o público tem aceitado nossa proposta de análise das demonstrações financeiras e nos dado a oportunidade de fazer a atualização do material.

O livro sofreu inúmeras atualizações em função das alterações ocorridas após a Lei 6.404/76, a lei das sociedades anônimas, na qual consta a estrutura básica das demonstrações financeiras que deve ser apresentada em nosso país. As alterações foram promovidas pelas leis 11.638/07 e 11.941/09 e tiveram como objetivo fazer a adaptação das práticas contábeis brasileiras às práticas internacionais de contabilidade (IFRS). Parte das alterações foram decorrentes da adoção de novas semânticas na apresentação das rubricas do balanço patrimonial e da demonstração de resultados, e parte implicaram na adoção de novos critérios de avaliação. Outra alteração muito importante foi a substituição da demonstração das origens e aplicações de recursos pela demonstração dos fluxos de caixa.

Em relação ao instrumental básico da análise de balanço, essas alterações não provocaram mudanças essenciais nos instrumentos de análise, que, em princípio, permaneceram os mesmos. A seguir apresentamos as principais alterações desta edição:

- alteração de todas as nomenclaturas nas demonstrações contábeis apresentadas, tanto nos textos como nos exercícios;
- apresentação das *principais alterações da Lei 6.404/76 introduzidas pelas leis 11.638/07 e 11.941/09*, no Capítulo 2;
- apresentação dos *novos conceitos de avaliação* decorrente da adoção das práticas internacionais, também no Capítulo 2;
- introdução do conceito de *Qualidade dos Lucros*, ainda no Capítulo 2;
- introdução do tópico *"Análise e entendimento das demonstrações dos fluxos de caixa"*, no Capítulo 2, tendo em vista que esta demonstração passa a ser obrigatória para a maior parte das empresas;
- introdução das *fórmulas contábeis para obtenção dos dados da demonstração dos fluxos de caixa pelo método direto* a partir do balanço patrimonial e da demonstração do resultado do exercício.

Continuamos à disposição dos docentes e discentes para sugestões sobre nosso trabalho.

Clóvis Luís Padoveze
Gideon Carvalho de Benedicto.

SUMÁRIO

Plano da Obra e Metodologia	XI
Parte I – Fundamentos	**1**
Capítulo 1 – Visão Geral e Fundamentos dos Modelos de Análise	3
1.1 Demonstrações Financeiras: Visão Agregada da Empresa	3
1.2 Evento Econômico e as Demonstrações Financeiras	6
1.3 Modelos Básicos de Análise das Demonstrações Financeiras a Partir dos Eventos Econômicos	8
Capítulo 2 – Entendendo as Demonstrações Contábeis	27
2.1 Balanço Patrimonial e Demonstração de Resultados	27
2.2 Conceitos Fundamentais e Estrutura do Balanço Patrimonial	33
2.3 Apresentação Legal das Demonstrações Contábeis Básicas	40
2.4 Relatórios Contábeis e Principais Eventos Econômicos	49
2.5 Demonstrações Contábeis Consolidadas	68
2.6 Demonstrações Contábeis em Moeda de Poder Aquisitivo Constante	73
2.7 Demonstrações Contábeis em Outras Moedas	79
2.8 Demonstrações Contábeis e Variações de Preços	85
Capítulo 3 – Objetivos da Análise Financeira, Usuários e Ajustes das Informações	89
3.1 Objetivos da Análise Econômico-Financeira	90
3.2 Usuários Interessados na Análise Econômico-Financeira	91
3.3 Demonstrações Básicas para Análise Econômico-Financeira	97
Parte II – Análise das Demonstrações Financeiras	**107**
Capítulo 4 – Análise da Rentabilidade	115
4.1 Fundamentos	116
4.2 Rentabilidade do Acionista pelo Lucro Líquido	130
4.3 Rentabilidade da Empresa pelo Lucro Operacional	133
4.4 Rentabilidade do Financiamento pela Alavancagem Financeira	138
4.5 Análise Geral da Rentabilidade	139
4.6 Desdobramento do Modelo de Análise da Rentabilidade	140
Capítulo 5 – Análise por Indicadores	147
5.1 Indicadores de Liquidez	147
5.2 Indicadores de Estrutura e Endividamento	154
5.3 Estática *Versus* Dinâmica dos Indicadores	164
5.4 Indicadores do Ciclo Operacional	166

5.5	Ciclos Operacional, Econômico e Financeiro	167
5.6	Indicadores de Rentabilidade e Crescimento	174
5.7	Indicadores de Preço e Retorno da Ação	180
5.8	Indicadores da Bolsa de Valores	186
5.9	Outros Indicadores	188

Capítulo 6 – Análise Vertical e Horizontal e Avaliação Geral — 195

6.1	Análise Vertical (AV)	195
6.2	Análise Horizontal (AH)	199
6.3	Exemplo Numérico – Análise Vertical e Horizontal	204
6.4	Painel de Indicadores	208
6.5	Avaliação Final	210

Parte III – Análise Financeira Avançada — 219

Capítulo 7 – Indicadores-padrão, Análise Setorial e Qualificação Financeira — 221

7.1	Indicadores-padrão	221
7.2	Construção dos Padrões	223
7.3	Análise Setorial	231
7.4	Qualificação Econômico-Financeira	234

Capítulo 8 – Análise de Geração de Lucros e Criação de Valor — 241

8.1	Análise de Geração de Lucros	243
8.2	Criação de Valor	248
8.3	Valor da Empresa e Múltiplos	252

Capítulo 9 – Análise Dinâmica do Capital de Giro — 259

9.1	Capital de Giro Próprio	259
9.2	O Modelo Fleuriet – Contas Cíclicas e Erráticas e Necessidade Líquida de Capital de Giro	261
9.3	Gestão do Capital de Giro – Visão Geral	265
9.4	Principais Fatores que Afetam a Necessidade Líquida de Capital de Giro	267

Capítulo 10 – Análise de Balanço em Perspectiva e Critérios de Avaliação de Investimentos — 273

10.1	Fundamentos para a Análise Perspectiva	273
10.2	Exemplos	275
10.3	Critérios de Decisão de Investimento	280
10.4	Modelo Básico para Decisão de Investimento: Valor Presente Líquido (VPL)	281

Apêndice – Demonstrações Publicadas para Análise — 289

Referências Bibliográficas — 297

Plano da Obra e Metodologia

O objetivo deste trabalho é apresentar o instrumental de análise financeira (ou análise de balanço, como é mais conhecida) a partir de uma abordagem metodológica para as disciplinas de Análise Financeira ou Análise de Balanço em qualquer curso de graduação ou especialização que contemple esta disciplina.

A ideia central foi estruturar um texto que permita grande possibilidade de interação entre professor e aluno. Desta forma, ele foi desenvolvido de maneira que consideramos didática, dando ao professor informações que possam ser repassadas ao aluno de forma simples, mas não simplista e, ao mesmo tempo, permitindo-lhe, após a explanação do professor, em outros momentos de estudo, revisar o texto e obter o mesmo entendimento.

Todos os números relativos e indicadores sugeridos são explicados dentro desta abordagem didática, da mesma forma que os diversos modelos sugeridos para análise e avaliação dos dados obtidos pelos números e indicadores extraídos das demonstrações contábeis. Procurou-se também trazer ao máximo os parâmetros utilizados no mundo real da análise de investimentos, para melhor validação das conclusões obtidas.

A abordagem utilizada da análise se deu sobre as demonstrações publicadas. Porém, todos os aspectos gerenciais, levando em conta o instrumental utilizado dentro das empresas, foram considerados. Dessa maneira, o texto contempla tanto a visão clássica de análise feita pelo usuário externo como aquela que deve ser aplicada pelo usuário interno.

A obra é segmentada em três partes. As duas primeiras devem ser aplicadas de forma integral, pois constituem o ferramental mínimo e indispensável para desenvolver uma análise financeira de balanços. Pode-se apenas excetuar o Capítulo 2 – Entendendo as Demonstrações Contábeis – quando está claro que os alunos já têm a base contábil necessária ao ingressar nesta disciplina.

A Parte III – Análise Financeira Avançada – é um complemento gerencial necessário, mas, dependendo da abordagem dada à disciplina e ao curso em questão, pode não haver tempo necessário para o seu desenvolvimento, ou os temas podem ter sido alocados em outras disciplinas correlatas.

ABORDAGEM METODOLÓGICA UTILIZADA

Propomos neste trabalho duas significativas mudanças metodológicas em relação aos diversos textos já existentes sobre o tema, constantes na estruturação do nosso sumário.

A primeira consiste em *apresentar, já na primeira aula, os principais indicadores de análise de balanço* e onde eles se fundamentam, introdutoriamente, no formato apresentado no Capítulo 1. É nosso entendimento que, se forem apresentados os principais índices, mesmo que de forma introdutória, já no primeiro contato entre o professor e o aluno, isso possibilitará conseguir, junto a estes, um grande estímulo e motivação para o desenvolvimento do restante da disciplina.

Temos consciência de que a dinâmica dos principais indicadores (liquidez, margem, rentabilidade etc.) são análises que prendem bastante a atenção. Assim, se apresentados já no início da disciplina, deverão motivar bastante os alunos.

A segunda sugestão metodológica importante de nosso trabalho está no início da Parte II, em que abordamos o conjunto dos instrumentos da análise financeira. Optamos por construir um capítulo específico para a análise da rentabilidade, pois julgamos o conjunto desses indicadores o mais importante da análise de balanço. Assim, *antes de apresentar todo o conjunto dos indicadores e o instrumento da análise vertical e horizontal, sugerimos desenvolver por completo a análise da rentabilidade*.

Dessa maneira, sugerimos a seguinte condução básica da disciplina:

1. Apresentar na primeira aula (após o plano de ensino, bibliografia, critérios de avaliação da disciplina e seu escopo etc.) o Capítulo 1 – Visão Geral e Fundamentos dos Modelos de Análise – dentro da linha apresentada em nosso trabalho.

2. Desenvolver o Capítulo 3 – Objetivos da Análise Financeira, Usuários e Ajustes das Informações – dentro da abordagem que o professor julgar necessária.

3. O Capítulo 2 – Entendendo as Demonstrações Contábeis – deve ficar totalmente a critério do professor. Se ele julgar necessária uma breve revisão, pode utilizar o material constante do capítulo. Lembramos que, dentro dele, desenvolvemos também, mesmo que de forma introdutória, demonstrações contábeis mais avançadas, como fluxo de caixa, valor adicionado, correção monetária integral, balanço em moeda estrangeira e demonstrações consolidadas. Eventualmente, pode ser interessante um breve repasse da possibilidade de utilização desses temas e de seu uso em diversas circunstâncias. Tendo como base demonstrações publicadas, o instrumental de demonstrações consolidadas pode ser objeto de uma breve explanação, uma vez que grande parte das demonstrações publicadas contempla esse tipo de relatório.

4. Desenvolver em seguida, integralmente, a Parte II do trabalho, na ordem em que está apresentada, começando pela análise da rentabilidade, enfatizando sua importância, e concluindo com os indicadores, análise vertical, análise horizontal e a necessidade de um relatório final de avaliação e do julgamento do analista sobre a situação econômico-financeira da empresa.

5. A Parte III é optativa. O Capítulo 7 – Indicadores-padrão, Análise Setorial e Qualificação Financeira – pode ser apresentado de forma resumida. Sugerimos dedicar um tempo à primeira parte do Capítulo 10, na qual introduzimos o conceito de análise de balanço em perspectiva, no sentido de enfatizar aos alunos a necessidade de estender os procedimentos da análise para indagar sobre o futuro desempenho da empresa. Os outros dois capítulos, considerados mais avançados, ficam por conta da avaliação do professor quanto à sua necessidade e ao tempo disponível.

Parte I – Fundamentos

Os fundamentos dos modelos de análise das demonstrações financeiras encontram-se no próprio sistema contábil, que se inicia com o lançamento contábil pelo método das partidas dobradas. Os principais lançamentos refletem os eventos econômicos das operações das empresas, bem como os eventos de financiamento dessas operações. Portanto, para um entendimento adequado dos modelos de análise financeira, é necessário o conhecimento da geração, classificação e acumulação das informações no sistema contábil.

Dessa maneira, a primeira parte do livro inicia-se com um capítulo para introduzir os modelos de análise financeira a partir da movimentação contábil e seu impacto no balanço patrimonial e na demonstração de resultados.

Em seguida são apresentados, além do balanço patrimonial e da demonstração de resultados, os relatórios contábeis decorrentes do processo de sistematização das informações, que auxiliam o processo de análise e são de interesse para diversos usuários das demonstrações financeiras.

Completa-se a primeira parte do trabalho com uma apresentação geral dos objetivos da análise financeira, uma metodologia de trabalho, os principais usuários e suas necessidades específicas de informações.

Capítulo 1 – Visão Geral e Fundamentos dos Modelos de Análise

Podemos definir análise de balanço como a aplicação do raciocínio analítico dedutivo sobre os valores dos elementos patrimoniais e suas inter-relações, expressos nas demonstrações contábeis de uma entidade, com a finalidade de conseguir uma avaliação econômico-financeira da sua situação e do andamento das suas operações. O objetivo geral é obter elementos para o processo de avaliação da continuidade financeira e operacional da entidade analisada.

Em outras palavras, a análise de balanço ou análise financeira consiste em um processo meditativo sobre os números de uma entidade, para avaliação de sua situação econômica, financeira, operacional e de rentabilidade. Da avaliação obtida pelos números publicados, o analista financeiro extrairá elementos e fará julgamentos sobre o futuro da entidade objeto de análise. Portanto, é parte conclusiva da análise de balanço o julgamento do avaliador sobre a situação da empresa e suas possibilidades futuras.

A metodologia da análise de balanço foi desenvolvida primeiramente tendo em vista as necessidades dos usuários externos, ou seja, pessoas e empresas com algum interesse na empresa analisada, mostrando-se um instrumento extremamente útil para os fins a que se destina. Portanto, a mesma metodologia pode e deve ser utilizada pelos usuários internos, ou seja, os responsáveis pela gestão da empresa. Em termos práticos, a metodologia de análise de balanço aplicada pela própria empresa torna-se mais rica em utilidade, uma vez que as informações se apresentam com maior grau de detalhamento e há um conhecimento mais objetivo, específico e direto das relações de causa e efeito das transações dos seus eventos econômicos.

1.1 Demonstrações Financeiras: Visão Agregada da Empresa

As principais demonstrações contábeis ou financeiras são:[1]

a) balanço patrimonial;
b) demonstração do resultado do exercício;
c) demonstração do fluxo de caixa;
d) demonstração das origens e aplicações de recursos;
e) demonstrações das mutações do patrimônio líquido.

O balanço patrimonial reflete a posição da empresa em um determinado momento. As demais demonstrações, a movimentação das contas patrimo-

---

[1] Neste livro, análise de balanço e análise financeira, demonstrações contábeis e demonstrações financeiras têm o mesmo significado.

niais e das operações de um determinado período. O mais conhecido é o anual, que é o obrigatório determinado pela legislação, tanto a comercial, como a fiscal. Assim, a nomenclatura mais utilizada para a demonstração de resultados é Demonstração do Resultado do Exercício (DRE), na qual a palavra *exercício* quer dizer um ano de atividades da empresa. As empresas constituídas societariamente como companhias abertas, que têm suas ações negociadas em bolsa de valores, são obrigadas pela Comissão de Valores Mobiliários[2] (CVM) a apresentar demonstrações financeiras trimestralmente. Assim, a demonstração de resultados dessas empresas abrange um período de três meses, com os trimestres se encerrando em março, junho, setembro e dezembro de cada ano.

O importante a ressaltar com relação ao conteúdo dessas demonstrações é que os dados são apresentados de forma sintética, ou seja, com características de grande agregação de valores. Os dados não são apresentados em grandes detalhes e, portanto, não são considerados analíticos. As contas representativas dos diversos elementos patrimoniais e das operações da empresa são evidenciadas em grandes números, já que o formato oficial tem apenas esta exigência. O maior detalhamento das informações só será obtido caso se tenha acesso ao sistema de contabilidade gerencial das empresas, o que, para o usuário externo, é uma condição praticamente improvável.

Processo de Acumulação das Informações nas Contas Contábeis

De modo geral, as empresas são organizadas em departamentos que congregam várias atividades básicas (ou setores) necessárias para operacionalizar os processos empresariais. Por exemplo: o departamento financeiro normalmente contém as atividades de gestão do fluxo de caixa, contas a receber, contas a pagar, planejamento financeiro, aplicações financeiras, obtenção de financiamentos e execução das contas cambiais. Todas as atividades, em seu desenvolvimento, envolvem os aspectos operacional, econômico e financeiro, concluindo com um efeito patrimonial, ou seja, alterando o patrimônio da entidade. Esse fluxo pode ser visto na Figura 1.1.

As atividades são responsáveis pela execução dos eventos econômicos que deram origem a essas atividades. Podemos definir evento econômico como uma ocorrência que modifica o patrimônio da entidade e generaliza um tipo de transação que ocorre dentro da gestão empresarial necessária para suas operações. O Quadro 1.1 apresenta os principais eventos econômicos de uma empresa e as atividades que os executam.

---

[2] Instituição ligada ao Ministério da Fazenda para fiscalização do mercado acionário.

Capítulo 1 – Visão Geral e Fundamentos dos Modelos de Análise

```
Fluxo Operacional (Físico) → Mensuração → Fluxo Econômico → Fluxo Financeiro → Fluxo Patrimonial

Fluxo Operacional (Físico):
  - Recursos
      ↓
  - Produção
      ↓
  - Produtos e Serviços

Fluxo Econômico:
  - Custos/Estoques
      ↓
  - Receitas
      ↓
  - Resultado Operacional
      ↓
  - Resultado Financeiro
      ↓
  - Resultado Final

Fluxo Financeiro:
  - Desembolsos
      ↓
  - Recebimentos
      ↓
  - Saldo de Caixa

Fluxo Patrimonial:
  - Caixa
  - Contas a Receber
  - Estoques
  - Ativos Fixos
  - Contas a Pagar
  - Patrimônio Líquido Final
```

Figura 1.1 Fluxo operacional, econômico, financeiro e patrimonial das atividades.

Quadro 1.1 Eventos econômicos e atividades

Evento Econômico	Atividade
Compra	Compras
Pagamento de Compra	Finanças
Venda	Vendas
Recebimento de Venda	Finanças
Estoque de Materiais	Estocagem
Estoque de Mercadorias	Estocagem
Consumo de Materiais	Produção
Custo das Vendas	Vendas
Estoque de Produtos Acabados	Expedição
Aplicação Financeira	Finanças
Captação de Recursos Financeiros	Finanças
Aquisição de Imobilizados	Qualquer atividade
Depreciação	Qualquer atividade
Distribuição de Lucros	Acionistas
Recolhimento de Impostos	Compras, vendas e finanças
Pagamento de Custos de Fabricação	Produção
Pagamento de Despesas Administrativas	Administração
Pagamento de Despesas Comerciais	Vendas

Podemos definir transação como cada uma das ocorrências de um evento econômico. Assim, o desempenho das atividades caracteriza-se pela execução das transações, que podem ser refletidas gerencialmente sob o conceito de evento econômico.

Assim, verificamos que a base da gestão empresarial, na busca por seus resultados planejados, está na otimização do resultado de cada transação de cada evento econômico. Em outras palavras, o lucro ou o prejuízo da empresa decorre da maior eficácia que todos dentro dela conseguem obter em cada transação. Quanto maior o lucro obtido em cada transação, maior será o resultado das atividades que a executam e, consequentemente, maior será o resultado geral da empresa. Isso pode ser visto no fluxo apresentado a seguir, na Figura 1.2.

Otimiza o resultado de cada transação (evento econômico)	→	Otimiza o resultado de cada atividade	→	Otimiza o resultado da empresa	→	Alcança a eficácia empresarial

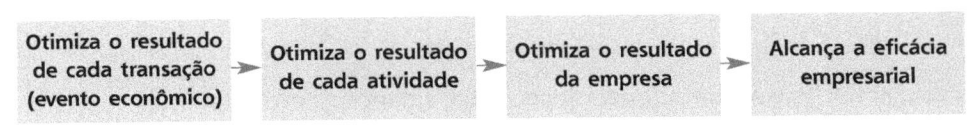

Figura 1.2 Evento econômico e o processo de otimização das atividades empresariais.

1.2 Evento Econômico e as Demonstrações Financeiras

As transações dos eventos econômicos caracterizam-se, no sistema de informação contábil, pelo lançamento contábil. Dessa maneira, o conceito de evento econômico é similar ao conceito de *fato administrativo* ou *fato contábil*, decorrente da escola clássica de contabilidade básica, ainda muito utilizado.

Os eventos econômicos são representativos das atividades necessárias para a gestão do sistema da empresa. Portanto, os principais eventos econômicos representam as principais atividades operacionais da empresa. Exemplificando: o *evento econômico compra* é desenvolvido normalmente pelo setor de suprimentos, ou seja, pela área de responsabilidade que executa a *atividade de compras* dentro da empresa; o *evento econômico venda* é desenvolvido normalmente pelo *setor de comercialização* etc.

Como já observamos, denominamos *transação* a cada uma das execuções de um evento econômico. *Transação é a base para o lançamento contábil*. Em outras palavras, o método de acumulação dos valores nas contas contábeis inicia-se com o lançamento contábil, procedimento sistematizado que identifica as transações que alteram o patrimônio da entidade e registra nos livros contábeis[3] todos os elementos necessários para evidenciar especificações do evento transacionado.

---

[3] O atual estágio da tecnologia da informação estrutura os livros contábeis em meio computacional.

Capítulo 1 – Visão Geral e Fundamentos dos Modelos de Análise

As contas contábeis, criadas para receber os lançamentos, permitem o processo de acumulação dos valores (e quantidades, quando necessário) e, consequentemente, o gerenciamento contábil e financeiro. As contas contábeis que recebem os lançamentos são, em seguida, classificadas em grupos, com o objetivo de ser sumariadas em contas sintéticas, para evidenciar a totalização dos grupos classificatórios. Esses grupos são também classificados em conjuntos mais sintetizados, para evidenciar os elementos patrimoniais dentro do grau de agregação normalmente requisitado para atender às necessidades legais.

Esse processo de identificação, registro e acumulação das informações representativas das transações dos eventos econômicos, chegando até um departamento ou elemento patrimonial, pode ser visto na Figura 1.3.

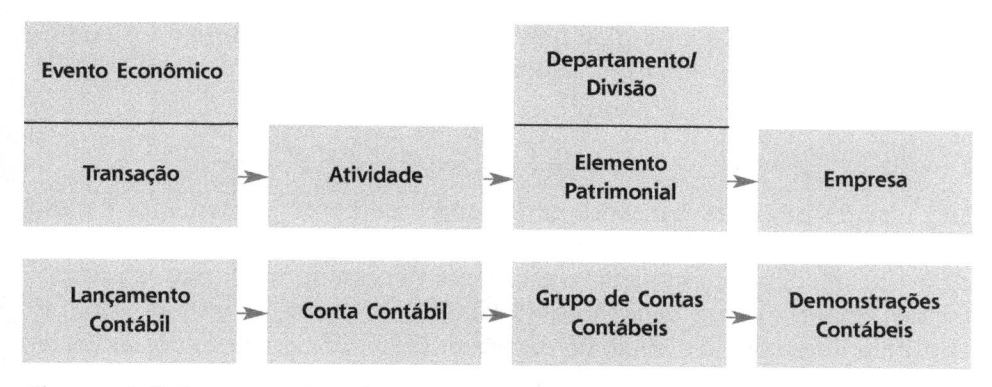

Figura 1.3 Evento econômico e acumulação contábil.

Fluxo: Evento Econômico → Transação → Atividade → Departamento/Divisão → Elemento Patrimonial → Empresa
Lançamento Contábil → Conta Contábil → Grupo de Contas Contábeis → Demonstrações Contábeis

Dessa forma, os dados agregados, evidenciados nas demonstrações contábeis, não deixam de ser um modelo sintético representativo dos principais lançamentos que, por sua vez, representam os principais eventos econômicos e seus impactos patrimoniais.[4]

Isso posto, podemos inferir, ao estudar o impacto de cada evento econômico no patrimônio empresarial, que os grupos de contas apresentados nas demonstrações contábeis, que devem conter os lançamentos das transações desses eventos, devem apresentar resultado semelhante. Assim, ao analisar

---

[4] Portanto, é necessário que o modelo e as características de cada lançamento contábil a ser inserido no sistema de informação contábil sejam estudados cuidadosamente para que este contenha o fundamento de "informação que leva à ação", ou seja, sua leitura e interpretação devem permitir que os gestores responsáveis pelas atividades e, consequentemente, pelos eventos econômicos/transações/lançamentos, ao lerem os lançamentos contábeis, tenham condições de utilizar suas informações para a tomada de decisões futuras.

cada evento patrimonial relevante, seus impactos patrimoniais e a sua inter-relação nas demonstrações contábeis, podemos estar desenvolvendo os modelos básicos de análise e interpretação de balanço.

1.3 Modelos Básicos de Análise das Demonstrações Financeiras a Partir dos Eventos Econômicos

Apresentaremos a seguir os principais eventos econômicos de uma empresa, dentro de um formato simplificado, e faremos a apresentação inicial de alguns dos indicadores de análise de balanço, evidenciando que os principais eventos econômicos conduzem, necessariamente, a uma modificação patrimonial que permite inferir uma análise econômico-financeira da empresa, em seus aspectos de solvência, patrimônio e rentabilidade. Os eventos econômicos serão apresentados de forma sequencial e cumulativa, permitindo estruturar resumidamente os valores dos dois relatórios contábeis principais, o balanço patrimonial e a demonstração do resultado do exercício.

Evento Econômico 1 – Captação de Recursos – $ 200.000

Um empresário pretende abrir um empreendimento comercial e estima que deve fazer um investimento de $ 200.000. Ele possui recursos próprios de $ 120.000 e, para completar o montante necessário para o investimento, faz um financiamento bancário de $ 80.000, com taxa de juros de 10% ao ano, para longo prazo e início de pagamento do principal após dois anos de atividade da empresa. Após a abertura da empresa e a subsequente entrada dos recursos no caixa, o balanço patrimonial do empreendimento fica evidenciado conforme a Tabela 1.1.

Tabela 1.1   Balanço patrimonial após evento econômico de captação de recursos

ATIVO	$	PASSIVO	$
Circulante		**Não Circulante (Exigível a Longo Prazo)***	
Caixa/Bancos	200.000	(Capital de Terceiros)	80.000
		Patrimônio Líquido	
		(Capital Próprio)	120.000
Total	200.000	**Total**	200.000

* O passivo não circulante compreende as obrigações de longo prazo, que na legislação anterior era denominado Exigível a Longo Prazo. A partir de agora, passaremos a adotar a nova nomenclatura, Passivo Não Circulante, para as obrigações de longo prazo.

Dois indicadores de análise financeira podem ser extraídos após esse evento duplo de captação de recursos. O primeiro refere-se à participação, no total do passivo, das fontes de recursos de origem de terceiros (os financiamentos bancários) e das fontes de recursos próprios (o dinheiro colocado na empresa pelo próprio dono, o empresário).

$$\text{Participação do Capital de Terceiros no Passivo Total} = \frac{\text{Capital de Terceiros}}{\text{Passivo Total}}$$

Utilizando os dados do nosso exemplo, temos:

$$\frac{\text{Capital de Terceiros}}{\text{Passivo Total}} = \frac{\$\ 80.000}{\$\ 200.000} = 40\%$$

Significa que, do total das fontes de recursos captadas para financiar o empreendimento, 40% foram originadas de terceiros, ou seja, de empréstimos ou financiamentos.

O indicador complementar representa a participação do capital próprio no passivo total.

$$\text{Participação do Capital Próprio no Passivo Total} = \frac{\text{Capital Próprio}}{\text{Passivo Total}}$$

Utilizando os dados do nosso exemplo, temos:

$$\frac{\text{Capital Próprio}}{\text{Passivo Total}} = \frac{\$\ 120.000}{\$\ 200.000} = 60\%$$

Essa análise de participação dos tipos de capitais que estão sendo utilizados para financiar a empresa é denominada *estrutura de capital*, e tem sido apresentada comumente no formato de "pizza" (ver na página 10).

Não há participação ideal ou estrutura de capital ideal. Isso depende da cultura de cada empresa e de sua capacidade de assumir mais ou menos riscos financeiros com mais ou menos participação dos empréstimos e financiamentos. Em nosso país, em linhas gerais, normalmente é vista como aceitável uma participação de até 50% para cada tipo de capital.

Estrutura do Passivo

- Capital de Terceiros 40%
- Capital Próprio 60%

Outro indicador que se extrai desse evento econômico é o grau de endividamento (GE). Obviamente, é decorrente da mesma estrutura de capital e mostra quanto o capital de terceiros representa do capital próprio.

$$\text{Grau de Endividamento} = \frac{\text{Capital de Terceiros}}{\text{Capital Próprio}}$$

Utilizando os dados do nosso exemplo, temos:

$$\frac{\text{Capital de Terceiros}}{\text{Capital Próprio}} = \frac{\$\ 80.000}{\$\ 120.000} = 0{,}6666 \text{ ou } 66{,}66\%$$

Esse indicador também é considerado um indicador de *garantia* para o capital de terceiros. Significa que, para cada $ 0,66 de financiamento, a empresa tem $ 1,00 de capital próprio, garantindo, assim, sua obrigação com terceiros. Quando o indicador ultrapassa $ 1,00, significa que parte do capital de terceiros não está tendo garantia correspondente de capital dos donos da empresa. Portanto, os bancos sempre preferirão empresas que tenham grau de endividamento inferior a $ 1,00 e estarão sempre receosos em emprestar mais para empresas que tenham grau de endividamento superior a $ 1,00.

Na página 118, no estudo da análise da rentabilidade, introduzimos a questão das abordagens de estrutura de capital.

Evento Econômico 2 – Aquisição de Imobilizados – $ 90.000

Para que a empresa possa entrar em operação, faz-se necessário montar sua estrutura operacional, que permitirá comprar e vender as mercadorias e produtos planejados, na busca pelos lucros das transações. De modo geral, a estrutura operacional começa pela instalação da empresa em um imóvel, para em seguida equipá-lo com mobiliário, equipamentos, máquinas etc. Genericamente, esses itens são considerados ativos fixos ou ativos imobilizados. Sua aquisição é feita em caráter de permanência, ou seja, a ideia central é mantê-los indefinidamente na empresa, pois não são comprados para revenda. Partindo da premissa de que serão comprados à vista, o valor de $ 90.000 sairá da conta que representa caixa e bancos. O balanço patrimonial, após esse evento, é apresentado na Tabela 1.2.

Tabela 1.2 Balanço patrimonial após evento econômico de aquisição de imobilizado

ATIVO	$	PASSIVO	$
Circulante (Capital de Giro)		**Não Circulante**	
Caixa/Bancos	110.000	Financiamentos	80.000
Ativo Permanente (Ativo Fixo)(1)		**Patrimônio Líquido**	
Imobilizados	90.000	Capital Social	120.000
Total	200.000	**Total**	200.000

(1) A figura do grupo Ativo Permanente da Lei 6.404/76, que incluía os grupos Investimentos, Imobilizado e o Ativo Diferido, foi suprimida pelas alterações das leis 11.638/07 e 11.941/09. O Ativo Diferido deixou de existir e foi destacado como grupo o Ativo Intangível. Assim, o antigo Ativo Permanente seria o conjunto de Investimentos, Imobilizado e Ativo Intangível, que tem características de ativos fixos. Porém, as alterações legais introduziram no ativo o grupo Ativo Não Circulante, que inclui os três grupos de ativos fixos e mais o Realizável a Longo Prazo. Para fins de análise de balanço e cálculo dos indicadores, denominaremos neste livro, a partir de agora, Ativos Fixos o conjunto de Investimentos, Imobilizado e Intangíveis.

Esse evento permite apresentar um indicador tradicional denominado *estrutura do ativo*, ou grau de imobilização, que mostra a participação dos ativos permanentes no ativo total.

$$\text{Grau de Imobilização} = \frac{\text{Ativo Fixo}}{\text{Ativo Total}}$$

No nosso exemplo, temos:

$$\frac{\text{Ativo Fixo}}{\text{Ativo Total}} = \frac{\$\ 90.000}{\$\ 200.000} = 45\%$$

Significa que a empresa tornou fixos, ou imobilizou, 45% dos recursos destinados aos investimentos. De modo geral, as indústrias tendem a ter mais imobilizados que as empresas comerciais e de serviços. Dentro das indústrias, aquelas consideradas pesadas, de ciclo longo ou de infraestrutura, tendem a ter mais ativos fixos do que as indústrias de produtos de ciclos mais curtos e de bens de consumo. Também como regra geral financeira, recomenda-se que o nível de imobilização seja o mínimo possível.

Com o mesmo exemplo, pode-se extrair uma análise percentual de participação sobre o ativo total. Os itens do ativo circulante (e do realizável a longo prazo, quando houver) são denominados *elementos componentes do capital de giro da empresa* (caixa, bancos, contas a receber, estoques; como veremos logo a seguir). Assim, podemos identificar a *estrutura do ativo* da empresa, ou seja, a parcela dos investimentos destinada ao capital de giro e a parcela destinada ao ativo fixo. Esse tipo de análise também tem sido evidenciado por um gráfico em formato de "pizza", como segue.

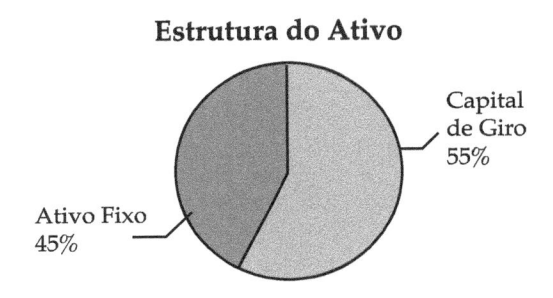

Estrutura do Ativo

Capital de Giro 55%
Ativo Fixo 45%

Evento Econômico 3 – Compra de Mercadorias para Revenda – $ 100.000

Nosso exemplo contempla uma empresa comercial. Portanto, após concluir suas instalações fixas, ela deve começar a operar seu negócio de compra e venda de mercadorias, adquirindo-as para posterior revenda. A operação clássica é comprar para formar estoque de mercadorias, que será renovado à medida que as vendas forem sendo realizadas. Em nosso exemplo, consideraremos que parte das mercadorias compradas será paga à vista, $ 50.000, e parte será a prazo, para pagamento em 30 dias. A Tabela 1.3 mostra o balanço patrimonial após esse evento.

Temos um novo grupo no passivo, denominado *circulante*, que representa as dívidas e obrigações a pagar dentro dos próximos 365 dias. No ativo circulante incorporamos mais um elemento do capital de giro, que são os estoques para revenda.

Tabela 1.3 Balanço patrimonial após evento econômico de compra de mercadorias

ATIVO	$	PASSIVO	$
Circulante (Capital de Giro)		**Passivo Circulante**	
Caixa/Bancos	60.000	Fornecedores (Duplicatas a Pagar)	50.000
Estoques	100.000		
	160.000		
		Não Circulante	
		Financiamentos	80.000
Não Circulante (Ativo Fixo)		**Patrimônio Líquido**	
Imobilizados	90.000	Capital Social	120.000
Total	250.000	**Total**	250.000

O passivo circulante sempre é analisado com atenção pelos analistas financeiros, uma vez que representa obrigações vencíveis em curto prazo e, portanto, a necessidade de pagamento dessas dívidas pode, eventualmente, comprometer a saúde financeira da empresa. Por isso, um dos principais indicadores de análise de balanço é o índice de liquidez ou de solvência. Esse índice mostra a relação entre os valores a receber e a realizar do ativo circulante, contra os valores a pagar do passivo circulante. A ideia central é ter sempre indicadores de liquidez maiores que $ 1,00, pois eles indicam que a empresa tem recursos de curto prazo, superiores aos valores a pagar de curto prazo, tranquilizando os interessados na capacidade de pagamento da empresa. Sempre convém ressaltar que esse indicador é de caráter estático, ou seja, reflete a posição em determinada data, a do encerramento do balanço.

$$\text{Liquidez Corrente ou de Curto Prazo} = \frac{\text{Ativo Circulante}}{\text{Passivo Circulante}}$$

Com os dados do nosso exemplo, temos:

$$\frac{\text{Ativo Circulante}}{\text{Passivo Circulante}} = \frac{\$\ 160.000}{\$\ 50.000} = \$\ 3,20$$

O índice de liquidez de nosso exemplo, de $ 3,20, é considerado muito bom, pois está muito acima de $ 1,00, o mínimo desejado. Significa que, para cada $ 1,00 de dívidas de curto prazo, a empresa tem $ 3,20 de valores a receber e a realizar dentro do mesmo período, deixando evidente sua boa capacidade de pagamento ou solvência. Índices inferiores a $ 1,00 são considerados fracos e preocupantes.

A análise da liquidez tem algumas variantes. Uma delas, que pode ser extraída já desse exemplo introdutório, é a análise de *liquidez imediata*. Busca-se identificar um teste mais duro para a solvência, considerando como itens do ativo circulante apenas os elementos disponíveis imediatamente, ou seja, os valores em caixa, bancos e aplicações financeiras de curto prazo. No nosso exemplo, temos $ 60.000 em disponibilidade financeira.

$$\text{Liquidez Imediata} = \frac{\text{Disponibilidades}}{\text{Passivo Circulante}}$$

Com os dados do nosso exemplo, temos:

$$\frac{\text{Disponibilidades}}{\text{Passivo Circulante}} = \frac{\$\,60.000}{\$\,50.000} = \$\,1,20$$

Apesar de esse indicador, no nosso exemplo, ser bastante inferior ao de liquidez corrente, ainda é considerado excelente para os padrões do mercado.

Evento Econômico 4 – Venda a Prazo de 60% das Mercadorias Compradas – $ 125.000

Pode-se dizer que esse evento representa a razão de ser de uma empresa. A receita oriunda das vendas das mercadorias, produtos ou serviços é o meio básico de a empresa recuperar os valores investidos no negócio. É o evento básico da geração do lucro, objetivo da empresa para manter sua continuidade no mercado, cumprir sua missão e remunerar os investidores que lhe forneceram capital. Nesse nosso exemplo, a empresa está vendendo 60% das mercadorias que havia comprado para revenda. Como comprou mercadorias no total de $ 100.000, o custo das que estão sendo vendidas é $ 60.000. O total obtido nas vendas é $ 125.000 e, assim, esse evento econômico evidencia a geração de um lucro bruto na venda de mercadorias de $ 65.000. Os 40% dos estoques remanescentes ainda não vendidos continuam na conta Estoques pelo seu valor de $ 40.000. Por termos assumido a premissa de ser uma venda a prazo, momentaneamente nada será recebido. Será necessário introduzir uma rubrica na demonstração contábil para controlar as duplicatas a serem recebidas dos clientes no futuro.

O lucro do período até o momento, de $ 65.000, pode ser demonstrado na sua formação. Essa demonstração dá origem ao segundo relatório contábil, a Demonstração do Resultado do Exercício – DRE. A Tabela 1.4 mostra como fica o balanço patrimonial após esse evento, assim como a demonstração do resultado do período acumulado até agora.

Tabela 1.4 Balanço patrimonial após evento econômico de venda de mercadorias

ATIVO	$	PASSIVO	$
Circulante (Capital de Giro)		**Passivo Circulante**	
Caixa/Bancos	60.000	Fornecedores (Duplicatas a Pagar)	50.000
Duplicatas a Receber de Clientes	125.000		
Estoques	40.000		
	225.000	**Não Circulante**	
		Financiamentos	80.000
Não Circulante (Ativo Fixo)		**Patrimônio Líquido**	
Imobilizados	90.000	Capital Social	120.000
		Lucro do Período	65.000
			185.000
Total	315.000	**Total**	315.000

Demonstração do Resultado do Período	
Vendas	125.000
(–) Custo das Vendas	(60.000)
Lucro Bruto	65.000

Esse evento permite desenvolver dois indicadores fundamentais para análise de balanço e da rentabilidade do empreendimento. O primeiro é o indicador da *margem bruta percentual*, ou lucro bruto percentual, que mostra, em termos relativos percentuais, a margem bruta média obtida nas vendas. A margem ou lucratividade bruta é um dos melhores indicadores da capacidade de geração de lucros das empresas, pois indica a possibilidade de ganho no evento mais importante do negócio. A fórmula é a seguinte:

$$\text{Margem Bruta} = \frac{\text{Lucro Bruto}}{\text{Vendas (Líquida dos Impostos)}}$$

Com os dados do nosso exemplo, temos:

$$\frac{\text{Lucro Bruto}}{\text{Vendas}} = \frac{\$\ 65.000}{\$\ 125.000} = 52\%$$

Significa que, em média, para cada $ 1,00 de vendas, a empresa tem condições de obter $ 0,52 de lucro bruto. Não há padrão definido para cada setor ou empresa. Em linhas gerais, quanto maior a margem, melhor.

O segundo indicador que deve ser extraído desse evento é o da *produtividade dos ativos*, ou seja, a capacidade que a empresa tem de gerar vendas com o valor total investido no ativo. Esse indicador é denominado *giro do ativo* e é expresso pela seguinte fórmula:

$$\text{Giro do Ativo} = \frac{\text{Vendas (Líquida dos Impostos)}}{\text{Ativo Total}}$$

Com os dados do nosso exemplo, temos:

$$\frac{\text{Vendas}}{\text{Ativo Total}} = \frac{\$\ 125.000}{\$\ 315.000} = 0,39$$

Esse dado indica que até o momento, de cada $ 1,00 de investimento, a empresa conseguiu produzir $ 0,39 de vendas. Para melhorar a condição de entendimento desse índice, esse indicador tem sido também calculado com mais duas variantes; a primeira utilizando o valor do ativo total do início do período, e a segunda, o valor médio do ativo total do período. Também não há indicador específico para cada setor ou empresa, e deve-se buscar sempre, dentro da gestão empresarial, o maior giro possível do ativo.

Evento Econômico 5 – Despesas Operacionais, Sendo $ 14.500 Comerciais e $ 12.500 Administrativas, Pagas à vista – Total $ 27.000

Além dos custos das mercadorias, produtos e serviços, qualquer empreendimento gasta com atividades para comercializar os produtos e controles administrativos. São as atividades dos setores comerciais, de marketing, vendas, expedição, distribuição etc., e as atividades administrativas de tecnologia da informação, finanças, contabilidade, recursos humanos etc. Esses gastos diminuem o lucro bruto e, por ser considerados operacionais, fazem surgir *a margem* ou *o lucro operacional*. A Tabela 1.5 mostra as demonstrações contábeis após esse evento. Note que o lucro diminui e, por serem as despesas pagas à vista nesse caso, o Caixa também.

Esse evento permite introduzir mais três instrumentos de análise. O primeiro é a obtenção da *margem operacional percentual*, que significa o quanto, em média, a empresa obtém de lucro operacional em cada venda. Essa medição relativa da margem é considerada tão ou mais importante que a margem bruta. Essa margem é considerada o melhor indicador da continuidade ou não da saúde econômico-financeira da empresa, uma vez que indica a capacidade de gerar lucros e cobrir todas as despesas das operações. A fórmula é a seguinte:

$$\text{Margem Operacional} = \frac{\text{Lucro Operacional}}{\text{Vendas (Líquida dos Impostos)}}$$

Com os dados do nosso exemplo, temos:

$$\frac{\text{Lucro Operacional}}{\text{Vendas}} = \frac{\$\ 38.000}{\$\ 125.000} = 30,4\%$$

Significa que, em média, de cada $ 1,00 de venda de produto ou serviço, a empresa consegue obter uma margem operacional de $ 0,304 de lucro operacional. Também não há padrão definido para esta margem, aplicando-se a condição de quanto maior, melhor.

Tabela 1.5 Balanço patrimonial após evento econômico de despesas operacionais

ATIVO	$	PASSIVO	$
Circulante (Capital de Giro)		**Passivo Circulante**	
Caixa/Bancos	33.000	Fornecedores (Duplicatas a Pagar)	50.000
Duplicatas a Receber de Clientes	125.000		
Estoques	40.000		
	198.000	**Não Circulante**	
		Financiamentos	80.000
Não Circulante (Ativo Fixo)		**Patrimônio Líquido**	
Imobilizados	90.000	Capital Social	120.000
		Lucro do Período	38.000
			158.000
Total	288.000	**Total**	288.000

Demonstração do Resultado do Período	
Vendas	125.000
(–) Custo das Vendas	(60.000)
Lucro Bruto	65.000
(–) Despesas Comerciais	(14.500)
(–) Despesas Administrativas	(12.500)
Lucro Operacional	38.000

O segundo é a medição da rentabilidade operacional, ou seja, quanto a operação gerou de lucro nos atos de comprar, produzir e vender. A rentabilidade operacional indica o quanto o investimento no ativo gerou de lucro no período. Esse é o primeiro indicador para validar ou não a rentabilidade do investimento, ou seja, se o investimento está dando certo ou o esperado. A fórmula é a seguinte:

$$\text{Rentabilidade Operacional} = \frac{\text{Lucro Operacional}}{\text{Ativo Total (ou Ativo Operacional)}}$$

Capítulo 1 – Visão Geral e Fundamentos dos Modelos de Análise

Com os dados do nosso exemplo, temos:

$$\frac{\text{Lucro Operacional}}{\text{Ativo Total}} = \frac{\$\ 38.000}{\$\ 288.000} = 13,19\%$$

Alguns analistas entendem que as dívidas de curto prazo (passivo circulante) não devem fazer parte do passivo, e, sim, ser apresentadas no ativo com sinal negativo. Além disso, alguns também entendem que o lucro do exercício não deve ser considerado no denominador. Nesse caso, considerando esse entendimento, o ativo operacional de nosso exemplo ficaria $ 200.000 ($ 288.000 – $ 50.000 – $ 38.000).

Com os dados do nosso exemplo, temos:

$$\frac{\text{Lucro Operacional}}{\text{Ativo Operacional}} = \frac{\$\ 38.000}{\$\ 200.000} = 19\%$$

Esse dado significa que, nesse período (um ano, por exemplo), a empresa teve um rendimento operacional bruto de 19% do valor investido. Esse indicador é denominado *rentabilidade bruta*, uma vez que ainda não está descontado dos impostos sobre o lucro. Há muitos parâmetros para analisar se a rentabilidade é boa ou não, por setor, por país, por mercado financeiro etc. Um parâmetro básico, em nosso país é o rendimento da caderneta de poupança, que é 6,06%. Portanto, toda rentabilidade de investimento deve ser superior a esse rendimento, que é o menor no país.

O terceiro instrumento de análise de balanço decorrente desse evento econômico é a identificação da estrutura média de custos e despesas da empresa. Como já evidenciamos, são três os grandes grupos de gastos operacionais de uma empresa: gastos com os produtos (mercadorias, produtos ou serviços), gastos comerciais e gastos administrativos. São denominados *operacionais* porque é o custo básico para desenvolver as atividades fundamentais para operacionalizar os negócios. Portanto, é imprescindível um acompanhamento sistemático e minucioso da estrutura de custos e despesas, em relação à receita de vendas, pois daí decorre a lucratividade de qualquer empreendimento. A Tabela 1.6 apresenta a demonstração de resultados com a análise percentual da estrutura de custos e despesas.

Tabela 1.6   Estrutura de custos e despesas – em percentual

Demonstração do Resultado do Período

	Valor	Percentual
Vendas	125.000	100,0%
(–) Custo das Vendas	(60.000)	–48,0%
Lucro Bruto	65.000	52,0%
(–) Despesas Comerciais	(14.500)	–11,6%
(–) Despesas Administrativas	(12.500)	–10,0%
Lucro Operacional	38.000	30,4%

Essa análise percentual deixa claros os elementos operacionais de custos em relação à receita. Para o cálculo, atribui-se o percentual de 100,0% para a receita líquida de vendas e, a partir daí, calcula-se quanto representa, percentualmente, cada elemento da demonstração de resultados em relação à receita de vendas. No nosso exemplo, o custo médio das mercadorias vendidas representa 48%, as despesas comerciais custaram, em média, 11,6% de cada venda nesse período e as despesas administrativas custaram, em média, 10,0% de cada venda. A estrutura da análise percentual também evidencia os dois tipos de margem que já trabalhamos: a bruta e a operacional, também em percentual.

Rentabilidade *Versus* Lucratividade ou Margem

Nesse momento, convém fazer uma explicação da diferença entre os conceitos *lucratividade* e *rentabilidade*. A palavra *lucratividade* ou *margem* é normalmente utilizada para mostrar a relação percentual entre os diversos tipos de margem de lucro em relação às vendas. Busca medir, em cada venda, o quanto se obtém, em média, de lucro. Por exemplo: uma margem bruta de 52% é a lucratividade percentual bruta obtida, em média, em cada venda. As três principais medidas de lucratividade ou margem, sempre em relação às vendas, são:

a) a margem bruta, que decorre da dedução dos custos de aquisição ou produção das mercadorias, produtos ou serviços, da receita líquida das vendas;

b) a margem operacional ou lucratividade operacional, que decorre da dedução, da margem bruta, dos custos e das despesas comerciais e administrativas;
c) a margem líquida, ou lucratividade líquida, que decorre, basicamente, da dedução, da margem operacional, dos custos financeiros líquidos e dos impostos sobre o lucro.

A palavra *rentabilidade*, que vem do conceito de renda, é uma relação do valor do lucro obtido com o valor do investimento realizado. Busca mensurar qual o retorno obtido após os valores investidos em um negócio ou aplicação. *A rentabilidade é a análise conclusiva do sucesso ou não do empreendimento ou investimento.* Se o investimento deu o retorno, ou a rentabilidade, desejado, é medida de sucesso. Se o investimento não deu a rentabilidade esperada, é medida de desempenho insuficiente.

O valor do lucro de um período é o somatório do lucro obtido em cada venda desse período. Isso posto, fica claro que, para obter a rentabilidade desejada, é necessário alcançar uma margem líquida que atenda a essa rentabilidade. Em outras palavras, o caminho ou meio para alcançar a rentabilidade ou o retorno do investimento é a obtenção de uma margem líquida adequada em cada transação de venda da empresa. Portanto, quanto maior a margem obtida, maior a possibilidade de alcance da rentabilidade desejada.

Evento Econômico 6 – Despesas Financeiras com Financiamentos Pagas à Vista – $ 8.000

No evento econômico número 1, verificamos que a empresa se valeu de dois tipos de fontes de recursos para começar o empreendimento: recursos próprios de $ 120.000 e recursos de terceiros, por meio de financiamento bancário, de $ 80.000. Periodicamente, a empresa tem de contabilizar (e pagar, conforme contrato) os encargos financeiros dos financiamentos. As despesas financeiras são importantes redutoras do lucro empresarial e decorrem da estrutura de capital adotada pela empresa. A Tabela 1.7 mostra as demonstrações financeiras após esse evento.

Além de completar a análise da estrutura de custos e despesas, já apresentada no tópico anterior, esse evento permite elaborar o indicador de custo médio de capital de terceiros, por meio da seguinte fórmula:

$$\text{Custo Médio de Capital de Terceiros} = \frac{\text{Despesas Financeiras com Financiamentos}}{\text{Passivos de Financiamentos (Curto e Longo Prazo)}}$$

Tabela 1.7 Balanço patrimonial após evento econômico de despesas financeiras

ATIVO	$	PASSIVO	$
Circulante (Capital de Giro)		**Passivo Circulante**	
Caixa/Bancos	25.000	Fornecedores (Duplicatas a Pagar)	50.000
Duplicatas a Receber de Clientes	125.000		
Estoques	40.000		
	190.000	**Não Circulante**	
		Financiamentos	80.000
Não Circulante (Ativo Fixo)		**Patrimônio Líquido**	
Imobilizados	90.000	Capital Social	120.000
		Lucro do Período	30.000
			150.000
Total	280.000	**Total**	280.000

Demonstração do Resultado do Período	
Vendas	125.000
(–) Custo das Vendas	(60.000)
Lucro Bruto	65.000
(–) Despesas Comerciais	(14.500)
(–) Despesas Administrativas	(12.500)
Lucro Operacional	38.000
(–) Despesas Financeiras	(8.000)
Lucro Líquido antes dos Impostos	30.000

Nota: O formato legal da demonstração de resultados inclui tanto as despesas financeiras (líquidas das receitas financeiras) como a despesa operacional. Contudo, em termos financeiros e gerenciais, as despesas financeiras líquidas não devem ser consideradas operacionais, e sim apresentadas separadamente após o lucro operacional, como na Tabela 1.7.

Com os dados do nosso exemplo, temos:

$$\frac{\text{Despesas Financeiras}}{\text{Financiamentos}} = \frac{\$\,8.000}{\$\,80.000} = 10\%$$

Nosso exemplo introdutório só contempla financiamentos de longo prazo. Caso tivéssemos financiamentos de curto prazo, seu valor faria parte da fórmula. Esse indicador mostra o custo de capital médio pago para terceiros (bancos, debenturistas, agências governamentais de crédito) – no caso, 10%. É importante analisar esse indicador confrontando-o com a rentabilidade operacional. Em linhas gerais e ainda sem nos aprofundarmos no assunto, se a rentabilidade operacional é maior do que o custo médio de capital de terceiros, justifica-se a obtenção de financiamentos. Esse fenômeno é denominado *alavancagem financeira*, ou seja, os juros pagos aos emprestadores de dinheiro à empresa, inferiores à rentabilidade operacional obtida, permitem à empresa dar uma rentabilidade maior aos donos do capital próprio, os detentores do capital social.

Evento Econômico 7 – Impostos sobre o Lucro Pagos à Vista – $ 12.000

Nosso exemplo tomou um caso de empresa comercial com fins lucrativos. Após a apuração do lucro do exercício, há que se fazer a apuração e o recolhimento dos impostos sobre o lucro, determinados pela legislação fiscal. Em nosso país, são dois os impostos sobre o lucro: o Imposto de Renda (IR) e a Contribuição Social sobre o Lucro Líquido (CSLL). Cada empresa tem uma carga tributária específica. No nosso exemplo, adotamos uma taxa geral de 40%. A Tabela 1.8 mostra as duas demonstrações após esse evento.

Após esse evento, podemos fazer a introdução de um dos indicadores mais importantes de análise de balanço, que é a mensuração da rentabilidade do capital próprio, o *retorno sobre o patrimônio líquido*. O foco da criação de valor empresarial centra-se na figura dos proprietários do capital, pois eles são os empreendedores que motivam a existência das empresas e correm os riscos negociais. No nosso exemplo, os proprietários investiram $ 120.000 de recursos próprios no início do empreendimento. Depois de um período, o lucro líquido, após todos os custos, despesas e impostos, foi de $ 18.000. A rentabilidade do investimento, na ótica do acionista, é o lucro sobre o capital inicial investido. Portanto, esse indicador tem a seguinte fórmula:

$$\text{Rentabilidade do Patrimônio Líquido} = \frac{\text{Lucro Líquido do Período (Exercício)}}{\text{Patrimônio Líquido Inicial}}$$

Com os dados do nosso exemplo, temos:

$$\frac{\text{Lucro Líquido do Exercício}}{\text{Patrimônio Líquido Inicial}} = \frac{\$\ 18.000}{\$\ 120.000} = 15\%$$

Tabela 1.8 Balanço patrimonial após evento econômico de impostos sobre o lucro

ATIVO	$	PASSIVO	$
Circulante (Capital de Giro)		**Passivo Circulante**	
Caixa/Bancos	13.000	Fornecedores (Duplicatas a Pagar)	50.000
Duplicatas a Receber de Clientes	125.000		
Estoques	40.000		
	178.000	**Não Circulante**	
		Financiamentos	80.000
Não Circulante (Ativo Fixo)		**Patrimônio Líquido**	
Imobilizados	90.000	Capital Social	120.000
		Lucro do Período	18.000
			138.000
Total	268.000	**Total**	268.000

Demonstração do Resultado do Período	
Vendas	125.000
(–) Custo das Vendas	(60.000)
Lucro Bruto	65.000
(–) *Despesas Comerciais*	*(14.500)*
(–) *Despesas Administrativas*	*(12.500)*
Lucro Operacional	38.000
(–) *Despesas Financeiras*	*(8.000)*
Lucro Líquido antes dos Impostos	30.000
(–) *Impostos sobre o Lucro*	*(12.000)*
Lucro Líquido do Exercício	18.000

Significa que, após um período de atividades – um ano, por exemplo –, os empresários que investiram seus recursos nessa empresa tiveram um retorno de 15% do investimento. *Essa análise é considerada conclusiva porque torna possível comparar a rentabilidade de qualquer empresa em qualquer parte do mundo.* Quanto maior, melhor. Em linhas gerais, a rentabilidade das empresas não financeiras deve ser maior que o custo financeiro mínimo de mercado, como parâmetro básico. Taxas entre 12% e 18% ao ano são consideradas normais em todos os países. Estudaremos esse tema com mais profundidade no Capítulo 4.

Esse exemplo introdutório deixa claro que os fundamentos da análise financeira encontram-se dentro de cada transação necessária para as operações da empresa. O somatório das principais transações e seus efeitos patrimoniais são refletidos na demonstração de resultados e no balanço patrimonial. A análise inter-relacionada dos dados dessas demonstrações permite reconstituir, por meio dos principais indicadores de análise financeira, uma visão geral do andamento da situação econômico-financeira da empresa e de suas operações, possibilitando um julgamento do desempenho empresarial.

Exercícios

1. Uma empresa iniciou suas operações comerciais com uma capitalização dos sócios de $ 40.000, emprestando mais $ 20.000 de bancos para pagamento a longo prazo. Ato imediato, a empresa adquiriu imóveis e equipamentos para se instalar no valor de $ 18.000 e adquiriu estoques no valor de $ 30.000, ficando o restante em disponibilidade. Estruture um balanço patrimonial e apure os indicadores de participação de cada elemento do ativo e do passivo no total do ativo. Calcule também o endividamento resultante da estrutura do passivo.

2. Tomando como referência os dados do exercício anterior, a empresa vendeu, à vista, 40% dos seus estoques por $ 16.000. Para tanto, teve de incorrer em despesas administrativas e comerciais de $ 2.400, também pagas à vista. Apure as margens bruta e operacional após esses eventos.

3. Considerando os dados e a solução dos dois exercícios anteriores, calcule o lucro líquido da empresa nesse período, levando em conta agora que os juros devidos pelo empréstimo no período são de 3% e que a alíquota de impostos sobre o lucro após os juros é de 30%. Tanto os juros quanto os impostos foram pagos à vista.

4. Considerando a solução dos três exercícios anteriores, apure a rentabilidade do patrimônio líquido inicial e o índice de liquidez corrente.

Capítulo 2 – Entendendo as Demonstrações Contábeis

A base da estruturação das informações necessárias para a condução de um modelo de gestão empresarial está contida nas duas demonstrações contábeis básicas: o balanço patrimonial e a demonstração de resultados. Elas se configuram, na realidade, em dois grandes modelos sintéticos de decisão para gestão econômica. Todos os demais modelos decisórios, mais analíticos ou específicos, são, na realidade, modelos decorrentes e complementares ao balanço patrimonial e à demonstração de resultados.

O objetivo final da gestão econômica de criação de valor para o acionista é medido pela análise de rentabilidade. A demonstração de resultados é o modelo de mensuração e informação do lucro, enquanto o balanço patrimonial é o modelo de mensuração e informação do investimento. Portanto, a análise conjunta das informações desses dois modelos decisórios é que deflagra todo o processo de gestão econômica. Dessa forma, a base para a análise de balanço é o entendimento dessas duas peças contábeis.

Essas demonstrações básicas são complementadas por outras demonstrações, objetivando alargar a visão sobre o empreendimento, enfocando diversos outros aspectos sobre o desempenho da empresa. As demonstrações complementares mais conhecidas são: a do fluxo de caixa, a das origens e aplicações de recursos, a das mutações do patrimônio líquido e dos lucros acumulados, balanços consolidados e demonstrações em moeda estrangeira e em moeda de poder aquisitivo constante.

Essas demonstrações são importantes tanto para os gestores internos como para os usuários externos interessados no desempenho da empresa. Para os usuários externos, incluindo a comunidade em geral, outras demonstrações podem ser elaboradas, tais como a do valor adicionado e o balanço social. Todas as demonstrações são complementadas por notas explicativas e relatórios da administração.

2.1 Balanço Patrimonial e Demonstração de Resultados

A peça contábil por excelência, e a mais importante, é o balanço patrimonial. Sua função básica é evidenciar o conjunto patrimonial de uma entidade, classificando-o em bens e direitos, evidenciados no ativo, e em obrigações e valor patrimonial dos donos e acionistas, evidenciados no passivo.

O ativo evidencia os elementos patrimoniais positivos, enquanto o passivo evidencia dois elementos até antagônicos: mostra, em primeiro lugar, as dívidas da empresa, consideradas elementos patrimoniais negativos e, em segundo lugar, complementando a equação contábil, o valor da riqueza dos acionistas, evidenciada na figura do patrimônio líquido.

Portanto, a figura central do balanço patrimonial e, obviamente, da gestão econômica, é o patrimônio líquido, que é formado basicamente por duas grandes origens de recursos:

a) o valor inicial do numerário que os donos ou acionistas investiram na empresa (e seus subsequentes aumentos ou retiradas de capital), denominado *capital social*;
b) o valor dos lucros (ou prejuízos), obtidos nas operações da companhia, ainda não retirados da empresa, denominados *lucros acumulados* ou *lucros retidos*.

Evento Econômico, Balanço Inicial e Balanço Final

O método contábil para controle da entidade é o registro de cada transação que afete o patrimônio da entidade. Como introduzimos no capítulo anterior, todas as transações podem ser classificadas pela sua repetição em eventos econômicos. Portanto, um evento econômico é uma classe de transação, com características próprias, que afeta o patrimônio da entidade. O método contábil das partidas dobradas consegue evidenciar os dois aspectos fundamentais de um evento econômico:

a) o valor do evento e suas características físicas e qualitativas;
b) o impacto que o evento provoca no patrimônio empresarial.

Portanto, em relação à ocorrência de um evento econômico, existem dois balanços patrimoniais: o inicial, antes da ocorrência do evento, e o final, após a ocorrência do evento.

Balanço Inicial → Evento Econômico → Balanço Final

Teoricamente, a contabilidade deveria levantar um balanço patrimonial após cada evento. Contudo, dada a quantidade enorme de transações, o mais comum é a elaboração do balanço patrimonial após todos os eventos de um período preestabelecido (diário, semanal, mensal). Obviamente, com os sistemas integrados de gestão, as possibilidades de integração total, contabilização em tempo real e a tecnologia existente, há condições para balanços patrimoniais após cada evento. Basta verificar a relação custo/benefício para cada empresa.

Evento Econômico de Movimentação Qualitativa

Quando o evento econômico não aumenta nem diminui a riqueza do acionista, reflete apenas uma mudança de tipo de ativo ou passivo. Denominamos esse tipo de evento *movimentação qualitativa*. Nesse caso, há alteração apenas no balanço patrimonial, e não é necessário nenhum outro relatório ou demonstração complementar.

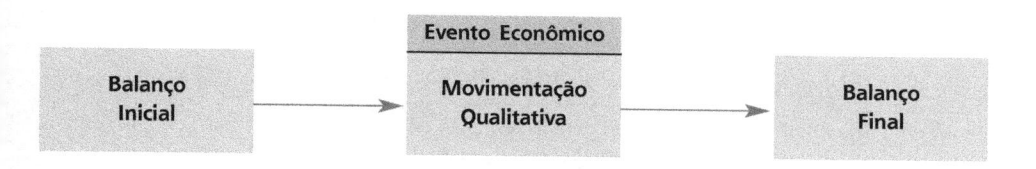

```
┌──────────┐     ┌─────────────────┐     ┌──────────┐
│ Balanço  │ ──► │ Evento Econômico│ ──► │ Balanço  │
│ Inicial  │     │  Movimentação   │     │  Final   │
│          │     │   Qualitativa   │     │          │
└──────────┘     └─────────────────┘     └──────────┘
```

Exemplificando, vamos partir de um balanço inicial formado de capital social de $ 2.000, que, em um primeiro momento, encontra-se totalmente disponível em caixa, banco ou aplicação financeira.

Um evento de compra de mercadorias para estoque, digamos, por $ 1.200, afeta o patrimônio de forma qualitativa, mas não aumenta nem diminui a riqueza do acionista, não alterando o patrimônio líquido. Nesse caso, não há necessidade de nenhuma apresentação adicional para o evento. Isso pode ser evidenciado na figura a seguir.

ATIVO	$		Evento Econômico 1		ATIVO	$
Disponibilidades	2.000				Disponibilidades	800
					Estoques	1.200
			Compra de Mercadorias	$		
Total	2.000		para Estoque	1.200	Total	2.000
PASSIVO					**PASSIVO**	
Patrimônio Líquido						
Capital Social	2.000				Capital Social	2.000
Total	2.000				Total	2.000
Balanço Inicial			**Não há Demonstração de Resultados**		**Balanço Final**	

Evento Econômico de Variação da Riqueza do Acionista: a Demonstração de Resultados

Quando um evento econômico altera para mais ou para menos a riqueza do acionista, significa que o acionista está ganhando ou perdendo em relação ao seu investimento, o capital social. Nesse caso, há a necessidade de geração de um relatório contábil complementar, cujo fundamento é demonstrar (explicar) como foi alterada a riqueza. Esse relatório, o segundo mais importante na contabilidade, é denominado *demonstração do resultado do exercício*.

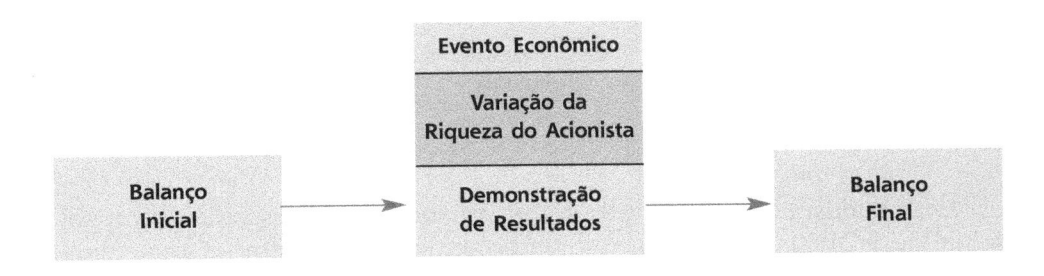

```
                    ┌─────────────────────┐
                    │  Evento Econômico   │
                    ├─────────────────────┤
                    │    Variação da      │
                    │ Riqueza do Acionista│
┌──────────┐        ├─────────────────────┤        ┌──────────┐
│ Balanço  │   →    │    Demonstração     │   →    │ Balanço  │
│ Inicial  │        │    de Resultados    │        │  Final   │
└──────────┘        └─────────────────────┘        └──────────┘
```

Nesse momento, o patrimônio líquido passa a incorporar mais uma conta patrimonial, que é a de lucros acumulados. Como primeiro exemplo, podemos supor um crédito de receita financeira de $ 8. Esse evento e o balanço final resultante após sua contabilização podem ser evidenciados na figura a seguir.

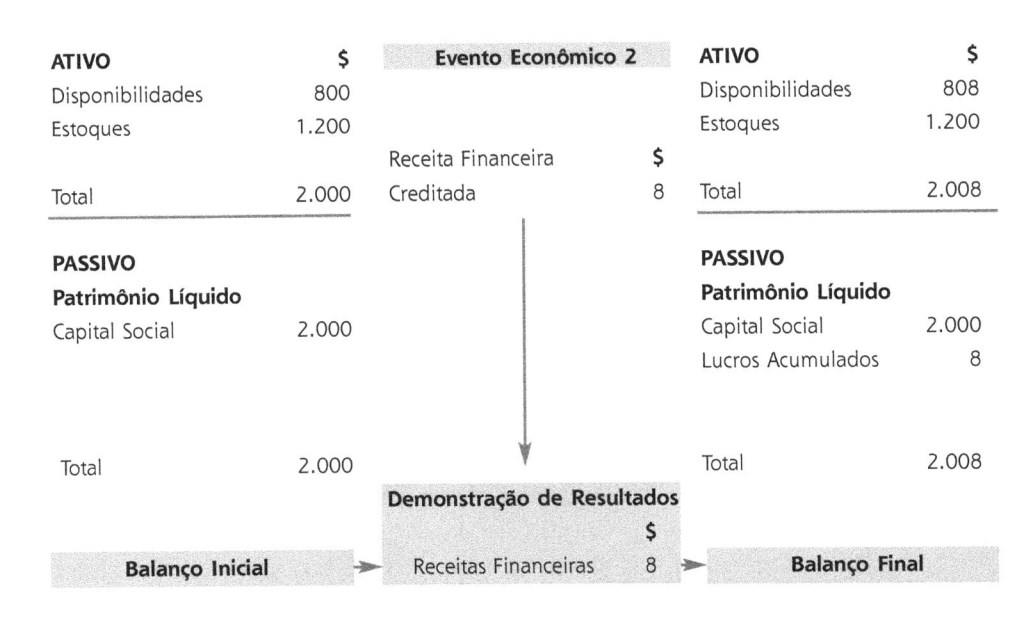

ATIVO	$	Evento Econômico 2		ATIVO	$
Disponibilidades	800			Disponibilidades	808
Estoques	1.200			Estoques	1.200
		Receita Financeira	$		
Total	2.000	Creditada	8	Total	2.008
PASSIVO				PASSIVO	
Patrimônio Líquido				**Patrimônio Líquido**	
Capital Social	2.000			Capital Social	2.000
				Lucros Acumulados	8
Total	2.000			Total	2.008

	Demonstração de Resultados	
		$
Balanço Inicial →	Receitas Financeiras	8	→ **Balanço Final**

Pode-se fazer uma demonstração de resultados após cada evento. Como outro exemplo, podemos imaginar a venda de metade das mercadorias existentes em estoque ($ 600 de custo) por $ 900, gerando um lucro de $ 300, à vista. Esse evento provoca nova alteração na riqueza e exige uma demonstração de seu resultado, conforme a figura a seguir.

ATIVO	$		Evento Econômico 3		ATIVO	$
Disponibilidades	808				Disponibilidades	1.708
Estoques	1.200				Estoques	600
			Venda de 50% das	$		
Total	2.008		mercadorias em		Total	2.308
			estoque, à vista			
PASSIVO			. Valor da Venda	900	PASSIVO	
Patrimônio Líquido			. Valor do Custo		Patrimônio Líquido	
Capital Social	2.000		do Estoque	600	Capital Social	2.000
Lucros Acumulados	8				Lucros Acumulados	308
Total	2.008				Total	2.308
Balanço Final/Inicial		→	**Demonstração de Resultados**	→	**Balanço Final**	

	$
Vendas	900
Custo das Vendas	(600)
Lucro nas Vendas	300

Demonstração do Resultado de um Período

Contudo, são inúmeras as transações que afetam a riqueza do acionista, e fazer uma demonstração do resultado para cada evento torna-se contraproducente. Dessa maneira, convencionou-se aglutinar todos esses eventos econômicos em um certo período de tempo, elaborando uma demonstração de resultados periódica (diária, semanal, mensal, anual). O mais comum tem sido a demonstração de resultados mensal, que soma todos os eventos econômicos que alteraram a riqueza do acionista naquele período. Isso pode ser evidenciado na figura a seguir, no qual criamos a demonstração de resultados conjunta dos eventos 2 e 3. Nesse caso, o balanço inicial é o que antecede o evento 2, e o balanço final é o que sucede o evento 3.

Evento Econômico de Movimentação da Riqueza Criada: Demonstração dos Lucros Acumulados

Uma terceira classe de eventos emerge quando, após a constatação da variação positiva da riqueza do acionista (ou seja, a geração de lucro contabilizada na conta de lucros acumulados) há uma movimentação desses lucros retidos ou acumulados. Essa movimentação caracteriza-se por concluir a

Análise das Demonstrações Financeiras

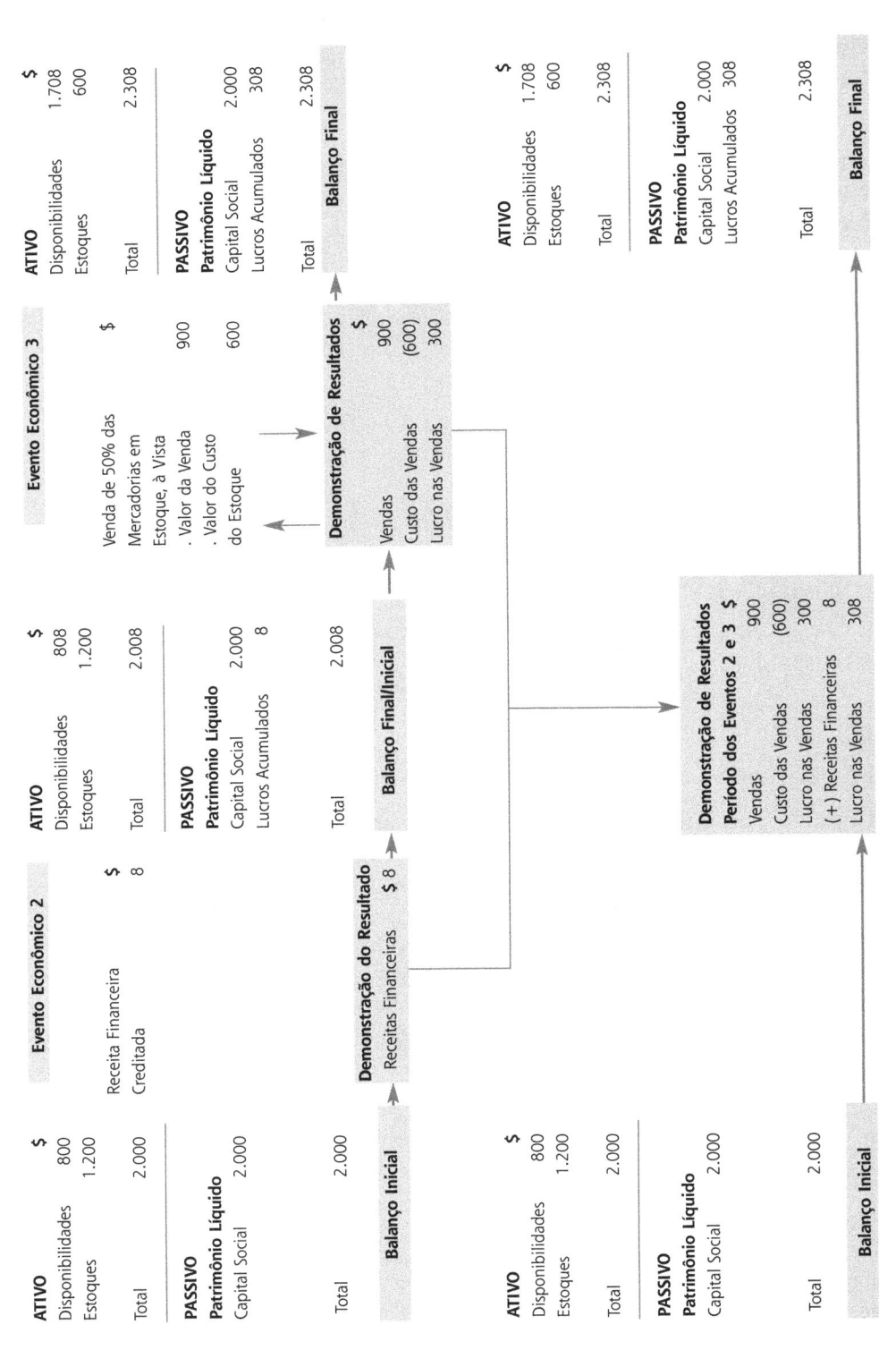

Balanço Inicial

ATIVO	$
Disponibilidades	800
Estoques	1.200
Total	2.000

PASSIVO	
Patrimônio Líquido	
Capital Social	2.000
Total	2.000

Evento Econômico 2

	$
Receita Financeira Creditada	8

Demonstração do Resultado

Receitas Financeiras	$ 8

Balanço Final/Inicial

ATIVO	$
Disponibilidades	808
Estoques	1.200
Total	2.008

PASSIVO	
Patrimônio Líquido	
Capital Social	2.000
Lucros Acumulados	8
Total	2.008

Evento Econômico 3

	$
Venda de 50% das Mercadorias em Estoque, à Vista	
. Valor da Venda	900
. Valor do Custo do Estoque	600

Demonstração de Resultados

	$
Vendas	900
Custo das Vendas	(600)
Lucro nas Vendas	300

Balanço Final

ATIVO	$
Disponibilidades	1.708
Estoques	600
Total	2.308

PASSIVO	
Patrimônio Líquido	
Capital Social	2.000
Lucros Acumulados	308
Total	2.308

Demonstração de Resultados
Período dos Eventos 2 e 3

	$
Vendas	900
Custo das Vendas	(600)
Lucro nas Vendas	300
(+) Receitas Financeiras	8
Lucro nas Vendas	308

Balanço Final

ATIVO	$
Disponibilidades	1.708
Estoques	600
Total	2.308

PASSIVO	
Patrimônio Líquido	
Capital Social	2.000
Lucros Acumulados	308
Total	2.308

relação acionista/empresa. Como já havíamos introduzido, o foco da gestão econômica é a riqueza dos acionistas. Após a geração da riqueza, a etapa seguinte é determinar sua destinação. Nesse momento, surge a terceira demonstração contábil, que é a dos lucros acumulados.

```
                    ┌─────────────────────┐
                    │  Evento Econômico   │
                    ├─────────────────────┤
                    │   Movimentação da   │
                    │ Riqueza do Acionista│
┌──────────┐        ├─────────────────────┤        ┌──────────┐
│ Balanço  │───────▶│    Demonstração     │───────▶│ Balanço  │
│ Inicial  │        │     dos Lucros      │        │  Final   │
└──────────┘        │     Acumulados      │        └──────────┘
                    └─────────────────────┘
```

São três as destinações básicas dos lucros acumulados:

a) *distribuição dos lucros aos acionistas*, isto é, retirar dinheiro da empresa, até o montante dos lucros gerados acumulados, e retornar em numerário para o acionista, que é a distribuição natural e coerente com o retorno do investimento, objeto da criação das empresas com fins lucrativos;
b) *capitalização dos lucros retidos*, isto é, transformar em capital social os lucros gerados e retidos;
c) *manutenção dos lucros retidos na empresa*, sem capitalização nem distribuição, aguardando capitalização ou distribuição futura, tanto sob a forma de lucros acumulados, como sob a forma de reservas de lucros.

As três opções podem ser feitas total ou parcialmente e ao mesmo tempo. No nosso exemplo, estamos considerando apenas o primeiro tipo de destinação, supondo uma distribuição de lucros em dinheiro aos acionistas de $ 200, como evento número 4 (página 34).

2.2 Conceitos Fundamentais e Estrutura do Balanço Patrimonial

O balanço patrimonial tem, como finalidade básica, representar o patrimônio de uma entidade em um determinado momento. Normalmente, esse momento é o último dia de um período de atividades escolhido (mês, ano). Essa demonstração tem a configuração básica apresentada no Quadro 2.1.

A seguir, apresentamos um resumo dos principais conceitos e fundamentos que formatam genericamente a demonstração do balanço patrimonial, tanto em termos de sua apresentação como de sua mensuração.

Análise das Demonstrações Financeiras

ATIVO	$		Evento Econômico 4		ATIVO	$
Disponibilidades	1.708				Disponibilidades	1.508
Estoques	600				Estoques	600
			Distribuição de	$		
Total	2.308		Lucros aos		Total	2.108
			Acionistas	200		

PASSIVO					PASSIVO	
Patrimônio Líquido					Patrimônio Líquido	
Capital Social	2.000				Capital Social	2.000
Lucros Acumulados	308				Lucros Acumulados	108

Total	2.308				Total	2.108

Balanço Inicial → **Demonstração dos Lucros Acumulados** → **Balanço Final**

Período dos Eventos 2 a 4

	$
Saldo Inicial	–
(+) Lucro do Período	308
(–) Distribuição aos Acionistas	(200)
Saldo Final	108

Quadro 2.1 Estrutura básica do balanço patrimonial

ATIVO CIRCULANTE	**PASSIVO CIRCULANTE**
Disponibilidades, contas a receber de clientes, estoques e outros valores a receber e a realizar, dentro do prazo de um ano	Duplicatas e contas a pagar, tributos a recolher, empréstimos e financiamentos e outras obrigações, vencíveis dentro do prazo de um ano
ATIVO NÃO CIRCULANTE	**PASSIVO NÃO CIRCULANTE**
Realizável a Longo Prazo	Empréstimos e financiamentos, bem como outras obrigações com vencimento superior a um ano e receitas menos despesas diferidas
Bens e direitos a receber ou a realizar com prazo superior a um ano	
Investimentos	
Ações ou cotas de outras empresas Propriedades não utilizadas nas operações	**PATRIMÔNIO LÍQUIDO**
Imobilizado	Valor das entradas de capital, menos as ações mantidas em tesouraria, mais as avaliações não contabilizadas em resultados e lucros retidos, tanto como reservas quanto na rubrica lucros acumulados, e prejuízos acumulados, se houver
Bens e direitos adquiridos com intenção de não venda, para utilização nas atividades operacionais da companhia, líquidos das depreciações, amortizações e exaustões, e das perdas por desvalorizações (antigo ativo fixo)	

(continua)

Quadro 2.1 Estrutura básica do balanço patrimonial (continuação)

ATIVO NÃO CIRCULANTE
Intangível
Direitos que tenham por objeto bens incorpóreos (marcas, patentes, fundo de comércio adquirido etc.) líquido das amortizações e das perdas por desvalorizações

Realização

É um conceito contábil fundamental, aplicado de duas maneiras:

a) indicar a condição característica de os bens, direitos e obrigações se transformarem em moeda, para o ativo e passivo;
b) indicar o momento da ocorrência dos eventos econômicos, para as despesas e receitas.

Assim, um ativo é realizado quando recebido ou transformado em dinheiro. Um passivo é realizado quando é pago ou a obrigação que representa é liquidada. Uma receita é realizada quando se considera que foi efetuada sua transmissão para a outra parte e é reconhecida pela entidade como direito, independentemente de seu recebimento. Uma despesa é realizada quando a entidade reconhece a aceitação do serviço por ela prestada.

Curto Prazo e Longo Prazo

Objetivando classificar os bens e direitos realizáveis dentro de um perfil mínimo de vencimento, convencionou-se mundialmente considerar que os ativos circulantes são os bens e direitos realizáveis até um ano após a data do encerramento do balanço. Todos os demais bens e direitos, cujo vencimento ou expectativa de realização seja superior a um ano da data do encerramento do balanço, são considerados como de longo prazo e classificados no ativo não circulante, no grupo Realizável a Longo Prazo. Os bens e direitos adquiridos com a intenção de permanência (de não venda) são classificados nos demais grupos do ativo não circulante (investimentos, imobilizado e intangíveis).

Ativo Circulante e Não Circulante

A substituição do conceito de ativo permanente e o agrupamento desses itens e do realizável de longo prazo num único grupo denominado ativo não circulante decorre da adoção das práticas contábeis internacionais, que classificam todos os itens que não são de curto prazo neste grande agrupamento de contas. Contudo, convém ressaltar que este grupo engloba dois conjuntos específicos de ativos: os ativos classificados no realizável a longo prazo são ativos de características de capital de giro, cujos prazos de vencimento e realização são maiores que doze meses da data do balanço. Já os grupos investimentos, imobilizado e intangíveis incorporam bens e direitos que a empresa não tem a intenção de vender, ou seja, a empresa tem a intenção de mantê-los para renda ou para suas operações. Desta maneira, para análise de balanço, os bens e direitos classificados antigamente como permanentes não podem ser considerados análogos aos bens e direitos classificados no realizável a longo prazo. A esse grupo daremos gerencialmente o nome de ativos fixos.

Ativos Não Circulantes Não Destinados à Venda (Ativos Fixos)

Consideram-se ativos não circulantes fixos os bens e direitos adquiridos com a intenção de não venda, ou seja, para utilização no desenvolvimento das atividades operacionais da companhia ou para renda. São os imóveis operacionais, máquinas, equipamentos, instalações, veículos, móveis etc. Neste grupo incluem-se os investimentos em outras empresas adquiridos em caráter de permanência, bem como os investimentos em outras propriedades para renda. Outros tipos de ativos são os gastos com a geração ou aquisição de intangíveis, que também têm a finalidade de negociação ou renda. Como exemplos podemos citar os gastos com compra ou criação de marcas, desenvolvimento de produtos, patentes, fundo de comércio e *goodwill* adquirido resultante de incorporação de outra empresa (ágio por expectativa de resultados futuros).

Custo como Base de Valor

Este talvez seja o princípio mais forte da contabilidade societária. Os ativos são avaliados pelo custo. A regra genérica é que só se avaliará por um preço diferente do custo, um preço de mercado, caso seja menor que o custo (custo ou mercado, o menor).

Isso significa que outros critérios de avaliação (valor econômico, preços de reposição, preços de mercado, valores de saída etc.) não são considerados pela contabilidade ortodoxa (tradicional), exceto se eles forem utilizados para reduzir o valor do custo contábil.

Custo Corrigido Monetariamente: Correção Monetária

Em nosso país, de 1978 a 1995, foi adotado o princípio do custo corrigido monetariamente apenas para os itens do ativo permanente e do patrimônio líquido. Mundialmente, esse princípio não tem sido adotado em sua generalidade, e a maior parte dos países não adota nem incentiva esse critério contábil.

Atualização Monetária

A atualização monetária é um critério diferente da correção monetária. É aplicada (e deve ser) aos direitos e obrigações que têm cláusula contratual de atualização, ou obrigatoriedade legal, decorrente de algum indexador, moeda ou taxa de juros. Os exemplos clássicos são as aplicações financeiras e os empréstimos, bem como os créditos ou obrigações em moeda estrangeira. Depósitos judiciais, impostos em atraso etc. são outros exemplos que utilizam esse critério. A atualização monetária deve ser feita periodicamente, pelo menos na periodicidade mensal.

Ajuste a Valor Presente

Esse critério contábil é imprescindível para ajustar o valor das obrigações e dos créditos prefixados que contenham, dentro de seu valor nominal, uma parcela de juros como compensação do prazo de pagamento ou recebimento. Dessa maneira, uma venda ou uma compra a prazo, ainda não recebida ou paga, deve ser ajustada à data do balanço, extraindo-se os juros computados no seu valor que foram adicionados para fazer face ao prazo de realização.

Equivalência Patrimonial

Esse princípio de ajuste ao valor de custo (ou ajuste ao custo corrigido) é específico para os investimentos em coligadas e controladas. Soma-se ao valor do custo de aquisição das ações ou cotas dessas empresas, ao final do período da demonstração de resultados, o lucro ou o prejuízo da coligada ou controlada, na proporção da participação detida pela empresa. Exemplificando: se o lucro da controlada foi de $ 1.000 no período, e a empresa detém 70% de seu capital, ela contabiliza como receita de equivalência $ 700, adicionando ao custo anterior no ativo permanente.

Competência de Exercícios

Junto com o princípio do custo como base de valor, este conceito contábil é fundamental. É o que diferencia a gestão econômica da gestão financeira ou de caixa. Para a contabilidade, todos os eventos de despesas e receitas devem ser contabilizados no momento de sua ocorrência (o seu fato gerador), independentemente do seu prazo de recebimento ou pagamento.

Portanto, a demonstração de resultados não é feita pelo regime de caixa e, sim, pelo regime de ocorrência ou competência. Portanto, a riqueza dos proprietários é medida pelas ocorrências dos eventos de despesa ou receita, e não nos momentos de recebimento ou pagamento.

A premissa é clara: nenhuma empresa vende para não receber, nem compra para não pagar. Portanto, o momento financeiro das transações não é o mais importante e, sim, o da ocorrência econômica dos eventos.

Realização da Receita e Confrontação das Despesas

A receita deve ser contabilizada quando há a transferência para o cliente, momento em que o bem ou o direito já está em condições físicas e escriturais de transmissão da propriedade. Esse princípio está ligado ao regime de competência de exercícios. No mesmo momento da contabilização da receita deve ser feita a contabilização dos custos que a originaram. Exemplificando: no momento da contabilização da venda de uma mercadoria ou produto, deve ser lançado como despesa o custo do produto ou da mercadoria vendida.

A demonstração do resultado do exercício é a demonstração contábil que evidencia a confrontação entre receitas e despesas e, dessa confrontação, apura-se o resultado (lucro ou prejuízo) do exercício.

Novos conceitos de avaliação

As leis 11.638/07 e 11.941/09 introduziram definitivamente os padrões internacionais de contabilidade (IFRS) na legislação brasileira e na prática contábil. Os principais conceitos de avaliação introduzidos foram os seguintes:

a) Valor justo (*fair value*): todos os ativos e passivos que possam ter seu valor justo diferente do valor contábil devem ser remensurados por aquele valor. Basicamente são os dois tipos de valor justo:
   1) Valor de mercado;
   2) Valor em uso determinado pelo fluxo de caixa descontado.
   A utilização deverá ser pelo maior entre os dois valores.
   O valor justo será aplicado para diminuir os ativos ou aumentar os passivos, exceto no caso de instrumentos financeiros mantidos para negociação ou venda.

b) Perda por desvalorização de ativos (*impairment*): sempre que se identificar que um ativo (estoques, imobilizados, intangíveis, investimentos) tem seu valor contábil superior ao valor justo, deverá ser feito um lançamento, em despesa ou custo, da diferença entre esses valores denominada ajuste ao valor recuperável do ativo.

c) Valor residual: valor provável de venda de um bem imobilizado ao final do seu uso pela empresa (ao final da vida útil).

d) Valor depreciável: a base para a aplicação da taxa de depreciação será o valor justo do bem menos seu valor residual, considerando sua vida útil para a empresa.

e) Vida útil: quantidade de período ou unidades de produção em que se espera que o bem seja utilizado pela empresa e traga o fluxo futuro de benefícios.

f) Taxa de depreciação: a taxa de depreciação deverá ser calculada em razão da vida útil estimada do bem.

g) Tributos diferidos: deverá ser contabilizado como despesa ou receita, em contrapartida ao ativo ou passivo, o valor dos tributos sobre o lucro (imposto de renda e contribuição social sobre o lucro), sobre as diferenças temporárias entre os lucros tributável e contábil.
h) Os bens adquiridos por meio de *leasing* financeiro deverão ser imobilizados.

Qualidade dos Lucros[1]

O conceito "qualidade dos lucros", em linhas gerais, remete à tentativa de assegurar que a informação do lucro evidenciada na demonstração do resultado do período represente o máximo possível a exatidão da mensuração do lucro. Nesta visão, a mensuração do lucro pode ser afetada, e, portanto, sua qualidade, em razão de algumas variáveis, tais como:

a) Escolha de princípios ou práticas contábeis, quando as normas o permitirem;
b) Cálculo das estimativas, na aplicação das práticas e princípios contábeis, tais como ajustes a valor justo ou de mercado, cálculo da depreciação, cálculo das provisões etc.;
c) Escolha da época da realização de algumas transações, tanto de despesas quanto de receitas, principalmente para itens não recorrentes, no lucro do período etc.

A expressão qualidade dos lucros também é aplicada quando se vislumbra a possibilidade de que a mensuração do lucro possa ser afetada por decisões administrativas, tais como:

a) Postergação de gastos com manutenção indispensável ao bom funcionamento futuro da empresa;
b) Postergação de gastos com treinamento etc.

Também a qualidade dos lucros pode ser vista, por alguns, apenas do ângulo do tipo do negócio, tais como:

a) Distância de tempo entre a venda e o recebimento da venda;
b) Distância de tempo entre a compra e o pagamento da compra;
c) Relevância de certos tipos de investimentos (*leasing*, compras alavancadas, aquisição de empresas com expressivo *goodwill* etc.) etc.

As práticas e princípios contábeis existentes, aplicados corretamente, permitem um forte grau de acurácia da mensuração do lucro. Contudo, reconhece-se que aspectos subjetivos podem induzir a mensurações menos

---
[1] Adaptado de STICKNEY, Clyde B. e WEIL, Roman L. *Contabilidade Financeira*. São Paulo, Ed. Atlas, 2001, p. 876.

confiáveis, já que diversas práticas dependem de julgamentos específicos, tais como:

a) Utilizar o fluxo de caixa descontado para calcular o valor justo;
b) Falta de acurácia na determinação da vida útil dos bens para cálculo da taxa de depreciação;
c) Falta de acurácia na determinação do valor residual dos bens para determinação do valor depreciável;
d) Atribuição de custo incorreto no ativamento de bens etc.

Nesse sentido, é fundamental o papel do contador, como responsável final pela elaboração das demonstrações contábeis, bem como do analista contábil no papel de entendimento das demonstrações contábeis básicas, já que é da análise das demonstrações contábeis que decorre a maior parte das decisões fundamentais para a administração da empresa.

2.3 Apresentação Legal das Demonstrações Contábeis Básicas

O formato oficial da apresentação das demonstrações contábeis em nosso país foi estabelecido pela Lei 6.404/76, denominada Lei das Sociedades Anônimas, no seu Capítulo XV, artigos 175 a 188. Essa legislação estipulou as seguintes demonstrações obrigatórias para as sociedades anônimas, que, posteriormente, foram estendidas às demais sociedades:

a) balanço patrimonial;
b) demonstração dos lucros ou prejuízos acumulados;
c) demonstração das mutações do patrimônio líquido;
d) demonstração do resultado do exercício;
e) demonstração das origens e aplicações de recursos;
f) notas explicativas para complementação das demonstrações financeiras.

Essa Lei também apresentou os critérios básicos de avaliação e estipulou que as demonstrações financeiras devem ser publicadas contendo os dados do exercício atual e do exercício anterior em colunas, de forma comparativa.

As leis 11.638/07 e 11.941/09 introduziram uma série de alterações na Lei 6.404/76 com relação à estrutura de apresentação das demonstrações contábeis, bem como na obrigatoriedade do conjunto das demonstrações a serem apresentadas. Com relação ao conjunto das demonstrações contábeis a serem apresentadas, foram duas as principais alterações:

a) substituição da demonstração das origens e aplicações de recursos, pela demonstração dos fluxos de caixa, que pode ser apresentada tanto pelo método direto quanto indireto, sendo obrigatória para as empresas com patrimônio líquido superior a $ 2.000.000,00;

b) obrigatoriedade de apresentação da demonstração do valor adicionado pelas companhias abertas.

Com relação à estrutura de apresentação, as alterações no balanço patrimonial foram as seguintes:

a) supressão do conceito de ativo permanente;
b) extinção do ativo diferido;
c) introdução do grupo ativo intangível;
d) criação do grupo ativo não circulante, que passa a absorver o realizável a longo prazo, os investimentos, o imobilizado e o ativo intangível;
e) substituição da nomenclatura exigível a longo prazo por passivo não circulante;
f) extinção do grupo resultados de exercícios futuros, que, se houver, deverá ser apresentado no passivo não circulante;
g) extinção da possibilidade de reavaliação e sua contabilização como reservas a partir de 2008;
h) introdução no grupo patrimônio líquido da conta ações em tesouraria;
i) introdução da conta ajustes de avaliação patrimonial para absorver, em linhas gerais, os seguintes valores: I) contrapartida dos ajustes a valor justo dos instrumentos financeiros disponíveis para venda e para negociação; II) variação cambial dos investimentos no exterior; III) algumas situações de ajustes atuariais de planos de previdência; IV) contrapartida dos ajustes a valor justo do custo atribuído (*deemed cost*) aos imobilizados e propriedades para investimento quando da adoção das práticas internacionais em 2010.

Nos quadros 2.2 e 2.3 apresentamos as estruturas oficiais dos dois principais relatórios, o balanço patrimonial e a demonstração do resultado do exercício em conformidade com as últimas alterações.

Critérios Básicos de Avaliação

No Quadro 2.4 apresentamos os principais ativos e passivos, bem como uma breve descrição do conteúdo de cada conta e o critério básico de avaliação.

Quadro 2.2 Balanço patrimonial – Estrutura legal

ATIVO CIRCULANTE	**PASSIVO CIRCULANTE**
Caixa e Bancos	Títulos a Pagar a Fornecedores
Aplicações Financeiras	Impostos a Recolher sobre
Títulos a Receber de Clientes	Mercadorias
(–) Títulos Descontados	Impostos a Recolher sobre Lucros
(–) Créditos de Liquidação Duvidosa	Salários e Encargos a Pagar
Estoques	Contas a Pagar
(Mercadorias, Materiais, Produtos em	Adiantamentos de Clientes
Elaboração, Produtos Acabados)	Empréstimos e Financiamentos
Adiantamentos a Fornecedores	Participações a Pagar
Outros Créditos	Dividendos e Lucros a Distribuir
(Impostos a Recuperar, Outros	
Valores a Receber ou a Realizar,	
Despesas do Exercício Seguinte)	

ATIVO NÃO CIRCULANTE	**PASSIVO NÃO CIRCULANTE**
Realizável a Longo Prazo	Empréstimos e Financiamentos
Títulos a Receber	Tributos Parcelados
Créditos em Empresas Ligadas	Mútuos de Coligadas e Controladas
Títulos Mobiliários	Receitas (–) Despesas Diferidas
Investimentos Temporários	
Investimentos	**PATRIMÔNIO LÍQUIDO**
Ações ou Cotas de Empresas Coligadas	Capital Social
Ações ou Cotas de Empresas Controladas	(–) Ações em Tesouraria
Ações ou Cotas de Outras Empresas	Reservas de Capital
Imobilizado	Reservas de Reavaliação (1)
(–) Depreciação e Exaustão Acumulada	Ajustes de Avaliação Patrimonial
Intangível	Lucros ou Prejuízos Acumulados (2)
Marcas, patentes, *goodwill*	
(–) Amortização Acumulada	
ATIVO TOTAL	

(1) Podem ser mantidas, a critério da empresa, as reavaliações contabilizadas até 31.12.2007.
(2) As companhias abertas e empresas de grande porte deverão destinar todos os lucros do exercício, não mantendo lucros retidos na conta de lucros acumulados.

Quadro 2.3 Demonstração do resultado do exercício – Estrutura legal

RECEITA OPERACIONAL BRUTA

(–) Impostos Incidentes sobre Vendas
(–) Devoluções e Abatimentos
RECEITA OPERACIONAL LÍQUIDA
(–) CUSTO DOS PRODUTOS E SERVIÇOS VENDIDOS
LUCRO BRUTO
(–) DESPESAS OPERACIONAIS
Com Vendas
Gerais e Administrativas
Financeiras Líquidas
Despesas Financeiras (–) Receitas Financeiras (1)
(+/–) OUTRAS RECEITAS E DESPESAS
Equivalência Patrimonial
Resultados de Outras Participações
Outras Receitas Operacionais
LUCRO OPERACIONAL
Outras Receitas e Despesas
Correção Monetária do Exercício (2)
RESULTADO DO EXERCÍCIO ANTES DOS IMPOSTOS SOBRE O LUCRO E PARTICIPAÇÕES
Provisão para Impostos sobre o Lucro (Imposto de Renda e Contribuição Social)
Participações dos Empregados, Administradores e Outras Participações
LUCRO (PREJUÍZO) LÍQUIDO DO EXERCÍCIO
LUCRO (PREJUÍZO) LÍQUIDO DO EXERCÍCIO POR AÇÃO DO CAPITAL SOCIAL

(1) A apresentação das despesas financeiras deduzidas das receitas financeiras como parte do resultado operacional da empresa, mesmo sendo obrigatória para fins externos, não é adequada do ponto de vista gerencial e financeiro. A operação básica de qualquer empresa compreende comprar, produzir e vender e sua administração. Os aspectos financeiros, para fins gerenciais, devem ser analisados separadamente dos elementos operacionais.

(2) O procedimento legal da correção monetária de balanço foi revogado a partir de 1º de janeiro de 1996 (Lei 9.249/95).

Quadro 2.4 Descrição das contas e critérios básicos de avaliação

BALANÇO PATRIMONIAL	Conteúdo da Conta	Critério Básico de Avaliação
ATIVO CIRCULANTE		
Caixa/Bancos	Numerário em caixa e saldos bancários	Valor nominal dos saldos
Aplicações Financeiras	Aplicações de renda fixa ou variável, derivativos etc.	Valor aplicado mais juros e atualização monetária até a data do balanço
Contas a Receber de Clientes	Duplicatas a receber de clientes por vendas a prazo	Valor nominal das duplicatas
	Saques/faturas a receber de vendas a prazo ao exterior	Valor em moeda estrangeira atualizado monetariamente até a data do balanço
(–) Provisão Devedores Duvidosos	Estimativa das prováveis perdas com as contas existentes	Percentual médio histórico de perdas e/ou critério fiscal para fins de Imposto de Renda
(–) Títulos Descontados	Duplicatas ou saques negociados e recebidos antecipadamente	Valor nominal das duplicatas ou saques
(–) Ajuste a Valor Presente	Valor dos juros embutidos nas duplicatas e saques a receber	Valor do título descontado por uma taxa de juros, do vencimento até a data do balanço
. Contas a Receber – Líquido		
Estoques		
.. De Materiais – Bruto	Estoques de materiais diretos (matérias-primas, componentes, embalagens) e materiais de consumo (manutenção, escritório)	Custo de aquisição menos impostos recuperáveis. Critério do preço médio ponderado ou pelo critério primeiro a entrar, primeiro a sair (PEPS)
..		
(–) Provisão Retificadora	Provável perda de valor; estoques sem utilização	Diferença entre o preço de mercado menor que o custo; valor dos estoques inúteis

(continua)

Quadro 2.4 Descrição das contas e critérios básicos de avaliação (continuação)

BALANÇO PATRIMONIAL	Conteúdo da Conta	Critério Básico de Avaliação
ATIVO CIRCULANTE		
. De Materiais – Líquido		
. Em Processo	Estoques em elaboração, semiacabados	Custo real/histórico de fabricação (materiais + custos de transformação), no estágio
. Acabados	Estoques de produtos prontos para venda	Custo real/histórico de fabricação (materiais + custos de transformação), acabado
. Adiantamentos a Fornecedores	Antecipação de pagamento a fornecedores	Valor nominal dos adiantamentos
Impostos a Recuperar	Saldos credores ou a recuperar de impostos indiretos e diretos	Valor dos impostos corrigidos pelo indexador legal até a data do balanço
Despesas do Exercício Seguinte	Despesas pagas antecipadamente de competência futura	Valor da despesa a ser lançada na competência seguinte
ATIVO NÃO CIRCULANTE		
Realizável a Longo Prazo		
Depósitos Judiciais	Depósitos espontâneos ou compulsórios para contenciosos	Valor dos depósitos, corrigidos até a data do balanço, se for o caso
Incentivos Fiscais	Créditos fiscais obtidos, por legislação (Finam, Finor etc.)	Valor nominal, deduzido das perdas prováveis na realização, se já conhecidas
Investimentos	Ações de outras empresas (controladas, coligadas e outras)	Valor de custo ou valor patrimonial equivalente na data do balanço (coligadas/controladas)

(continua)

Quadro 2.4 Descrição das contas e critérios básicos de avaliação (continuação)

BALANÇO PATRIMONIAL	Conteúdo da Conta	Critério Básico de Avaliação
Imobilizado		
Imóveis, Máquinas, Equipamentos	Bens e direitos adquiridos em caráter de permanência	Custo de aquisição menos impostos recuperáveis
Outros Imobilizados	Bens e direitos adquiridos em caráter de permanência	Custo de aquisição menos impostos recuperáveis
Reavaliações	Bens e direitos adquiridos em caráter de permanência	Custo de aquisição menos impostos recuperáveis
Custo atribuído (*deemed cost*)	Valor complementar de bens e direitos reavaliados até 31.12.2007	Diferença entre o valor da avaliação a preços de mercado (−) valor contábil
(−) Ajuste ao valor recuperável dos ativos	Valor complementar de bens e direitos a valor justo feito em 2010	Diferença entre o valor justo e o valor contábil existente em 1º.01.2010
(−) Depreciação e Exaustão Acumulada	Redução ao valor justo (*impairment*)	Diferença do valor justo menor que o valor contábil
	Perda estimada de valor dos bens por desgaste e obsolescência	Aplicação das taxas de depreciação anuais sobre o valor justo dos bens
Intangível	Direitos sobre bens incorpóreos destinados à atividade da empresa	Custo de aquisição ou geração
(−) Ajuste ao valor recuperável dos ativos	Redução ao valor justo (*impairment*)	Diferença do valor justo menor que o valor contábil
(−) Amortização Acumulada	Amortização em função da vida útil do intangível	Aplicação das taxas de amortização anuais sobre o valor justo dos direitos
ATIVO TOTAL		
PASSIVO CIRCULANTE		
Fornecedores	Duplicatas a pagar a fornecedores por compras a prazo	Valor nominal das duplicatas
	Faturas a pagar a fornecedores do exterior por compras a prazo	Valor em moeda estrangeira, atualizado monetariamente até a data do balanço

(continua)

Quadro 2.4 Descrição das contas e critérios básicos de avaliação (continuação)

BALANÇO PATRIMONIAL	Conteúdo da Conta	Critério Básico de Avaliação
PASSIVO CIRCULANTE		
(−) Ajuste a Valor Presente	Valor dos juros embutidos nas duplicatas e faturas a pagar	Valor do título descontado por uma taxa de juros, do vencimento até a data do balanço
. Duplicatas a Pagar – Líquido		
Salários e Encargos a Pagar	Vencimentos dos empregados ainda não quitados	Valor das remunerações
	Encargos legais a recolher (INSS, FGTS)	Valor nominal dos encargos a recolher
	Provisão de encargos salariais a pagar (férias, 13º salário)	Valor dos duodécimos calculados sobre os salários na data do balanço
Contas a Pagar	Faturas e duplicatas a pagar de contas diversas	Valor nominal das faturas e contas
Impostos a Recolher – Mercadorias	Valor dos impostos e contribuições apurados, a vencer	Valor das guias, corrigidas por indexador legal, mais multa e juros, se em atraso
Impostos a Recolher – sobre Lucros	Valor dos impostos e contribuições apurados, a vencer	Valor das guias, corrigidas por indexador legal, mais multa e juros, se em atraso
Adiantamento de Clientes	Valor recebido antecipadamente por conta de pedidos de venda	Valor nominal dos adiantamentos
Empréstimos	Empréstimos e financiamentos bancários ou de mútuo	Valor atualizado monetariamente, mais juros devidos até a data do balanço
Dividendos a Pagar	Valor já destinado à distribuição aos acionistas	Valor nominal (ou corrigido, se nessa condição)
PASSIVO NÃO CIRCULANTE		
Financiamentos	Empréstimos e financiamentos bancários ou de mútuo	Valor atualizado monetariamente, mais juros devidos até a data do balanço

(continua)

Quadro 2.4 Descrição das contas e critérios básicos de avaliação (continuação)

BALANÇO PATRIMONIAL	Conteúdo da Conta	Critério Básico de Avaliação
PATRIMÔNIO LÍQUIDO		
Capital Social	Entradas e aumentos de capital até a data do balanço	Valor das entradas e aumentos de capital corrigidos
(-) Ações em Tesouraria	Valor pago pela recompra de ações ou cotas do capital da própria empresa	Valor de aquisição das cotas ou ações recompradas
Reservas de Capital	Ágio na integralização de capital social	Valor da diferença entre o valor pago pelas ações ou cotas e seu valor nominal
Reservas de Reavaliação	Contrapartida das reavaliações do imobilizado realizadas até 31.12.2007	Valor das reavaliações contabilizadas menos os valores já realizados
Ajustes de Avaliação Patrimonial	Diferença entre o valor contábil e o valor justo de instrumentos financeiros para negociação ou venda e da contabililização do custo atribuído; alguns ajustes atuariais de planos de previdência; variação	Diferença entre o valor justo e o valor contábil
		Valor das variações cambiais
Reservas de Lucros	Lucros acumulados, não capitalizados ou distribuídos, reservados	Valor contabilizado
Lucros Acumulados	Lucros acumulados à espera de destinação	Valor contabilizado
Prejuízos Acumulados	Saldo de prejuízos acumulados ainda não cobertos por lucros de exercícios posteriores	Valor contabilizado
PASSIVO TOTAL		

2.4 Relatórios Contábeis e Principais Eventos Econômicos

Desenvolveremos nesta parte do capítulo os relatórios contábeis que devem ser elaborados para as empresas de capital aberto e que servem de referência para as demais entidades. Adotaremos como modelo uma empresa comercial, objetivando alguma síntese e simplificação.

As tabelas 2.1 e 2.2 apresentam as informações necessárias para desenvolver esta parte do tema. A Tabela 2.1 apresenta um balanço patrimonial inicial. A Tabela 2.2 apresenta os eventos econômicos mais comuns nas atividades de empresas com fins lucrativos.

Tabela 2.1 Balanço patrimonial (inicial)

ATIVO	$	PASSIVO	$
ATIVO CIRCULANTE		**PASSIVO CIRCULANTE**	
Caixa/Bancos/Aplicações Financeiras	800	Duplicatas a Pagar – Fornecedores	570
Duplicatas a Receber – Clientes	1.650	Salários e Encargos a Pagar	180
(–) Ajuste a Valor Presente	(30)	Contas a Pagar	120
Estoque de Mercadorias	3.100	Impostos a Recolher sobre Mercadorias	350
. Soma	5.520	Empréstimos	1.200
		. Soma	2.420
ATIVO NÃO CIRCULANTE		**PASSIVO NÃO CIRCULANTE**	
Depósitos Judiciais	100	Financiamentos	4.800
		PATRIMÔNIO LÍQUIDO	
Investimentos em Controladas	2.200	Capital Social	6.000
Imobilizado Bruto	8.280	Reservas	300
(–) Depreciações Acumuladas	(2.500)	Lucros Acumulados	80
. Soma	7.980	. Soma	6.380
ATIVO TOTAL	**13.600**	**PASSIVO TOTAL**	**13.600**

Tabela 2.2 Principais eventos econômicos de um período

	$
1. Vendas a prazo, com impostos de 10%. Custo $ 14.500	23.800
2. Recebimento das vendas	21.900
3. Compra de mercadorias a prazo, com impostos de 10%	15.000
4. Pagamento das compras	14.500
5. Salários e encargos sociais do período	2.800

(continua)

Tabela 2.2   Principais eventos econômicos de um período (continuação)

	$
6. Pagamento de salários e encargos sociais	2.790
7. Despesas gerais do período	1.400
8. Pagamento das despesas gerais	1.440
9. Aumento de capital social em dinheiro	1.000
10. Contratação de novo financiamento, a longo prazo	500
11. Pagamento de parcelas do empréstimo de curto prazo	1.200
12. Aquisição de novos imobilizados à vista	720
13. Juros dos empréstimos e financiamentos no período	300
14. Receita de aplicações financeiras no período	30
15. Ajuste a valor presente do saldo final de clientes	40
16. Depreciações do período	900
17. Equivalência patrimonial do período	300
18. Recolhimento de impostos sobre mercadorias	640
19. Impostos sobre o lucro pagos no período	700
20. Dividendos distribuídos no período	800
21. Lucros acumulados transferidos para reservas	250

Balanço Patrimonial e Demonstração de Resultados de um Período

Os eventos econômicos contemplam tanto transações qualitativas como aquelas que alteram a riqueza administrada. A contabilização desses eventos, segundo o método das partidas dobradas, enseja a possibilidade de evidenciação de seus efeitos nos dois demonstrativos básicos: a demonstração de resultados e o balanço patrimonial após os eventos, o balanço final. Essas duas demonstrações, resultantes da contabilização dos eventos, são apresentadas nas tabelas 2.3 e 2.4.

Demonstração de Lucros Acumulados

A Tabela 2.5 apresenta um exemplo de uma demonstração da conta de lucros acumulados. O objetivo é evidenciar a movimentação ocorrida na riqueza gerada para os donos do capital.

Demonstração das Mutações do Patrimônio Líquido

Essa demonstração é um prolongamento da conta de lucros acumulados. Na realidade, ela engloba a demonstração de lucros acumulados, adicionando a movimentação das demais contas do patrimônio líquido. A Tabela 2.6 apresenta a movimentação do patrimônio líquido, com os dados do nosso exemplo.

Tabela 2.3 Demonstração do resultado do período

	$
Receita Operacional Bruta	**23.800**
(−) Impostos sobre Vendas	(2.380)
RECEITA OPERACIONAL LÍQUIDA	**21.420**
(−) Custo das Mercadorias Vendidas	(14.500)
= Estoque Inicial 3.100	
(+) Compras Brutas	15.000
(−) Impostos sobre Compras (1.500)	
(−) Estoque Final (2.100)	
LUCRO BRUTO	**6.920**
Despesas Operacionais	
(Administrativas e Comerciais)	
. Salários e Encargos Sociais	(2.800)
. Despesas Gerais	(1.400)
. Depreciações	(900)
LUCRO OPERACIONAL	**1.820**
Receitas Financeiras	30
Despesas Financeiras	(300)
(+) Ajuste Valor Presente Anterior	30
(−) Ajuste Valor Presente Atual	(40)
Equivalência Patrimonial	300
LUCRO ANTES DOS IMPOSTOS	**1.840**
Impostos sobre o Lucro	(700)
LUCRO LÍQUIDO APÓS IMPOSTOS	**1.140**

Tabela 2.4 Balanço patrimonial (inicial e final)

ATIVO	Inicial $	Final $	PASSIVO	Inicial $	Final $
ATIVO CIRCULANTE			**PASSIVO CIRCULANTE**		
Caixa/Bancos/			Duplicatas a Pagar		
Aplicações Financeiras	800	1.440	− Fornecedores	570	1.070
Duplicatas a Receber			Salários e Encargos		
− Clientes	1.650	3.550	a Pagar	180	190
(−) Ajuste a Valor Presente	(30)	(40)	Contas a Pagar	120	80
Estoque de Mercadorias	3.100	2.100	Impostos a Recolher		
			sobre Mercadorias	350	590

(continua)

Tabela 2.4 Balanço patrimonial (inicial e final) (continuação)

ATIVO	Inicial $	Final $	PASSIVO	Inicial $	Final $
ATIVO CIRCULANTE			**PASSIVO CIRCULANTE**		
. Soma	5.520	7.050	Empréstimos	1.200	0
			. Soma	2.420	1.930
ATIVO NÃO CIRCULANTE			**PASSIVO NÃO CIRCULANTE**		
Depósitos Judiciais	100	100	Financiamentos	4.800	5.600
			PATRIMÔNIO LÍQUIDO		
Investimentos em			Capital Social	6.000	7.000
Controladas	2.200	2.500			
Imobilizado Bruto	8.280	9.000	Reservas	300	550
(–) Depreciações					
Acumuladas	(2.500)	(3.400)	Lucros Acumulados	80	170
. Soma	7.980	8.100	. Soma	6.380	7.720
ATIVO TOTAL	**13.600**	**15.250**	**PASSIVO TOTAL**	**13.600**	**15.250**

Tabela 2.5 Demonstração de lucros acumulados

	$
Saldo Inicial de Lucros Acumulados	80
(+) Lucro do período	1.140
(–) Transferência para reservas	(250)
(–) Distribuição de dividendos	(800)
Saldo Final de Lucros Acumulados	**170**

Tabela 2.6 Demonstração das mutações do patrimônio líquido do período

Movimentação	Capital Social	Reservas	Lucros Acumulados	Total
Saldo Inicial	6.000	300	80	6.380
Aumento de Capital em Dinheiro	1.000	–	–	1.000
Transferência para Reservas	–	250	(250)	0
Lucro Líquido do Período	–	–	1.140	1.140
Distribuição de Dividendos	–	–	(800)	(800)
Saldo Final	**7.000**	**550**	**170**	**7.720**

Demonstração das Origens e Aplicações de Recursos

O objetivo dessa demonstração é evidenciar a movimentação de capitais ocorrida entre dois períodos, através da variação dos elementos patrimoniais do ativo e do passivo. O fundamento dessa demonstração parte da visão financeira de que os passivos representam as fontes de capital que a empresa captou, ou seja, as origens dos recursos financeiros (as obrigações representando o capital de terceiros e o patrimônio líquido representando o capital próprio), e os ativos representam os investimentos, ou seja, as aplicações dos recursos captados. No passado, essa demonstração era denominada *fluxo de fundos*.

PASSIVO = FINANCIAMENTOS (FONTES) = ORIGENS DOS RECURSOS
ATIVO = INVESTIMENTOS = APLICAÇÕES DE RECURSOS

Em linhas gerais, a obtenção dos valores para essa demonstração consiste em obter a variação entre os saldos finais e iniciais do balanço patrimonial. As variações do passivo são as fontes e as do ativo são as aplicações. Contudo, nem sempre o valor das variações é suficiente para tornar claro o entendimento da movimentação de capitais, sendo necessários, então, alguns ajustes no critério básico de cálculo. Basicamente, esses ajustes centram-se na substituição da variação da conta lucros acumulados pelo lucro líquido apresentado na demonstração de resultados, bem como na melhor identificação das variações do ativo permanente, separando as variações oriundas de aquisição daquelas oriundas de ajustes econômicos (depreciações, equivalência patrimonial).

Enfoque financeiro e variações "não caixa"

Como essa demonstração tem uma linha geral de apresentar a movimentação de capitais, ela tem um enfoque mais financeiro do que econômico. Dessa maneira, movimentações que não representam (nem nesse período nem em qualquer outro, futuro ou passado) entrada ou saída de numerário são desconsideradas como variações e, portanto, eliminadas do conjunto de valores que compõe o total das origens e aplicações. As principais variações com essas características são:

- Depreciações, amortizações e exaustões.
- Equivalência patrimonial.
- Valor contábil da baixa de ativos permanentes (valor original corrigido menos depreciações, amortizações ou exaustões).
- Correção monetária de balanço, se houver.

Capital circulante líquido

Outro ponto de destaque dessa demonstração é considerar os investimentos no capital de giro líquido das obrigações que a ela estão relacionados. Além disso, o relatório, em sua forma legal, não exige o detalhamento das variações do capital de giro líquido, tratando a variação do capital de giro em único valor.

O modelo legal considera como capital em giro todos os itens do circulante, ativos e passivos. Contudo, dois elementos do circulante não têm relação direta com o giro da empresa: as disponibilidades financeiras e os empréstimos de curto prazo. Nesse sentido, o relatório, na sua formatação tradicional, perde um pouco de qualidade informativa.

Apresentamos a seguir, na Tabela 2.7, esse relatório com os dados do nosso exemplo inicial.

Tabela 2.7 Demonstração das origens e aplicações de recursos

	$
ORIGENS DOS RECURSOS	
Lucro Líquido do Exercício	1.140
(+) Depreciações	900
(−) Equivalência Patrimonial	(300)
= Recursos Provenientes das Operações	1.740
Integralização de Capital Social	1.000
Aumento do Passivo Não Circulante	800
TOTAL	**3.540**
APLICAÇÕES DOS RECURSOS	
Aquisição de Imobilizados	720
Dividendos Distribuídos	800
Variação do Realizável a Longo Prazo	0
Aumento do Capital Circulante Líquido*	2.020
TOTAL	**3.540**
* Demonstração da Variação do Capital Circulante Líquido	
Ativo Circulante − Saldo Final	7.050
Ativo Circulante − Saldo Inicial	(5.520)
Variação (A)	1.530
Passivo Circulante − Saldo Final	1.930
Passivo Circulante − Saldo Inicial	(2.420)
Variação (B)	(490)
Variação Líquida (A − B)	**2.020**

Demonstração do Fluxo de Caixa – Método Indireto

Essa demonstração tem sido considerada com qualidade informacional superior à da demonstração das origens e aplicações de recursos, principalmente porque tenta suprimir suas duas deficiências básicas: a falta de detalhamento das variações do giro e o tratamento dos elementos financeiros como se fossem operacionais. O fluxo de caixa tem duas apresentações básicas:

- O *método indireto*, que evidencia a movimentação do saldo de caixa no período, partindo da geração de caixa por meio da demonstração de resultados e das variações dos elementos patrimoniais do balanço que geram ou necessitam de caixa.
- O *método direto*, que evidencia a movimentação do saldo de caixa do período, coletando as informações específicas das entradas e saídas de numerário constante das contas de disponibilidades (caixa, bancos e aplicações financeiras).

O método indireto é muito similar à demonstração de origens e aplicações, e o método direto tem o formato tradicional utilizado pela área de tesouraria das empresas.

Apresentamos, na Tabela 2.8, o fluxo de caixa pelo método indireto, ainda considerando os mesmos dados no nosso exemplo.

Demonstração do Fluxo de Caixa – Método Direto

Para o gerenciamento da tesouraria, assim como para a avaliação da movimentação financeira pela controladoria, o fluxo de caixa considerando a acumulação dos dados da movimentação financeira é fundamental para acompanhar o ciclo financeiro das transações dos eventos econômicos.

O método direto para a elaboração do fluxo de caixa consiste na acumulação das informações que movimentaram as contas do grupo *disponível*. Consideramos como disponibilidades as contas representativas de caixa, bancos e aplicações financeiras. A Tabela 2.2 apresenta uma série de eventos econômicos. Desses, alguns se caracterizam por evidenciar a efetivação financeira dos eventos. Todos esses eventos caracteristicamente financeiros devem ser acumulados em contas para elaboração do fluxo de caixa pelo método direto.

No nosso exemplo, são movimentação de caixa os eventos número 2, 4, 6, 8, 9, 10, 11, 12, 14, 18, 19 e 20. A Tabela 2.9 apresenta o formato tradicional do fluxo de caixa pelo método direto.

Análise e Entendimento das Demonstrações dos Fluxos de Caixa

Nos dois métodos, o fluxo de caixa deve ser apresentado segregado por grupos de movimentações financeiras de natureza similar, para permitir uma análise mais adequada da geração de lucro e caixa e da movimentação financeira do período. Desta maneira, o fluxo de caixa é apresentado em três grandes segmentos de informações:

- fluxo de caixa das atividades operacionais;
- fluxo de caixa das atividades de investimentos;
- fluxo de caixa das atividades de financiamentos.

Fluxo de caixa das atividades operacionais

É o mais importante, no sentido de que, em linhas gerais, deve ser sempre positivo. Representa fundamentalmente a transformação do lucro, que é apurado pelo regime de competência, em caixa. Portanto, representa o coração do empreendimento, que é o resultado das operações normais.

O lucro é apurado no momento da ocorrência dos eventos de receitas e despesas (regime de competência) independente de seu recebimento ou pagamento. Os recebimentos ou pagamentos das receitas e despesas contidas na demonstração do lucro ocorrem, normalmente, posteriormente. Nesses momentos é que se caracteriza o fluxo de caixa. Ou seja, é o momento da transformação do lucro em caixa.

Fluxo de caixa das atividades de investimento

Representa os valores a serem aplicados nos ativos imobilizados, intangíveis e investimentos de caráter de permanência. Basicamente essas aplicações têm como foco o futuro do empreendimento, ou seja, preparam a empresa para as operações futuras. Contempla também os desinvestimentos.

Fluxo de caixa das atividades de financiamento

Compreende a movimentação dos supridores de capital para o empreendimento. Contempla a entrada de novos financiamentos e de novos aumentos de capital social, bem como as amortizações dos financiamentos existentes, as reduções de capital social e o pagamento de lucros ou dividendos aos sócios ou acionistas.

Método Indireto

O método indireto é assim denominado porque não se preocupa diretamente com a movimentação ocorrida no caixa. Seu objetivo é dar uma visão da movimentação geral dos recursos. Para o fluxo de caixa das atividades operacionais, parte-se da premissa de que o lucro será transformado em caixa em algum momento, mas que temporariamente parte das receitas não será recebida, ficando retida nas contas do ativo circulante e parte das despesas temporariamente não será paga, ficando como obrigações no passivo circulante.

Como as receitas e despesas estão contidas no lucro do período, a demonstração pelo método indireto parte do lucro, com os ajustes por receitas não recebidas e despesas não pagas, apresentadas no grupo Ajustes por mudança no capital de giro. Os demais segmentos do fluxo de caixa, de investimentos e financiamentos, são similares ao método direto.

Integração com as demonstrações contábeis básicas

A característica básica deste método é que ele é totalmente integrado com a demonstração do resultado do período e com o balanço patrimonial, integração esta evidenciada pela própria estrutura de apresentação. Todos os dados do método indireto são obtidos dessas duas demonstrações, seja de forma direta ou indireta.

Os dados iniciais do fluxo das atividades operacionais são obtidos diretamente da demonstração dos resultados. Os dados do grupo "ajustes por mudança no capital de giro" são obtidos pela diferença entre os saldos finais e iniciais do balanço patrimonial de cada conta.

Os dados dos fluxos dos financiamentos e investimentos também podem ser obtidos pela diferença dos saldos finais e iniciais das contas do balanço patrimonial. Dados de aumento de capital em dinheiro e distribuição de dividendos também podem ser obtidos pela demonstração das mutações do patrimônio líquido.

Análise e entendimento

O ponto de análise mais importante é a necessidade do saldo positivo do fluxo de caixa operacional, uma vez que seu principal formador é o lucro operacional. Este fluxo representa a razão de ser da organização, porque o lucro operacional reflete a eficácia empresarial. Confrontado com o valor do ativo operacional (o valor do investimento da empresa), obtém-se a medida do retorno do investimento.

Os ajustes por mudança no capital de giro são excluídos (ou aumentados) do lucro das operações porque o capital de giro está intrinsecamente ligado às operações, e o valor de seus elementos tende a acompanhar o ritmo das operações. Assim, se a empresa aumenta o volume das operações, com o aumento das receitas, deve aumentar o lucro. Consequentemente, deverá ter aumento nos itens do balanço patrimonial relacionados com o capital de giro, porque se as receitas aumentam, provavelmente haverá aumento no valor dos estoques, das duplicatas a receber, dos fornecedores etc.

Não há dúvida de que pode haver saldo negativo do fluxo operacional em algum período. O que não pode acontecer é saldo negativo constante. De um modo geral, saldos negativos constantes do fluxo de caixa operacional indicam prejuízo ou excesso de retenção no capital de giro (por excesso de estoques, aumento de inadimplência etc.).

O fluxo de caixa das atividades de investimentos normalmente é negativo, no sentido de que a empresa tende a estar sempre investindo e raramente desinvestindo. O fluxo de caixa das atividades de investimentos deve ser analisado em relação ao futuro da empresa, uma vez que os investimentos são feitos no pressuposto de retorno futuro, em horizontes temporais normalmente acima de cinco anos.

Caso haja constante fluxo negativo das atividades de investimentos e fluxos de caixa das atividades operacionais de períodos futuros negativos, significa que o lucro esperado dos investimentos não aconteceu, resultando em problemas para a empresa.

O saldo positivo de fluxo de caixa de financiamentos tende a ser confrontado com o saldo negativo do fluxo de caixa das atividades de investimentos. O mais comum é que as empresas financiem seus investimentos ou com recursos de emissão de ações ou com captação de recursos de terceiros, cujo pagamento será no futuro à medida que os lucros do investimento acontecerem.

Quando a empresa está em momentos de maturação do investimento, há a tendência de o fluxo de caixa das atividades operacionais ser positivo, o das atividades de investimento ser nulo ou poucamente negativo, e o das atividades de financiamento, negativo em razão da amortização dos financiamentos feitos anteriormente e do pagamento dos dividendos aos acionistas.

Integração com as demonstrações contábeis básicas

A elaboração do fluxo de caixa pelo método direto também pode ser feita por extração de dados das demonstrações contábeis básicas, de maneira que deixa bem evidente a integração entre todas as demonstrações contábeis. Entendemos fundamental o conhecimento desta integração, pois fica claro que as movimentações do caixa são decorrentes das movimentações da demonstração do resultado e do balanço patrimonial.

A seguir apresentamos as fórmulas para obter as movimentações do fluxo de caixa pelo método direto a partir dos dados das demonstrações contábeis básicas.

Fórmulas para Cálculo das Movimentações do Fluxo de Caixa pelo Método Direto a partir das Demonstrações Contábeis Básicas

Recebimentos de Clientes

	Valor	Demonstração contábil
Receita Operacional Bruta	23.800,00	Demonstração do resultado
(+) Saldo inicial de Dupls. Receber – Clientes	1.650,00	Balanço patrimonial
(–) Saldo final de Dupls. Receber – Clientes	(3.550,00)	Balanço patrimonial
	21.900,00	

Pagamentos a Fornecedores

	Valor	Demonstração contábil
Custo das Mercadorias Vendidas	14.500,00	Demonstração do resultado
(+) Saldo final de Estoques de Mercadorias	2.100,00	Balanço patrimonial
(–) Saldo inicial de Estoques de Mercadorias	(3.100,00)	Balanço patrimonial
= Compras líquidas de tributos	13.500,00	
(+) Impostos sobre compras	1.500,00	Demonstração do resultado
= Compras brutas – com impostos	15.000,00	
(+) Saldo inicial Dupls. Pagar – Fornecedores	570,00	Balanço patrimonial
(–) Saldo final Dupls. Pagar – Fornecedores	(1.070,00)	Balanço patrimonial
	14.500,00	

Pagamentos de Salários e Encargos Sociais

	Valor	Demonstração contábil
Salários e encargos sociais	2.800,00	Demonstração do resultado
(+) Saldo inicial Salários e encargos a pagar	180,00	Balanço patrimonial
(–) Saldo final Salários e encargos a pagar	(190,00)	Balanço patrimonial
	2.790,00	

Pagamentos de Despesas Gerais

	Valor	Demonstração contábil
Despesas gerais	1.400,00	Demonstração do resultado
(+) Saldo inicial Contas a pagar	120,00	Balanço patrimonial
(–) Saldo final Contas a pagar	(80,00)	Balanço patrimonial
	1.440,00	

Pagamentos de Impostos sobre Mercadorias

Impostos sobre Vendas	2.380,00	Demonstração do resultado
(–) Impostos sobre Compras	(1.500,00)	Demonstração do resultado
(+) Saldo inicial Imp. A Recolher s/ Merc.	350,00	Balanço patrimonial
(–) Saldo final Imp. A Recolher s/Merc.	(590,00)	Balanço patrimonial
	640,00	

Pagamentos de Impostos sobre o Lucro

Impostos sobre o Lucro	700,00	Demonstração do resultado
(+) Saldo inicial Imp. A Recolher s/ Lucro	0,00	Balanço patrimonial
(–) Saldo final Imp. A Recolher s/ Lucro	0,00	Balanço patrimonial
	700,00	

Novos Empréstimos e Financiamentos

Informação obtida gerencialmente	500,00	Evento econômico número 10

Amortizações de Empréstimos e Financiamentos

Saldo inicial de Empréstimos	1.200,00	Balanço patrimonial
Saldo inicial de Financiamentos	4.800,00	Balanço patrimonial
(+) Despesas financeiras de juros	300,00	Demonstração do resultado
(+) Novos Empréstimos e financiamentos	500,00	Evento econômico número 10
(–) Saldo final de Empréstimos	0,00	Balanço patrimonial
(–) Saldo final de Financiamentos	(5.600,00)	Balanço patrimonial
	1.200,00	

Aumento de Capital em dinheiro

Saldo final de Capital Social	7.000,00	Balanço patrimonial
(–) Saldo inicial de Capital Social	(6.000,00)	Balanço patrimonial
	1.000,00	

Distribuição de Dividendos

Distribuição de dividendos	800,00	Demonstração das Mutações do PL

Aquisição de Imobilizados

Saldo final de Imobilizados – Vr. Histórico	9.000,00	Balanço patrimonial
(+) Valor das baixas de Imobilizados – Vr. Histórico	0,00	Demonstração do resultado
(–) Saldo inicial de Imobilizados – Vr. Histórico	(8.280,00)	Balanço patrimonial
	720,00	

Receitas Financeiras

Receitas Financeiras	20,00	Demonstração do resultado
(+/–) Diferença de Ajuste a Valor Presente Atual/Anterior	10,00	Demonstração do resultado
	30,00	

Fluxo de Caixa pelo Método Indireto *Versus* Método Direto

Podem existir algumas diferenças entre os fluxos de caixa constantes dentro dos dois métodos, mas que devem ser compensados entre eles. Assim, algumas diferenças entre os fluxos de caixa das atividades operacionais e das demais atividades, entre os dois métodos, podem acontecer, desde que essas diferenças sejam complementadas num ou outro fluxo.

Nos dois demonstrativos de nosso exemplo, a diferença mais significativa entre os saldos apurados pelos dois métodos está evidenciada no fluxo de caixa das atividades operacionais. Vejamos:

Saldo de Caixa das Atividades Operacionais	$
Método Indireto	1.560,00
Método Direto	1.830,00
Diferença	270,00

Esta diferença refere-se os resultados financeiros. Vejamos:

Despesas Financeiras	300,00
(–) Receitas Financeiras	(30,00)
Resultados Financeiros	270,00

No método indireto, este resultado está dentro do Lucro Líquido do Exercício, valor por onde começa a apuração do Lucro Gerado pelas Operações, razão por que o saldo das atividades operacionais deste método é inferior ao do direto em nosso exemplo.

No método direto, as receitas financeiras estão apresentadas ao final, antes da evidenciação dos saldos iniciais e finais de caixa. No método indireto, as despesas financeiras são consideradas fontes das Atividades de Financiamento e estão somadas com as entradas de novos empréstimos, na rubrica Aumento dos Financiamentos de Longo Prazo ($ 800,00). No método direto, as despesas financeiras não são consideradas, apresentando-se tão somente o valor dos novos empréstimos obtidos ($ 500,00).

Integração entre o Balanço Patrimonial, a Demonstração de Resultados e a Demonstração dos Fluxos de Caixa

No processo de controle patrimonial da entidade, o executivo ou analista financeiro deve trabalhar sempre com as três demonstrações contábeis:

a) a demonstração de resultados, para avaliar e controlar o andamento das operações;
b) o balanço patrimonial, para verificar, avaliar e controlar todos os elementos patrimoniais à disposição ou em uso nas operações;
c) o fluxo de caixa, para apurar e controlar a liquidez e a capacidade de pagamento.

Nesse sentido, é fundamental o entendimento do relacionamento existente entre as três demonstrações. Em linhas gerais, o balanço patrimonial compreende os dados da demonstração de resultados e do fluxo de caixa. Desta maneira, partindo da movimentação de cada elemento patrimonial, é possível identificar os aspectos econômicos e financeiros dos eventos econômicos. Vejamos com o evento econômico de vendas a prazo, normalmente o evento econômico operacional mais importante das empresas.

O valor das vendas a prazo não recebidas é controlado no balanço patrimonial na conta Duplicatas a Receber de Clientes. Com os dados no exemplo numérico deste capítulo e considerando o modelo financeiro de controle das contas contábeis podemos elaborar a movimentação ocorrida nesta conta:

Conta Contábil: DUPLICATAS A RECEBER DE CLIENTES		Valor – $	Saldo – $
Evento	Saldo Inicial		1.650,00
1	Vendas a prazo	23.800,00	25.450,00
2	Recebimento das vendas	–21.900,00	3.550,00

O balanço patrimonial evidencia os saldos iniciais e finais, $ 1.65,00 e $ 3.55,00, respectivamente. As movimentações da conta são apresentadas nas outras demonstrações. O valor das vendas a prazo, $ 23.800,00, é evidenciado na demonstração de resultados na rubrica Receita Operacional Bruta. O valor dos recebimentos das vendas, $ 21.900,00, é evidenciado na demonstração do fluxo de caixa, método direto, na rubrica Recebimentos de Clientes.

Análise e entendimento

A análise que deve ser feita do fluxo de caixa pelo método direto é similar ao do método indireto sobre o entendimento dos três tipos de fluxos de caixa.

O fluxo de caixa operacional deve ser positivo, o dos investimentos, analisado em relação aos seus reflexos no futuro, e o dos financiamentos deve ser analisado em relação ao fluxo de caixa de investimento.

O maior cuidado deve ser com a interpretação do fluxo de caixa operacional. Como neste método não há indicação da geração de lucro, uma vez que os fluxos são específicos de pagamentos e recebimentos, o fluxo de caixa operacional pode oscilar ao longo dos meses, podendo apresentar períodos de fluxos bastante positivos e outros com fluxos negativos. Por exemplo, os pagamentos de décimo terceiro salário ocorrem só ao final do ano; assim, é razoável supor que os primeiros dez meses do ano são positivos, em valor maior do que o lucro operacional, mas que nos dois últimos meses do ano os fluxos podem até ser negativos.

Aspectos desta natureza estão presentes em todo o fluxo de caixa operacional pelo método direto. Nesse sentido, trabalhar com o fluxo de caixa operacional pelo método direto para fins de projeção requer bastante cuidado. Já o método indireto, por partir do lucro, permite maior consistência em termos de previsão, porque ele obriga também a projeção do balanço patrimonial, o que não ocorre, necessariamente, pelo método direto.

Tabela 2.8 Fluxo de caixa do período – Método indireto

	$
I – DAS ATIVIDADES OPERACIONAIS	
Lucro Líquido do Exercício	1.140
(+/–) Receitas e Despesas Não Efetivadas Financeiramente	
Depreciações	900
Equivalência Patrimonial	(300)
Baixa de Bens do Permanente	0
Variação de Ajuste a Valor Presente	10
= Lucro Gerado pelas Operações	1.750
(+/–) Ajustes por Mudança no Capital de Giro	
(–) Aumento de Duplicatas a Receber	(1.900)
(+) Diminuição dos Estoques	1.000
(+) Aumento de Fornecedores	500
(+) Aumento de Salários e Encargos a Pagar	10
(–) Redução de Contas a Pagar	(40)
(+) Aumento de Impostos a Recolher	240
Subtotal	(190)
TOTAL	**1.560**

(continua)

Tabela 2.8 Fluxo de caixa do período – Método indireto (continuação)

	$
II – DAS ATIVIDADES DE FINANCIAMENTO	
Aumento dos Financiamentos de Longo Prazo	800
(–) Redução dos Empréstimos de Curto Prazo	(1.200)
Aumento de Capital em Dinheiro	1.000
Distribuição de Dividendos	(800)
TOTAL	**(200)**
III – DAS ATIVIDADES DE INVESTIMENTO	
Aquisição de Imobilizados	(720)
Aumento do Realizável a Longo Prazo	0
Aumento de Investimentos e Diferido	0
TOTAL	**(720)**
AUMENTO DE CAIXA DO PERÍODO (I + II + III)	**640**
Saldo Inicial de Caixa/Bancos/Aplicações Financeiras	800
Saldo Final de Caixa/Bancos/Aplicações Financeiras	1.440

Tabela 2.9 Fluxo de caixa do período – Método direto

	$
I – OPERACIONAL	
RECEBIMENTOS	
Clientes	21.900
PAGAMENTOS	
Fornecedores	(14.500)
Salários e Encargos Sociais	(2.790)
Despesas Gerais	(1.440)
Impostos sobre Mercadorias	(640)
Impostos sobre o Lucro	(700)
. Soma	(20.070)
TOTAL	**1.830**
II – FINANCIAMENTOS	
Novos Empréstimos e Financiamentos	500
Amortizações de Empréstimos e Financiamentos	(1.200)
Aumento de Capital em Dinheiro	1.000
Distribuição de Dividendos	(800)
TOTAL	**(500)**

(continua)

Tabela 2.9   Fluxo de caixa do período – Método direto (continuação)

	$
III – INVESTIMENTOS	
Aquisição de Imobilizados	(720)
Aumento do Realizável a Longo Prazo	0
Aumento de Investimentos e Diferido	0
TOTAL	**(720)**
AUMENTO DE CAIXA DO PERÍODO (I + II + III)	**610**
(+) Receitas Financeiras	**30**
Saldo Inicial de Caixa/Bancos/Aplicações Financeiras	**800**
Saldo Final de Caixa/Bancos/Aplicações Financeiras	**1.440**

Demonstração do Valor Adicionado (DVA)

Esta demonstração, apesar de não obrigatória para todas as empresas, é considerada fundamental para o processo de integração da empresa com a comunidade. Compõe o conjunto de informações do balanço social, um dos relatórios mais ilustrativos da atuação social das empresas.

A demonstração do valor adicionado (DVA) tem como objetivo evidenciar a geração do valor econômico agregado pelos produtos e serviços oferecidos pela empresa e sua distribuição. O valor agregado é considerado a diferença entre o valor dos produtos e serviços e os insumos e serviços adquiridos de terceiros. A distribuição do valor agregado compreende os valores incorridos com os funcionários, os impostos gerados e os juros incorridos e dividendos distribuídos. Portanto, a demonstração do valor adicionado compõe-se basicamente de duas partes:

a) evidenciar o valor adicionado gerado;
b) evidenciar o valor adicionado distribuído.

Essa demonstração tem forte cunho gerencial. Por seu intermédio, pode-se identificar a estrutura básica de custos da empresa. Retrabalhando as informações nela contidas, é possível identificar quanto é a participação de materiais, salários, encargos sociais, impostos, despesas e depreciações. Esse tipo de informação é gerencialmente importante para a comparação entre as estruturas de custos da empresa, do setor e dos concorrentes.

Tabela 2.10 Demonstração do valor adicionado do período

	$
I – RECEITAS	
Receita Operacional Bruta	23.800
(+) Ajuste a Valor Presente Anterior	30
(–) Ajuste a Valor Presente	(40)
(–) Provisão para Devedores Duvidosos	0
(+) Outras Receitas Operacionais	0
. Soma	23.790
II – INSUMOS ADQUIRIDOS DE TERCEIROS	
Custo das Mercadorias Vendidas	14.500 (1)
Impostos sobre Compras (IPI, ICMS, II, ISS)	1.500
Despesas Gerais (Seguros, Energia Elétrica, Outras)	
(excluso Aluguéis $ 1400 – $ 300)	1.100
. Soma	17.100
VALOR ADICIONADO I	**6.690**
III – RETENÇÕES	
Depreciações, Amortizações e Exaustões	900
VALOR ADICIONADO II	**5.790**
IV – VALOR ADICIONADO RECEBIDO	
Equivalência Patrimonial	300
Receitas Financeiras	30
VALOR ADICIONADO TOTAL A DISTRIBUIR	**6.120**
DISTRIBUIÇÃO DO VALOR ADICIONADO	
V – DESPESAS COM PESSOAL	
Salários	1.550
Encargos Sociais (excluso INSS)	650
. Soma	2.200
VI – IMPOSTOS, TAXAS E CONTRIBUIÇÕES	
Impostos sobre Vendas (IPI, ICMS, ISS, PIS, Cofins)	2.380
INSS	600
II – Imposto sobre Importações	0
IRRF sobre Aplicações Financeiras	0
Impostos sobre Lucro (IR, CSLL)	700
(–) Impostos sobre Compras	(1.500)
. Soma	2.180

(continua)

Tabela 2.10 Demonstração do valor adicionado do período (continuação)

	$
VII – RENDAS DISTRIBUÍDAS	
Aluguéis	300
Juros e Variação Cambial (Despesas Financeiras)	300
Dividendos	800
. Soma	1.400
VIII – LUCROS/PREJUÍZOS RETIDOS	
Lucro Líquido do Período	1.140
(–) Dividendos Distribuídos	(800)
. Soma	340
TOTAL DA DISTRIBUIÇÃO DO VALOR ADICIONADO	**6.120**

(1) Para indústrias, é o consumo de materiais diretos e indiretos.

A Tabela 2.10 apresenta um modelo de DVA com os eventos econômicos do nosso exemplo original. Para adicionar dados à demonstração, consideraremos as seguintes informações complementares:

a) dentro das despesas de salários e encargos sociais há o valor de $ 600 de INSS e $ 650 de outros encargos sociais;
b) dentro das despesas gerais há o valor de $ 300 de aluguéis.

Balanço Social

O balanço social, mesmo não sendo uma demonstração obrigatória, decorre da consagração do conceito de responsabilidade social das empresas. A empresa, sendo uma consumidora e utilizadora de recursos disponibilizados pelo ambiente natural e social, deve prestar conta de suas atividades à comunidade, pois é claro o impacto que sua atuação exerce sobre o meio ambiente em que se insere. Para tanto, deve demonstrar a eficácia com que esses recursos estão sendo utilizados e consumidos, bem como evidenciar as atividades específicas relacionadas com a comunidade.

A demonstração do valor adicionado é uma das peças do balanço social. Além dela, e em linhas gerais, o balanço social deve apresentar as seguintes informações:

- Detalhamento de todas as remunerações e gastos relacionados com a mão de obra, tais como alimentação, encargos sociais compulsórios, previdência privada, saúde, educação, creches, participação nos lucros e resultados e outros benefícios. Devem ser incluídos todos os dados quantitativos importantes.
- Detalhamento do perfil dos trabalhadores da empresa, quantidade de admitidos e demitidos etc.
- Detalhamento de outras contribuições e atividades da empresa, nas áreas de educação e cultura, saúde e saneamento, esportes e lazer etc.
- Detalhamento das ações e investimentos relacionados com o meio ambiente, decorrentes ou não das operações da empresa.

Notas Explicativas

Todas as necessidades de informações complementares às demonstrações contábeis devem ser ilustradas por notas explicativas. Basicamente, elas são necessárias para:

- Apresentar os principais critérios de avaliação utilizados na elaboração das demonstrações básicas e as legislações e normas obedecidas.
- Detalhar os principais números do balanço patrimonial e da demonstração de resultados, quando necessário, tais como as principais contas dos estoques, contas a receber, imobilizado, investimentos, financiamentos etc.
- Evidenciar critérios e procedimentos alternativos ou não usuais utilizados para o período em questão.
- Complementar explicações sobre eventos econômicos não rotineiros e significativos, ocorridos no período, e seus impactos patrimoniais.

Relatório da Administração

Trata-se de uma peça de vital importância para o relacionamento entre a empresa e todos os usuários das informações contidas nas demonstrações contábeis.

2.5 Demonstrações Contábeis Consolidadas

Essas demonstrações contábeis são aplicáveis quando a empresa principal faz parte de um grupo de empresas e tem sob seu controle uma ou mais empresas desse grupo. Nessa condição, é muito mais importante a avaliação econômico-financeira do grupo, de forma aglutinada, do que a da empresa individualmente.

O objetivo da consolidação das demonstrações contábeis é permitir uma visão global e geral do grupo, seus elementos patrimoniais e capacidade de geração de receitas e lucros. Para tanto, são necessários dois critérios básicos para se efetuar a consolidação das demonstrações contábeis:

a) *Somar* todos os elementos patrimoniais do ativo e passivo e as receitas e despesas das demonstrações de resultados.
b) *Eliminar* todas as transações entre as empresas do grupo constantes da demonstração dos resultados e os elementos patrimoniais do ativo e passivo decorrentes de outras transações entre as empresas do grupo.

Equivalência Patrimonial

O valor resultante da aplicação do método da equivalência patrimonial em empresas controladas e coligadas já traz consigo um conceito de consolidação, basicamente aplicável à demonstração de resultados e ao grupo dos investimentos no ativo permanente.

Contudo, a equivalência patrimonial só consolida o lucro líquido final e o valor do investimento na controladora, não consolidando as demais rubricas da demonstração de resultados e do balanço patrimonial. Para melhor visualização do grupo, é necessário o procedimento da consolidação.

O método da equivalência patrimonial consiste em aplicar, ao valor do patrimônio líquido da controlada, a participação percentual detida pela controladora, ajustando o valor do investimento no ativo da controladora. A diferença entre o valor anterior e o valor obtido pela aplicação do percentual de participação acionária (sem considerar aumentos ou diminuições de capital, reavaliações etc.) é a parcela do lucro da controlada, de direito da controladora, que será contabilizada como despesa ou receita.

No exemplo adotado para este tópico, a Empresa A detém 80% da Empresa B. O valor anterior do investimento na Empresa A era de $ 2.200. O valor atual do patrimônio líquido da controlada é de $ 3.125. Assim, temos:

	$
Valor Atual do Patrimônio Líquido da Empresa B	3.125 (a)
Participação da Controladora	80% (b)
Valor Patrimonial Equivalente (a x b)	2.500 (c)
Valor Patrimonial Equivalente do Exercício Anterior	2.200 (d)
= Equivalência Patrimonial (c – d)	300

Participação Minoritária

Quando uma empresa *não* detém a totalidade da participação acionária da outra, surge a participação minoritária, isto é, a participação de outros investidores na controlada. Portanto, esses valores não devem fazer parte do conjunto de valores consolidados, pois não são do grupo em questão.

O valor dos minoritários tem o seguinte tratamento:

a) O valor patrimonial equivalente dos minoritários no investimento deve ser classificado no passivo, após o exigível a longo prazo e antes do patrimônio líquido. Esse valor não é dívida, no sentido de uma obrigação financeira, nem faz parte do patrimônio líquido do grupo empresarial. No nosso exemplo, o valor patrimonial equivalente dos minoritários é de $ 625, que é o valor do patrimônio líquido da empresa controlada menos o valor equivalente da controladora ($ 3.125 – $ 2.500);
b) O lucro líquido da controlada não é de inteiro direito da controladora, já que parte é de direito dos minoritários. A participação dos minoritários na empresa indica uma participação percentual idêntica no lucro. No nosso exemplo, de um lucro líquido total de $ 375, 20% deste valor são dos minoritários: $ 75 ($ 375 x 20%). Este valor não deve ser considerado como lucro líquido do grupo.

Principais Ajustes para Consolidação

São os seguintes:
- Saldos devedores e credores intercompanhias do mesmo grupo, decorrentes de transações operacionais ou financeiras.
- Investimentos em controladas.
- Vendas intercompanhias.
- Lucros em estoques decorrentes de compras intercompanhias.
- Equivalência patrimonial.
- Identificação da participação minoritária.
- Identificação da participação minoritária no lucro da controlada.
- Juros, comissões e outras receitas intercompanhias.
- Dividendos distribuídos intercompanhias.
- Lucros ou prejuízos não realizados nas vendas de ativos permanentes.
- Ágio ou deságio na aquisição do investimento etc.

Dados e Exemplo Numérico

Apresentamos a seguir, nas tabelas 2.11 e 2.12, um balanço patrimonial e uma demonstração de resultados consolidando os dados de duas empresas, a Empresa A, controladora com 80% de participação na Empresa B, a controlada. Para ilustrar as demonstrações consolidadas, além dos dados já evidenciados no tópico "Equivalência Patrimonial", as seguintes informações foram consideradas:

a) a Empresa B deve à A $ 440 por compras de mercadorias;
b) a Empresa A vendeu $ 1.400 de mercadorias para a B, que as revendeu imediatamente;
c) não há estoques de mercadorias adquiridas da Empresa A;
d) a Empresa A fez um empréstimo (mútuo) de $ 500 para a B.

Ressaltamos que, neste exemplo numérico, consideramos apenas os ajustes mais usuais, objetivando um exemplo simples e resumido.

Tabela 2.11 Balanço patrimonial consolidado

ATIVO	Empresa A $	Empresa B $	Ajustes Débito	Ajustes Crédito	Saldos Consolidados
ATIVO CIRCULANTE					
Caixa/Bancos/Aplicações Financeiras	1.440	265			1.705
Duplicatas a Receber – Clientes	3.050	1.150		440	3.760
(–) Ajuste a Valor Presente	(40)	(10)			(50)
Estoque de Mercadorias	2.100	1.200			3.300
Mútuo com Controlada	500	0		500	0
. Soma	7.050	2.605	0	940	8.715
ATIVO NÃO CIRCULANTE					
Depósitos Judiciais	100	20			120
Investimentos em Controladas	2.500	0		2.500	0
Imobilizado Bruto	9.000	4.000			13.000
(–) Depreciações Acumuladas	(3.400)	(840)			(4.240)
. Soma	8.100	3.160	0	2.500	8.760
ATIVO TOTAL	**15.250**	**5.785**	**0**	**3.440**	**17.595**
PASSIVO CIRCULANTE					
Duplicatas a Pagar – Fornecedores	1.070	600	440		1.230
Salários e Encargos a Pagar	190	100			290
Contas a Pagar	80	40			120
Impostos a Recolher sobre Mercadorias	590	220			810
Empréstimos/Mútuo	0	500	500		0
. Soma	1.930	1.460	940	0	2.450
PASSIVO NÃO CIRCULANTE					
Financiamentos	5.600	1.200			6.800
PARTICIPAÇÃO MINORITÁRIA	0	0		625	625
PATRIMÔNIO LÍQUIDO					
Capital Social	7.000	2.600	2.600		7.000
Reservas	550	400	400		550
Lucros Acumulados	170	125	125		170
. Soma	7.720	3.125	3.125	0	7.720
PASSIVO TOTAL	**15.250**	**5.785**	**4.065**	**625**	**17.595**

O valor de $ 440 é eliminado da conta Duplicatas a receber, ao mesmo tempo em que é eliminado da conta Duplicatas a pagar.

O valor de $ 500 é eliminado da conta Mútuo com controlada no ativo, em contrapartida à eliminação do mesmo valor como Empréstimos/mútuo no passivo.

O valor de investimentos em controladas é eliminado do ativo da Empresa A. A contrapartida é a total eliminação do patrimônio líquido da Empresa B, emergindo $ 625 no passivo como participação minoritária.

Tabela 2.12 Demonstração do resultado consolidado do período

	Empresa A $	Empresa B $	Ajustes Débito	Ajustes Crédito	Saldos Consolidados
Receita Operacional Bruta	23.800	7.000		1.400	29.400
(–) Impostos sobre Vendas	(2.380)	(700)			(3.080)
RECEITA OPERACIONAL LÍQUIDA	21.420	6.300	1.400	0	26.320
(–) Custo das Mercadorias Vendidas	(14.500)	(4.000)		1.400	(17.100)
LUCRO BRUTO	6.920	2.300	1.400	1.400	9.220
Despesas Operacionais					
(Administrativas e Comerciais)					
. Salários e Encargos Sociais	(2.800)	(850)			(3.650)
. Despesas Gerais	(1.400)	(400)			(1.800)
. Depreciações	(900)	(240)			(1.140)
LUCRO OPERACIONAL	1.820	810	1.400	1.400	2.630
Receitas Financeiras	20	5			25
Despesas Financeiras	(300)	(190)			(490)
Equivalência Patrimonial	300	0	300		0
LUCRO ANTES DOS IMPOSTOS	1.840	625	1.700	1.400	2.165
Impostos sobre o Lucro	(700)	(250)			(950)
LUCRO LÍQUIDO APÓS IMPOSTOS	1.140	375	1.700	1.400	1.215
Participação Minoritária no Lucro			75		(75)
LUCRO LÍQUIDO CONSOLIDADO	1.140	375	1.775	1.400	1.140

O valor de $ 1.400 de vendas de mercadorias da Empresa A para a Empresa B é eliminado do total de vendas, em contrapartida à diminuição do custo dos produtos vendidos.

O valor da equivalência patrimonial é eliminado da Empresa A, pois soma-se o lucro da Empresa B.

Deve ser evidenciada, como redutor do lucro consolidado, a participação minoritária no lucro de $ 75. Dessa forma, o lucro líquido consolidado é exatamente o lucro líquido da empresa controladora, a Empresa A.

2.6 Demonstrações Contábeis em Moeda de Poder Aquisitivo Constante[2]

Em nosso país, um dos grandes avanços nos critérios de avaliação patrimonial foi o desenvolvimento da sistemática de correção monetária das demonstrações contábeis, fruto de anos de convivência com ambiente econômico de inflação crônica e elevada. Essa característica conjuntural forçou as instituições responsáveis pela contabilidade societária em nosso país a desenvolver critérios de avaliação que pudessem amenizar o impacto da inflação nos relatórios contábeis.

Como regra geral, a inflação provoca a queda do poder aquisitivo da moeda. Para fazer face a esse problema monetário, o governo brasileiro lançou mão do instituto da correção monetária. Esse instituto foi adotado de maneira praticamente generalizada, como forma de proteger os ativos em face dos problemas inflacionários. Como consequência, a legislação fiscal e comercial, desde 1º.01.1978 até 31.12.1995, obrigou a correção monetária das demonstrações contábeis.

Consideram-se demonstrações contábeis em moeda de poder aquisitivo constante o critério contábil de corrigir monetariamente os ativos e passivos, que claramente necessitam de atualização monetária, para a data do encerramento do balanço do período. Portanto, ao final do período, os valores estão atualizados monetariamente, indicando que os valores contábeis refletem a mesma capacidade de poder aquisitivo de cada elemento patrimonial em relação à sua data original de contabilização.

A correção monetária sempre foi efetuada utilizando-se um índice geral de preços do país, não se recomendando índices específicos para cada elemento patrimonial, nem indicador de inflação interna da empresa.

---

[2] Manteremos neste tópico e nos dois seguintes o conceito e nomenclatura de Ativo Permanente, uma vez que este conceito foi desenvolvido com esta concepção de estrutura e apresentação do balanço patrimonial.

Elementos Patrimoniais Monetários e Não Monetários

O conceito fundamental para aplicação da correção monetária nas demonstrações contábeis está em identificar, em cada ativo ou passivo, a característica de ser ou não item monetário. Considera-se monetário o elemento patrimonial que tem valor prefixado em moeda e, portanto, mesmo havendo inflação, não haverá alteração de seu valor de face. São exemplos: caixa, bancos, aplicações financeiras, contas a receber, contas a pagar etc.

Considera-se item não monetário os elementos patrimoniais que não têm valor definido em moeda e o seu valor nominal depende do mercado. Normalmente, esses elementos patrimoniais têm seu valor aumentado na ocorrência de inflação. São exemplos clássicos os estoques e os imobilizados. A correção monetária aplica-se facilmente aos elementos não monetários.

Sistemas Contábeis de Correção Monetária

Em nosso país, foram aplicados concomitantemente dois sistemas:

a) correção monetária de balanço: primeiro sistema aplicado tanto para a parte legal como para a parte fiscal de imposto de renda, obrigatório para todas as empresas;
b) correção monetária integral: esse sistema, mais completo, foi instituído ao final dos anos 1980 e obrigatório apenas para as empresas com ações cotadas em bolsa de valores.

Correção Monetária de Balanço (CMB)

Esse sistema determinava apenas a correção monetária de todas as contas dos grupos do ativo permanente e do patrimônio líquido. Conseguia-se, com essa metodologia, atualizar o capital dos acionistas (e suas reservas), bem como a maior parte dos ativos não monetários. A diferença das correções ativas e passivas era contabilizada na conta de saldo de correção monetária e contabilizada como receita ou despesa na demonstração de resultados.

A vantagem desse sistema é a sua facilidade de implementação. Porém, gerencialmente, deixava a desejar, pela síntese do resultado da correção monetária. Em termos conceituais, a maior falha era não corrigir monetariamente os estoques, tratando-os, além disso, como monetários. Isso era feito por simplificação e considerando que o giro do estoque trazia automaticamente alguma atualização de seus valores de custo.

Exemplo Numérico

Apresentamos a seguir, nas tabelas 2.13 a 2.17, um exemplo numérico extremamente simples, apenas objetivando uma visão geral e sumária desta sistemática de avaliação contábil.

Tabela 2.13 Balanço patrimonial (inicial)

ATIVO	$	PASSIVO	$
ATIVO CIRCULANTE		**PASSIVO CIRCULANTE**	
Caixa/Bancos	300	Duplicatas a Pagar – Fornecedores	400
Estoque de Mercadorias	700		
. Soma	1.000		
PERMANENTE		**PATRIMÔNIO LÍQUIDO**	
Equipamento	1.000	Capital Social	1.600
(–) Depreciações Acumuladas	0	Lucros Acumulados	0
. Soma	1.000	. Soma	1.600
ATIVO TOTAL	**2.000**	**PASSIVO TOTAL**	**2.000**

Tabela 2.14 Principais eventos econômicos do período

	$
1. Venda à vista – ocorrida no meio do período	1.000
2. Custo da venda – ocorrida no meio do período	400
3. Depreciação (20%)	200
4. Inflação/correção monetária	
Do início à metade do período	10%
Da metade ao fim do período	10%
Do período todo (1,10 x 1,10) = 1,21 (21%)	21%

Tabela 2.15 Cálculo da correção monetária de balanço

	Valor Inicial		Índice	Valor Corrigido	Correção Monetária	Lançamento/ Saldo
Capital Social	1.600	x	1,21	1.936	336	Débito
Equipamento	1.000	x	1,21	1.210	210	Crédito
Depreciação	200	x	1,21	242	42	Débito
					168	Devedor

Tabela 2.16 Demonstração do resultado do período

	$
Vendas	1.000
Custo das Vendas	(400)
LUCRO BRUTO	**600**
Depreciação	(200)
LUCRO ANTES DA CORREÇÃO MONETÁRIA	400
Correção Monetária de Balanço	(168)
LUCRO LÍQUIDO	**232**

Tabela 2.17 Balanço patrimonial (inicial e final)

ATIVO	Inicial $	Final $	PASSIVO	Inicial $	Final $
ATIVO CIRCULANTE			**PASSIVO CIRCULANTE**		
Caixa/Bancos	300	1.300	Duplicatas a Pagar – Fornecedores	400	400
Estoque de mercadorias	700	300			
. Soma	1.000	1.600			
PERMANENTE			**PATRIMÔNIO LÍQUIDO**		
Equipamento	1.000	1.210	Capital Social	1.600	1.936
(–) Depreciações Acumuladas	0	(242)	Lucros Acumulados	0	232
. Soma	1.000	968	. Soma	1.600	2.168
ATIVO TOTAL	**2.000**	**2.568**	**PASSIVO TOTAL**	**2.000**	**2.568**

Note que a sistemática de correção monetária de balanço permite os seguintes aspectos importantes nos ajustes das demonstrações contábeis à inflação:

a) atualiza todos os bens e direitos do ativo permanente até a data do balanço;
b) atualiza o capital investido pelos acionistas, pela correção monetária das contas do patrimônio líquido;
c) ajusta, aumentando ou diminuindo, o lucro líquido, pelos efeitos da inflação no patrimônio empresarial.

Em linhas gerais, o *significado da correção monetária de balanço na demonstração de resultados* corresponde à perda (ou ganho) do poder aquisitivo dos valores aplicados no capital de giro próprio da empresa, que, se for positivo para a empresa, haverá perdas, e, se negativo (a empresa trabalhando com capital de terceiros), haverá ganhos.

Correção Monetária Integral (CMI)

Essa sistemática é um avanço no processo de avaliação patrimonial, considerando a correção monetária como princípio geral de ajuste do custo como base de valor. Em linhas gerais, ela apresenta os seguintes novos procedimentos complementares à sistemática anterior:

a) atualiza o valor dos estoques, considerando-os corretamente como ativos não monetários;
b) não utiliza os valores nominais da demonstração de resultados, atualizando o valor de todas as despesas, custos e receitas até a data do encerramento do balanço, fazendo com que haja coerência entre os dados da demonstração de resultados e os dados do balanço patrimonial;
c) substitui a conta de *saldo de correção monetária* pela contabilização dos efeitos monetários sobre os ativos e passivos monetários que, em última instância, realmente sofrem os efeitos negativos da inflação.

Exemplo Numérico

Com os mesmos dados introdutórios do exemplo anterior, apresentamos nas tabelas 2.18 a 2.20 os cálculos evidenciando a sistemática de correção monetária integral.

Tabela 2.18 Cálculo dos ganhos e perdas monetárias

	Valor Inicial	Índice	Efeito Monetário	Lançamento/ Saldo
Com Saldo Inicial de Caixa	300	x 21%	63	Despesa
Com Acréscimo de Caixa no Período	1.000	x 10%	100	Despesa
Com Saldo Inicial de Fornecedores	400	x 21%	84	Receita
Soma			**79**	**Perda Monetária**

Na Tabela 2.18 apresentamos o efeito monetário da exposição à inflação dos itens monetários constantes do nosso exemplo. O saldo inicial de caixa, por ter ficado exposto o período todo à inflação de 21%, apresentou uma perda de poder aquisitivo de $ 63. O valor de $ 1.000, decorrente da venda, que entrou no caixa no meio do período, ficou exposto apenas à inflação da metade do período, de 10%, tendo uma perda monetária de $ 100. Já a obrigação com fornecedores de $ 400, que ficou exposta à inflação o período todo, evidencia um ganho monetário, uma vez que, quando há dívidas prefixadas, quem tem a receber perde com a inflação, mas quem tem a pagar ganha com ela.

A Tabela 2.19 apresenta a demonstração de resultados corrigida até o final do período. Essa demonstração tem muito mais qualidade informacional em um ambiente inflacionário do que a demonstração de resultados com os valores nominais. Note a substituição da conta de saldo de correção monetária pelas perdas monetárias, que é uma informação com muito mais rigor técnico.

Tabela 2.19 Demonstração do resultado do período

	Valor Nominal	Índice de Correção	Valor Corrigido
Vendas	1.000	1,10	1.100
Custo das Vendas	(400)	1,21	(484)
LUCRO BRUTO	**600**		**616**
Depreciação	(200)	1,21	(242)
LUCRO ANTES DA CORREÇÃO MONETÁRIA	**400**		**374**
Correção Monetária de Balanço	(168)		0
Perdas Monetárias	0		(79)
LUCRO LÍQUIDO	**232**		**295**

Tabela 2.20 Balanço patrimonial final

ATIVO	CMB $	CMI $	PASSIVO	CMB $	CMI $
ATIVO CIRCULANTE			**PASSIVO CIRCULANTE**		
Caixa/Bancos	1.300	1.300	Duplicatas a Pagar – Fornecedores	400	400
Estoque de Mercadorias	300	363			
. Soma	1.600	1.663			
PERMANENTE			**PATRIMÔNIO LÍQUIDO**		
Equipamento	1.210	1.210	Capital Social	1.936	1.936
(–) Depreciações Acumuladas	(242)	(242)	Lucros Acumulados	232	295
. Soma	968	968	. Soma	2.168	2.231
ATIVO TOTAL	**2.568**	**2.631**	**PASSIVO TOTAL**	**2.568**	**2.631**

CMB – correção monetária de balanço
CMI – correção monetária integral

A diferença de resultados é apenas a correção monetária dos estoques, que não é efetuada na sistemática de correção monetária de balanço. Vejamos:

	$
Lucro pela CMI	295
Lucro pela CMB	232
Diferença	63

	$
Estoque Final pela CMI	363
Estoque Final pela CMB	300
Diferença	63

Correção Monetária e Fluxo de Caixa

É importante ressaltar que a técnica de correção monetária é uma avaliação econômica, não tendo repercussões diretas no fluxo de caixa da empresa. Note que a conta de caixa/bancos é a mesma em qualquer situação.

Contudo, a avaliação econômica pela correção monetária permite a utilização das demonstrações contábeis com muito maior poder de predição, uma vez que os valores corretamente atualizados estarão muito mais próximos do seu valor real ou de mercado no momento de sua realização financeira.

2.7 Demonstrações Contábeis em Outras Moedas

A necessidade dessas demonstrações não é necessariamente exclusividade de empresas que fazem parte de grupos transnacionais. O processo de globalização da economia e a competitividade empresarial sendo aferida com parâmetros internacionais praticamente obrigam as empresas a construir referenciais econômicos mundiais. Dessa maneira, a elaboração de demonstrações contábeis em outras moedas impõe-se necessariamente como um instrumento gerencial, além de suas utilizações regulares como atendimento a bancos internacionais, clientes e fornecedores estrangeiros, informações para revistas e instituições de marketing internacional, institutos de pesquisa etc.

Para a tradução das demonstrações contábeis em outras moedas, normalmente utiliza-se a taxa de câmbio do país de origem da matriz ou filial estrangeira, ou então a taxa de conversão de uma moeda considerada forte. É importante ressaltar que, em qualquer caso, a tradução das demonstrações contábeis em outras moedas não elimina as deficiências dos problemas que a inflação causa à moeda do nosso país. Em outras palavras, não é porque se transformam os dados contábeis em uma moeda aparentemente mais forte que todos os problemas de avaliação em moeda corrente do país estarão suprimidos.

Para avaliação econômica de uma empresa em nosso país, o que sempre prevalecerá serão os dados em moeda corrente do país, com as suas deficiências ou não. A tradução das demonstrações contábeis em outra moeda tem importante utilidade gerencial na comparação com moedas de outras economias; porém, há que se ter o cuidado permanente de monitorar as taxas de câmbio futuras que, provavelmente, trarão alterações na avaliação econômica dos dados já traduzidos, para fins de comparações futuras.

Métodos de Conversão[3]

Em linhas gerais, podemos identificar três métodos de conversão de demonstrações contábeis em moedas estrangeiras:

a) converter os eventos contábeis pelas taxas de câmbio das datas de realização, acumulando-os na moeda convertida;
b) converter as demonstrações contábeis pela taxa de câmbio do último dia do balanço final;
c) corrigir monetariamente as demonstrações contábeis, basicamente pelo sistema de correção monetária integral, e, posteriormente, converter em moeda estrangeira pela taxa de conversão da data do encerramento do balanço.

Os procedimentos contidos no SFAS 52, emitido pelo Conselho de Padrões de Contabilidade Financeira (Fasb – *Financial Accounting Standards Board*) dos Estados Unidos, são os critérios mais utilizados em todo o mundo para a conversão de balanços em moeda estrangeira. Basicamente, esse pronunciamento padrão indica um dos dois primeiros métodos citados. A adoção de um ou outro decorre da constatação ou não de que a moeda do país é a *moeda funcional*. O nível da taxa de inflação anual é um dos elementos determinantes para caracterizar se o país tem moeda funcional ou não. Altas taxas de inflação indicam que a moeda do país não é considerada funcional, pois não há estabilidade em seu poder de compra. Taxas baixas de inflação indicam que a moeda do país pode ser caracterizada como funcional.

O primeiro método, denominado *método histórico*, é indicado para países com altas taxas de inflação, e a moeda estrangeira será considerada como funcional. Neste caso, todas as transações envolvendo ativos e passivos não monetários (imobilizados, estoques, capital) devem ser convertidas pela taxa de câmbio efetiva da data da transação.

O segundo, denominado *método corrente*, considera que a moeda do país é funcional e, portanto, bastaria a conversão dos valores em reais pela taxa

---

[3] Extraído de CARVALHO, José Luiz de e CHRISTINO, Genuíno J. Magalhães. O FASB e a conversão dos balanços em moeda estrangeira. *Revista Mercado de Capitais*, n. 83, out. 2000.

da moeda estrangeira na data do balanço. Contudo, objetivando melhor avaliação dos resultados, os principais procedimentos adotados na conversão são:

a) todos os itens do balanço patrimonial são convertidos pela taxa de câmbio da data do encerramento do balanço;
b) as contas de resultado devem ser convertidas pelas taxas efetivas nas datas de ocorrência; por praticidade, permite-se a utilização de taxas médias;
c) as contas do patrimônio líquido devem ser mantidas pelos seus valores históricos em moeda estrangeira;
d) ganhos e perdas originados da conversão em decorrência das diversas taxas de câmbio são registrados em conta especial, normalmente denominada *"perdas e ganhos na conversão"*.

Exemplo Numérico – Método Corrente

Desenvolveremos um exemplo resumido de conversão utilizando as seguintes taxas para conversão em dólares:

- $ 2,00 do início do período;
- $ 2,02 representando a média do período;
- $ 2,04 do fim do período.

A Tabela 2.21 apresenta um balanço inicial em moeda nacional e, na segunda coluna, os dados em US$, obtidos pela divisão dos valores em moeda nacional por $ 2,00. Esse primeiro cálculo já indica uma diferença na conversão, que está registrada no patrimônio líquido como perdas na conversão, no valor de US$ 36.

Tabela 2.21 Balanço patrimonial inicial

ATIVO	$	US$	PASSIVO	$	US$
ATIVO CIRCULANTE			**PASSIVO CIRCULANTE**		
Caixa/Bancos/Aplicações Financeiras	800	400	Duplicatas a Pagar – Fornecedores	570	285
Duplicatas a Receber – Clientes	1.720	860	Contas a Pagar	1.300	650
Estoque de Mercadorias	3.100	1.550	Empréstimos	4.550	2.275
. Soma	5.620	2.810	. Soma	6.420	3.210
PERMANENTE			**PATRIMÔNIO LÍQUIDO**		
Investimentos em Controladas	2.200	1.100	Capital Social	6.000	3.030
Imobilizado Bruto	8.280	4.140	Reservas	1.180	596
(–) Depreciações Acumuladas	(2.500)	(1.250)	Perdas na Conversão	0	(36)
. Soma	7.980	3.990	. Soma	7.180	3.590
ATIVO TOTAL	**13.600**	**6.800**	**PASSIVO TOTAL**	**13.600**	**6.800**

Esse valor decorre do fato de que a quantidade de dólares do capital social e das reservas já tinha sido avaliada nessa moeda, quando de sua ocorrência, por, respectivamente, US$ 3.030 e US$ 596, totalizando US$ 3.626. Como a taxa de dólar do balanço inicial de US$ 2,00 é diferente da ocorrência dos valores que constituíram o capital social e as reservas, é necessária a contabilização do ajuste na conversão, neste caso perdas, para converter todo o passivo do balanço inicial. Em termos de avaliação pelo método corrente, o patrimônio líquido inicial total da empresa representa US$ 3.590.

A demonstração de resultados em moeda estrangeira é apresentada na Tabela 2.22.

Tabela 2.22 Demonstração do resultado do período

	$	Taxa US$	US$
RECEITA OPERACIONAL LÍQUIDA	21.420	2,02	10,604
(–) Custo das Mercadorias Vendidas	(14.500)	2,02	(7,178)
LUCRO BRUTO	6.920		3,426
Despesas Operacionais			
(Administrativas e Comerciais)			
. Despesas Gerais	(4.200)	2,02	(2,079)
. Depreciações	(900)	2,02	(446)
LUCRO OPERACIONAL	1.820		901
Receitas Financeiras	60	2,02	30
Despesas Financeiras	(340)	2,02	(168)
Equivalência Patrimonial	300	2,04	147
Perdas/Ganhos na Conversão	0		(75)
LUCRO ANTES DOS IMPOSTOS	1.840		834
Impostos sobre o Lucro	(700)	2,02	(347)
LUCRO LÍQUIDO APÓS IMPOSTOS	1.140		488

Optamos por converter todos os valores pela taxa média de $ 2,02 do período, exceto a rubrica da equivalência patrimonial, para a qual utilizamos a taxa de $ 2,04 do fim do período. De modo geral, as despesas e receitas tendem a ocorrer diariamente e, portanto, a utilização de taxas médias é perfeitamente aceitável.

Contudo, alguns eventos significativos têm ocorrências em determinado dia do período e, se for o caso, merecem uma tradução mais adequada. É o caso do resultado da equivalência, em que o valor resultante decorre de uma avaliação do patrimônio líquido da controlada ao final do período, razão por que, neste caso, pode ser utilizada uma taxa diferente da taxa média.

Para que o lucro líquido da demonstração de resultados fique exatamente igual à sua mensuração no balanço patrimonial final, deve-se contabilizar as perdas ou ganhos na conversão como despesa ou receita. No nosso exemplo numérico, houve perdas na conversão de US$ 75.

Lucro líquido antes da contabilização das perdas na conversão	US$ 563
Lucro líquido obtido por diferença do balanço final	US$ 488
Diferença = perdas na conversão	US$ 75

O lucro líquido em moeda estrangeira sempre será obtido por diferença pelo balanço final. A Tabela 2.23 evidencia os valores.

Tabela 2.23 Balanço patrimonial final

ATIVO	$	US$*	PASSIVO	$	US$*
ATIVO CIRCULANTE			**PASSIVO CIRCULANTE**		
Caixa/Bancos/Aplicações Financeiras	1.440	706	Duplicatas a Pagar – Fornecedores	1.070	525
Duplicatas a Receber – Clientes	3.610	1,770	Contas a Pagar	1.500	735
Estoque de mercadorias	2.100	1,029	Empréstimos	4.360	2,137
. Soma	7.150	3,505	. Soma	6.930	3,397
PERMANENTE			**PATRIMÔNIO LÍQUIDO**		
Investimentos em Controladas	2.500	1,225	Capital Social	6.000	3,030
Imobilizado Bruto	9.000	4,412	Reservas	1.180	560
(–) Depreciações Acumuladas	(3.400)	(1,667)	Lucro do Período	1.140	488
. Soma	8.100	3,971	. Soma	8.320	4,078
ATIVO TOTAL	**15.250**	**7.475**	**PASSIVO TOTAL**	**15.250**	**7.475**

* Convertidos pela taxa de $ 2,04, exceto as contas do patrimônio líquido.

No nosso exemplo, convertemos todo o ativo e o passivo circulante pela taxa de $ 2,04. O patrimônio líquido (capital social e reservas) foi mantido pelo seu valor originado do balanço inicial, que totalizava US$ 3.590. Assim, temos:

Ativo Total	$ 15.250 : $ 2,04	= US$ 7,475
(–) Passivo Circulante	$ 6.420 : $ 2,04	= US$ 3,397
= Valor do Patrimônio Líquido Final		= US$ 4,078
(–) Valor do Patrimônio Líquido Inicial		= US$ 3,590
= Valor do Lucro Líquido do Período		= US$ 488

Perdas e ganhos na conversão

No nosso exemplo, o valor das perdas na conversão foi de US$ 75, que decorre basicamente das seguintes variações:

a) pela manutenção do valor inicial do patrimônio líquido em US$ e por haver alteração na taxa do dólar do balanço final;
b) pela utilização de taxas médias em itens da demonstração de resultados, enquanto no balanço final os lucros do período levados ao patrimônio líquido devem ser pela taxa de câmbio do final do período.

Vejamos o cálculo das perdas/ganhos na conversão:

a) Patrimônio líquido final:
Capital social	$ 6.000	
Reservas	1.180	
Total	7.180 : $ 2,04	= US$ 3,519
PL inicial em US$		= US$ 3,590
Perda na conversão		= US$ 71 (a)

b) Lucro antes das perdas na conversão obtido na demonstração de resultados pela utilização de taxas médias = US$ 563
Lucro líquido pela taxa do fim do período:
$ 1.140 : $ 2,04 = US$ 559
Perda na conversão = US$ 4 (b)

c) Total de perdas na conversão (a + b) = US$ 75

A Importância da Taxa de Câmbio

A tradução de demonstrações contábeis em moedas estrangeiras tem, como já vimos, inúmeras finalidades e aspectos positivos. Contudo, convém reforçar que a validade da mensuração contábil em outras moedas está totalmente relacionada à evolução da política cambial do país, refletida nas taxas de câmbio das moedas transacionadas.

A mensuração dos dados contábeis em outras moedas está, então, totalmente vinculada às taxas de câmbio que, eventual ou momentaneamente, podem não ter associação com a inflação interna do país. Em outras palavras, não quer dizer que, porque os dados refletem os elementos patrimoniais em outra moeda, eles de fato valham aquilo naquela moeda.

Para melhor elucidar essa questão, vamos supor, na continuidade deste exemplo, que a taxa de câmbio ao final do período seja $ 1,96 e as taxas iniciais e médias sejam as mesmas. Isso significa que houve uma valorização da moeda nacional entre o meio e o fim do período analisado.

A Tabela 2.24 mostra como fica a demonstração de resultados.

Comparando com a demonstração de resultados da Tabela 2.21, o lucro líquido é maior. O principal elemento modificador é o ganho na conversão de US$ 86, enquanto na versão anterior, com outra taxa de câmbio ao final do período, havia uma perda de US$ 75 na conversão.

Tabela 2.24 Demonstração do resultado do período

	$	Taxa US$	US$
RECEITA OPERACIONAL LÍQUIDA	21.420	2,02	10.604
(–) Custo das Mercadorias Vendidas	(14.500)	2,02	(7.178)
LUCRO BRUTO	6.920		3.426
Despesas Operacionais			
(Administrativas e Comerciais)			
. Despesas Gerais	(4.200)	2,02	(2.079)
. Depreciações	(900)	2,02	(446)
LUCRO OPERACIONAL	1.820		901
Receitas Financeiras	60	2,02	30
Despesas Financeiras	(340)	2,02	(168)
Equivalência Patrimonial	300	1,96	153
Perdas/Ganhos na Conversão	0		86
LUCRO ANTES DOS IMPOSTOS	1.840		1.001
Impostos sobre o Lucro	(700)	2,02	(347)
LUCRO LÍQUIDO APÓS IMPOSTOS	1.140		655

Isso não significa que a empresa teve um lucro maior, uma vez que, na moeda nacional, o lucro líquido é o mesmo, ou seja, $ 1.140. A expressão desse lucro em moeda estrangeira evidencia uma quantidade maior dessa moeda, fruto da taxa de câmbio adotada.

O balanço final também se altera significativamente e os elementos do ativo e passivo passam a ser representados por maior quantidade de dólares, como está evidenciado na Tabela 2.25.

2.8 Demonstrações Contábeis e Variações de Preços

Outros conceitos de valor, mesmo que não adotados pelos princípios fundamentais de contabilidade, podem ser objeto de contabilização para fins gerenciais. Basicamente, esses conceitos seriam a contabilização:

a) dos estoques a preços de reposição;
b) dos estoques a preços de saída;
c) dos ativos permanentes a preços de mercado;
d) das depreciações e amortizações a preços de mercado;
e) do *goodwill* como resultante do método do fluxo futuro de benefícios etc.

A adoção desses conceitos implicará adotar o conceito de lucros ou prejuízos realizados ou não realizados, uma vez que são conceitos de mensuração econômica. Os resultados obtidos por um desses critérios de avaliação, enquanto ainda não realizados financeiramente, devem ser computados como lucros ou prejuízos de variações de preços não realizados (nos estoques, nos imobilizados). Quando os resultados econômicos forem efetivados, vão se transformar em resultados de variações de preços realizados.

Tabela 2.25 Balanço patrimonial final

ATIVO	$	US$(1)	PASSIVO	$	US$(1)
ATIVO CIRCULANTE			**PASSIVO CIRCULANTE**		
Caixa/Bancos/Aplicações Financeiras	1.440	735	Duplicatas a Pagar – Fornecedores	1.070	546
Duplicatas a Receber – Clientes	3.610	1,842	Contas a Pagar	1.500	765
Estoque de Mercadorias	2.100	1,071	Empréstimos	4.360	2,224
. Soma	7.150	3,648	. Soma	6.930	3,536
PERMANENTE			**PATRIMÔNIO LÍQUIDO**		
Investimentos em Controladas	2.500	1,276	Capital Social	6.000	3,030
Imobilizado Bruto	9.000	4,592	Reservas	1.180	560
(–) Depreciações Acumuladas	(3.400)	(1,735)	Lucro do Período	1.140	655
. Soma	8.100	4,133	. Soma	8.320	4,245
ATIVO TOTAL	**15.250**	**7,781**	**PASSIVO TOTAL**	**15.250**	**7,781**

(1) Convertidos pela taxa de $ 1,96, exceto as contas do patrimônio líquido.

Exemplo: Estoques

Vamos supor, no momento 1, uma aquisição de três mercadorias para revenda no valor de $ 300 cada uma, em um total de $ 900.

Balanço Inicial – Momento 1
Estoques $ 900
Capital $ 900

No momento 2, há uma elevação de preços e a mercadoria do estoque, caso fosse adquirida novamente, teria um preço de compra de reposição de $ 320. Temos aí um lucro não realizado por variação de preço.

Demonstração de Resultados – Momento 2
Lucro não realizado nos estoques $ 60

Balanço Final – Momento 2
Estoques	$	960
Capital	$	900
Lucros Acumulados	$	60

No momento 3, há a venda de uma mercadoria por $ 700 à vista. Neste caso, há a realização de $ 20 de um lucro de variação de preço, além do lucro sobre o valor pago (ou valor histórico).

Demonstração de Resultados – Momento 3
Venda	$ 700
(–) Custo Histórico da Venda	(300)
= Lucro Histórico Realizado	400
(–) Lucro de Variação de Preços Já Contabilizado no Momento 2	(20)
= Lucro Líquido	380

Balanço Final – Momento 2
Caixa	$	700
Estoques	$	640
		1.340
Capital	$	900
Lucros Acumulados	$	440 ($ 60 + $ 380)
		1.340

O lucro acumulado de $ 440 é assim composto:

$ 40	–	Lucro de variação de preços não realizado nos estoques
$ 20	–	Lucro de variação de preços realizado na venda
$ 380	–	Lucro real da venda, considerando mercadoria a preço de reposição
440		

Questões e Exercícios

1. Com os dados a seguir, monte o balanço patrimonial da Empresa ABC em 31.12.2000:

Duplicatas a Receber	700.000
Duplicatas Descontadas	200.000
Provisão para Créditos de Liquidação Duvidosa	21.000
Prêmios de Seguros a Vencer	700
Juros Antecipados	500

Caixa	26.000
Bancos Conta Movimento	245.000
Estoque de Mercadorias	281.000
Estoque de Material de Embalagem	2.000
Despesas de Organização	3.000
Amortização Acumulada	1.800
Participações em Empresas Coligadas	50.000
Participações em Empresas Controladas	160.000
Imóveis	390.000
Veículos	90.000
Móveis e Utensílios	120.000
Depreciação Acumulada	96.600
Fornecedores	215.000
Impostos a Recolher	96.100
Contribuições de Previdência a Recolher	20.500
Empréstimos aos Sócios	10.000
Empréstimos a Empresas Coligadas	20.000
Provisão para Imposto de Renda	210.070
Capital Social	200.000
Vendas Antecipadas	50.000
Custo das Vendas Antecipadas	20.000
Participações de Empregados a Pagar	41.213
Participações de Administradores a Pagar	37.091
Dividendos a Pagar	100.147
Reserva de Capital	100.000
Financiamentos Bancários (LP)	210.000
Títulos a Pagar (LP)	90.000
Lucros Acumulados	383.635
Reserva para Investimento	13.353
Reserva Legal	31.691

2. Responda às seguintes perguntas:

   a) Com base no balanço patrimonial, qual o valor dos recursos de terceiros?

   b) Com base no balanço patrimonial, qual o valor do capital de giro próprio?

   c) Qual é o grupo de contas que gera lucro para a empresa?

   d) Qual é o grupo de contas no balanço patrimonial que representa aplicações de recursos permanentes ou fixos, para atender à manutenção das atividades econômicas da empresa?

   e) De que forma a empresa remunera os capitais próprios?

Capítulo 3 – Objetivos da Análise Financeira, Usuários e Ajustes das Informações

A análise econômico-financeira tem por objetivo extrair informações das demonstrações contábeis para ser utilizada no processo de tomada de decisões na empresa. E como já salientamos, é importante para o conhecimento da situação econômico-financeira de outras empresas, notadamente concorrentes, clientes e fornecedores. Porém, o mais importante instrumento de análise econômico-financeira é sua utilização interna pela empresa.

O processo de análise começa com a separação dos dados, combinando-os adequadamente a fim de viabilizar sua interpretação, de acordo com o objetivo previamente estabelecido. As demonstrações contábeis, que estão dentro das normas e princípios contábeis geralmente aceitos, fornecem uma série de dados sobre a empresa em determinado período. O analista financeiro preocupa-se com as demonstrações contábeis, as quais procuram transformar os dados em informações que possibilitam tirar conclusões sobre se a empresa é merecedora ou não de crédito, se tem ou não condições de honrar seus compromissos financeiros e capacidade de gerar lucros. Em síntese, a análise financeira é o processo de "reflexão" sobre as demonstrações contábeis, objetivando uma avaliação da situação da empresa em seus aspectos operacionais, econômicos, patrimoniais e financeiros.

Para o gerenciamento empresarial, é necessária a informação contábil no processo de planejamento, controle e tomada de decisão dentro da empresa. Por esta razão, a comparabilidade em vários aspectos é importante:

- comparação com períodos passados;
- comparação com padrão setorial;
- comparação com períodos orçados;
- comparação com padrões internacionais;
- comparação com empresas concorrentes.

O grau de excelência da análise econômico-financeira está relacionado com a qualidade e extensão das informações que o analista consegue gerar. Para o processo de avaliação patrimonial e do desempenho da empresa, o analista vale-se de uma série de cálculos matemáticos, traduzindo as demonstrações contábeis em indicadores econômico-financeiros.

Desse modo, fica evidente que o mais importante para o analista financeiro não é saber calcular, mas interpretar esses indicadores e elaborar um relatório com os pontos fortes e fracos do processo operacional e financeiro da empresa, visando propor alternativas de curso futuro.

3.1 Objetivos da Análise Econômico-Financeira

O objetivo da análise das demonstrações contábeis compreende a indicação de informações numéricas, preferencialmente de dois ou mais períodos regulares, de modo a auxiliar ou instrumentalizar gestores, acionistas, clientes, fornecedores, instituições financeiras, governo, investidores e outras pessoas interessadas em conhecer a situação da empresa ou tomar decisão.[1]

Para Assaf Neto, "a análise visa relatar, com base nas informações contábeis fornecidas pelas empresas, a posição econômico-financeira atual, as causas que determinaram a evolução apresentada e as tendências futuras. Em outras palavras, pela análise extraem-se informações sobre a posição passada, presente e futura (projetada) de uma empresa".[2]

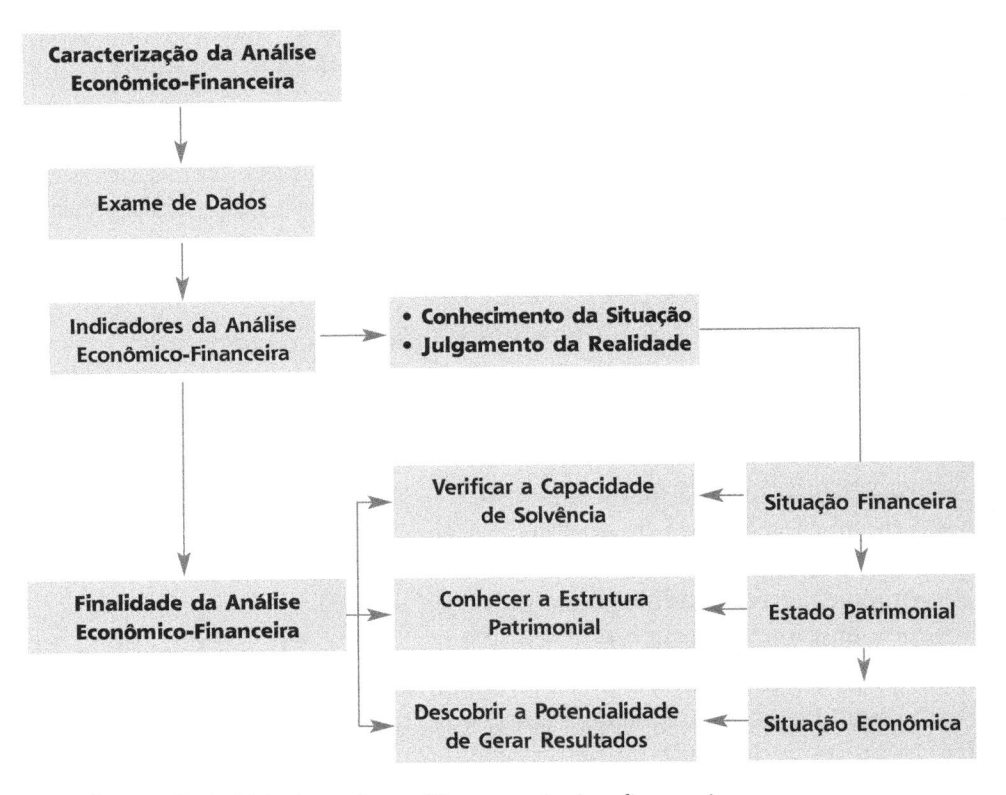

Figura 3.1 Objetivos da análise econômico-financeira.

---

[1] WALTER, Milton Augusto. *Introdução à análise de balanços*. 2. ed. São Paulo: Saraiva, 1981, p. 60.
[2] ASSAF NETO, Alexandre. *Estrutura e análise de balanços*. 4. ed. São Paulo: Atlas, 1998, p. 47.

Razões da Análise Econômico-Financeira

Diversas razões ou objetivos específicos também levam os diversos usuários das demonstrações contábeis a se debruçarem sobre eles para obter uma avaliação da situação da empresa. O quadro a seguir apresenta uma série dessas razões.

- Liberação de Crédito
- Investimentos de Capital
- Fusão de Empresas
- Incorporação de Empresas
- Rentabilidade/Retorno
- Saneamento Financeiro
- Perspectivas da Empresa
- Fiscalização ou Controle
- Relatórios Administrativos

3.2 Usuários Interessados na Análise Econômico-Financeira

Os dados e informações da análise das demonstrações contábeis de uma empresa podem atender a diferentes objetivos, consoante os interesses de seus vários usuários ou pessoas físicas ou jurídicas que apresentam algum tipo de relacionamento com a empresa. Nesse processo de avaliação, cada usuário procurará detalhes específicos e conclusões próprias e, muitas vezes, não coincidentes.[3]

A análise financeira permite uma visão da estratégia e dos planos da empresa analisada, estimar seu futuro, suas limitações e suas potencialidades. É de primordial importância, portanto, para todos os que pretendam se relacionar com uma empresa, seja como fornecedores, financiadores, acionistas e até como empregados. A procura de um bom emprego deveria sempre começar com a análise financeira da empresa.[4]

Os maiores interessados são os próprios acionistas (*shareholders*). Contudo, uma série de outros interessados, sejam empresas, pessoas ou instituições que se relacionam com as empresas (*stakeholders*), sejam entidades

---

[3] ASSAF NETO, Alexandre, op. cit., p. 51.
[4] MATARAZZO, Dante C. *Análise financeira de balanços*. 2. ed. São Paulo: Atlas, 1989, vol. I, p. 33.

que têm interesse social, podem, querem ou devem utilizar-se dos relatórios contábeis para análise financeira. A figura a seguir dá uma visão geral dos usuários interessados na análise econômico-financeira:

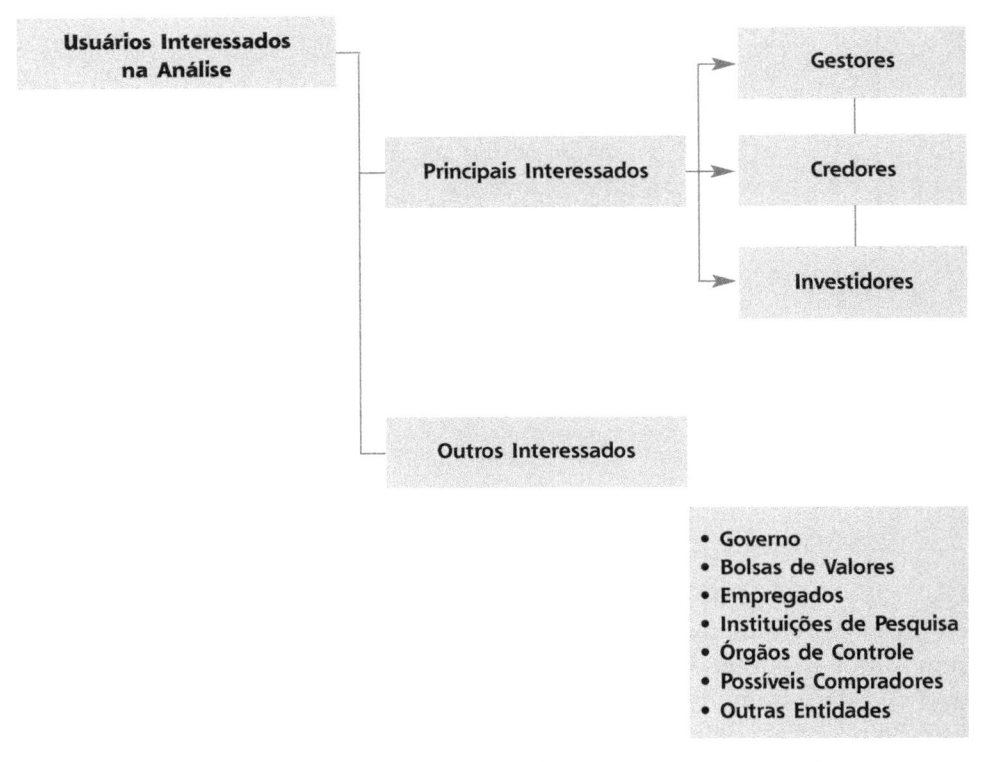

```
Usuários Interessados
na Análise
    ├── Principais Interessados
    │       ├── Gestores
    │       ├── Credores
    │       └── Investidores
    └── Outros Interessados
            • Governo
            • Bolsas de Valores
            • Empregados
            • Instituições de Pesquisa
            • Órgãos de Controle
            • Possíveis Compradores
            • Outras Entidades
```

Figura 3.2 Partes interessadas na análise econômico-financeira.

Gestores

O interesse dos gestores sobre os resultados da análise financeira é o mais abrangente possível. Dependendo do porte e da estrutura do empreendimento (poucos processos produtivos, uma única planta industrial ou comercial etc.), pode se configurar até como a mais importante ferramenta de avaliação de resultados e desempenho.

A análise financeira de balanços feita internamente, de forma periódica (mensal), permite:

a) avaliar a situação econômico-financeira da empresa em relação ao passado e em forma de evolução;

b) verificar se as estruturas de ativo e passivo estão se mantendo dentro do esperado;
c) verificar se as estruturas de custos e despesas estão acompanhando as previsões;
d) verificar se a rentabilidade está sendo adequada;
e) verificar se todas as diretrizes tomadas estão sendo realizadas e representadas nas demonstrações contábeis;
f) fazer o confronto com os dados padrão, esperados ou orçados;
g) verificar se a geração do lucro está coerente com a geração esperada de caixa;
h) antecipar os elementos para necessidades futuras de caixa;
i) antecipar as possibilidades de destinação e distribuição de lucros;
j) acompanhar a criação de valor empresarial e para os donos do capital;
k) confrontar o valor contábil com o valor de mercado da empresa etc.

É tão amplo o leque de opções de análise para fins internos que se pode extrair da análise financeira, que qualquer especificação ficará sempre parcial. Enfatizamos que o processo de análise de balanço, principalmente para fins internos, é meditativo. Desse processo, um sem-número de opções de análise e sugestões para tomadas de decisão pode sair, tornando a análise financeira de balanços, feita para e pelos gestores da empresa, um instrumental de importância ímpar.

Credores

Os credores, principalmente as instituições financeiras, buscam na análise de balanço as evidências da solvência/liquidez da empresa e a condição de garantia dos seus créditos. Além da verificação da capacidade financeira de curto prazo, os credores têm interesses legítimos na identificação da capacidade da empresa de geração de lucros futuros e de caixa, para fazer face aos compromissos de juros e amortização dentro do perfil de prazo de seus títulos.

Investidores

Os investidores mais comuns são os donos, ou os que desejam ser, do capital, sejam os acionistas das sociedades anônimas de capital aberto ou fechado ou os cotistas nas sociedades limitadas. Além deles, existem os investidores que financiaram a empresa como debenturistas, que fizeram seus investimentos sem intenção primária de se transformar em sócios.

Esses interessados na análise de balanço tendem a se concentrar nos seguintes pontos principais:

- Os acionistas estão interessados que a empresa crie o maior valor econômico possível que possa lhes ser transferido em sequência, tanto sob

a forma de rendimentos, como sob a forma de maior valor da ação ou cota no mercado. Neste caso, a avaliação da empresa pelo seu potencial de lucros futuros é um instrumento fundamental.
- Os acionistas estão também interessados em um fluxo regular de dividendos ou distribuição de lucros. Neste caso, a capacidade de geração de lucros e caixa e uma política adequada de distribuição de lucros é fundamental, desde que haja condição de manutenção do capital (investimento).
- Os debenturistas estão primariamente interessados em que a empresa possua capacidade de geração de lucros, considerando uma premissa de estabilidade, para que tenha condições de pagar os juros e prêmios das debêntures e de resgatar os títulos, quando pactuado.
- Quando as debêntures têm cláusula de conversibilidade em ações, o interesse pelo valor econômico (potencial de lucros futuros) torna-se também um atrativo adicional.

Os possíveis investidores na empresa tendem também a olhar o valor patrimonial da ação em relação ao valor que o mercado está transacionando, confrontando-o com os valores que eles imaginam que possam ter no futuro. Esse tipo de avaliação estará sempre relacionado com outras oportunidades de investimento, seja em outras ações, seja em outros papéis ou investimentos alternativos. Fica presente nesse tipo de análise o conceito de custo de oportunidade, ou seja, o custo de uma alternativa que pode ser abandonada.

Fornecedores

O interesse primário dos fornecedores é que seus clientes liquidem suas duplicatas no prazo estipulado. Considerando vendas de curto prazo, um olhar sobre os indicadores de liquidez torna-se fundamental. No caso de vendas de longo prazo e/ou parceladas, há necessidade também da análise de geração de lucros e caixa, além da capacidade de pagamento. Neste caso, necessita-se de uma análise de balanço mais aprofundada.

Todo um instrumental de análise de crédito tem sido desenvolvido há muitos anos, para fornecer às empresas modelos básicos para dar crédito aos clientes. Cada setor tem suas características, mas é possível adaptar os modelos de análise de crédito às necessidades específicas de cada empresa. Um instrumento de segurança adicional muito utilizado é a adoção de garantias extras além dos títulos a receber.

Clientes

No caso da empresa como cliente, muitos podem imaginar que não há necessidade de análise dos balanços de seus fornecedores (partindo da premissa de que a empresa sempre tem capacidade de pagamento). Contudo, no atual ambiente de parcerias, é extremamente importante saber a capacidade de manutenção do fornecimento pelos fornecedores, sob pena de provocar rupturas ou falhas na cadeia de logística e suprimentos.

Dessa maneira, se um fornecedor não evidencia boa capacidade de pagamento, uma estrutura de custos e despesas com um mínimo de rentabilidade, existe a possibilidade de haver descontinuidade do fornecimento de materiais, produtos ou serviços, o que é indesejável.

Governo

Há muito tempo o sistema contábil foi adotado pelos governos em todo o mundo, nas esferas municipais, estaduais e federais. Tendo em vista sua característica de evidenciar a causa e o efeito dos negócios por meio do método das partidas dobradas, o sistema contábil ainda é o melhor sistema anticorrupção que existe. Neste sentido, o governo cooptou sua utilização e obriga as empresas a adotarem o sistema contábil como base para recolhimento dos impostos das pessoas jurídicas.

Dessa forma, a análise das demonstrações financeiras é fundamental para os órgãos governamentais, razão por que há uma obrigatoriedade de publicações, entrega de declarações etc. Além disso, atualmente, as várias instituições governamentais obrigam as empresas a fornecerem também os arquivos magnéticos de todos os registros das suas contas e transações, tendo, com isso, infinitas possibilidades de análises individuais e cruzadas com outras pessoas jurídicas.

A relação mais direta com as esferas governamentais, além do cumprimento básico de publicação de balanços, consiste na parte tributária. As demonstrações contábeis permitem uma análise da geração de praticamente todos os impostos, sendo, portanto, importante fonte de consulta para os órgãos governamentais. Além dos impostos gerados e a recolher, os valores dos impostos renegociados e contingentes também fazem parte do processo de evidenciação que deve constar das demonstrações contábeis.

Outros órgãos governamentais também necessitam das informações contábeis para avaliação estatística, setorial ou macroeconômica. Instituições como o Banco Central, IBGE, IPEA, ministérios etc. necessitam dos dados contábeis das empresas para condução de suas políticas monetárias, econômicas, industriais, setoriais, de incentivo, de tecnologia etc.

Comissão de Valores Mobiliários (CVM) e Bolsas de Valores

Por se constituírem nos órgãos responsáveis pela regulamentação do mercado acionário, essas entidades estão entre as que mais fortemente utilizam as demonstrações contábeis. O foco dessas entidades é a transparência das informações, objetivando dar o máximo de segurança para os investidores, normalmente os acionistas não controladores, denominados minoritários.

Além da estrutura formal das demonstrações contábeis, as notas explicativas e o relatório da administração tornam-se instrumentos valiosos para complemento da análise dos números evidenciados nas demonstrações contábeis básicas.

Mais recentemente, tem havido um esforço adicional para exigir das empresas sociedades anônimas de capital aberto, tanto em nosso país como no exterior, um volume de informações, atividades e procedimentos que permita melhorar a visibilidade da administração das empresas pelas informações contábeis. Este processo tem sido denominado *governança corporativa*.

O objetivo básico das bolsas de valores, por meio da transparência das informações, é possibilitar liquidez adequada aos papéis negociados, assim como otimizar o mercado acionário como fonte de captação de recursos pelas empresas, pela subscrição de ações.

Empregados e Sindicatos

Por que os empregados teriam interesse na análise financeira? Por algumas razões importantes. Primeiro, a estabilidade no emprego. Tendo condições de avaliar a saúde financeira e a estabilidade econômica da empresa, os empregados tendem a ficar mais confiantes e podem planejar sua carreira profissional dentro dela, ganhando qualidade de vida.

Um segundo motivo é avaliar a possibilidade de acréscimo de remuneração, tanto fixa como variável, tendo consciência da lucratividade e rentabilidade da empresa. Enquadra-se nesse ponto a avaliação dos programas de participação nos lucros e resultados para os funcionários. De nada adianta obter programas de participação que não se coadunem com as possibilidades de distribuição de lucros da empresa.

Outro aspecto que leva os funcionários a analisarem a situação da empresa é verificar se ela tem condição de prestar uma série de benefícios, como programas de saúde, de previdência privada complementar etc. Nesse sentido, a comparação com a situação de outras empresas em que há possibilidade de o trabalhador obter emprego alternativo é muito importante.

As razões já apresentadas para que os empregados tenham interesse na análise de balanço é extensiva aos sindicatos dos trabalhadores. Qualquer discussão de reajustes salariais ou incorporação de novos benefícios deve antes passar por uma análise criteriosa das condições econômico-financeiras das empresas, sob pena de que as negociações não tenham um resultado positivo para ambas as partes. Assim, há grande interesse dos sindicatos na saúde financeira das empresas e na sua capacidade de geração contínua de lucros.

Outros interessados

Podemos ainda relacionar outros interessados nas demonstrações contábeis e em sua análise:

- *Instituições de Pesquisas*, objetivando construir cenários, avaliações comparativas, informações aos diversos públicos, inferir expectativas, avaliar mercados etc.;
- *Empresas de Informações Cadastrais*, para prestar serviços de análises de crédito, de participação de mercado, de concorrência etc.;
- *Órgãos de Controle*, como Cetesb, Ministério Público etc., para avaliar projetos governamentais, emitir certidões etc.;
- *Sindicatos e Entidades Patronais*, para monitorar periodicamente a situação de suas afiliadas e seus setores etc.;
- *Possíveis Compradores* que, como potenciais investidores, necessitam de informações para tomadas de decisão etc.;
- *Concorrentes*, objetivando mensurar as participações no mercado, estrutura patrimonial, de custos e rentabilidade, pontos fortes e fracos etc.
- *Outras entidades*, como associações não governamentais e de interesse público, para obter parcerias em projetos sociais etc.

3.3 Demonstrações Básicas para Análise Econômico-Financeira

O balanço patrimonial e a demonstração do resultado do exercício[5] são os principais relatórios objeto de análise financeira. Não há dúvida de que a verificação e a leitura atenta de todo o conjunto de relatórios contábeis à disposição do analista possibilitarão seguramente o aprofundamento e alargamento da análise e, consequentemente, melhorará significativamente as conclusões que serão obtidas e colocadas nos relatórios.

A Figura 3.3 mostra os demais relatórios que complementam os relatórios básicos e permitem um aprofundamento da visão a ser obtida pelo processo analítico.

---

[5] A palavra "exercício" na convenção contábil refere-se a um ano de atividades. Convém ressaltar mais uma vez que a análise de balanço anual só deve ser feita caso não se tenha relatórios de períodos mais curtos, como os trimestrais e mensais. Portanto, o mais correto, para fins de análise de balanço, seria a demonstração do resultado do período.

DEMONSTRAÇÕES BÁSICAS
- Balanço Patrimonial
- Demonstração do Resultado do Exercício

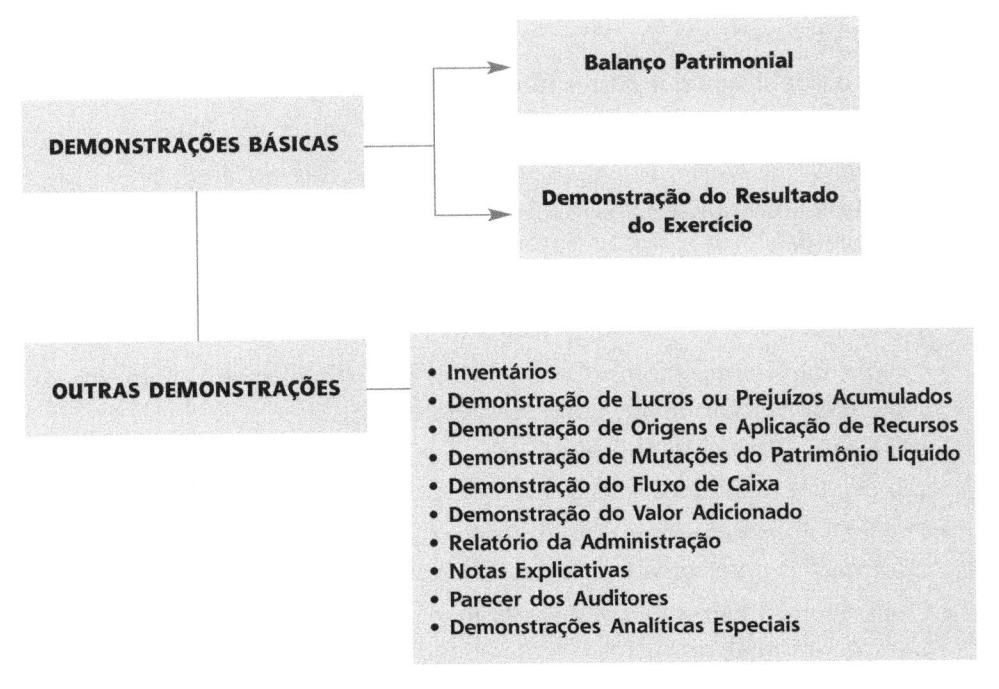

OUTRAS DEMONSTRAÇÕES
- Inventários
- Demonstração de Lucros ou Prejuízos Acumulados
- Demonstração de Origens e Aplicação de Recursos
- Demonstração de Mutações do Patrimônio Líquido
- Demonstração do Fluxo de Caixa
- Demonstração do Valor Adicionado
- Relatório da Administração
- Notas Explicativas
- Parecer dos Auditores
- Demonstrações Analíticas Especiais

Figura 3.3 Demonstrações contábeis para análise.

Pontos Fundamentais da Análise Econômico-Financeira

Considerações básicas para a análise de balanço consistem em fazer um breve estudo sobre a empresa analisada e verificar o objetivo do estudo e sua relação com a situação geral do setor e da economia.

- Objetivo do Estudo
- Ramo de Atividade
- Situação Econômica Geral
- Situação Financeira Geral
- Tendências e Perspectivas

Oportunidades

A análise de balanço dentro da contabilidade gerencial, para fins internos, deve ser executada rotineiramente a cada mês, imediatamente após o encerramento contábil. Um breve relatório deve concluir o processo de análise, com os seguintes pontos principais:

a) avaliação geral do mês e do acumulado até o mês;

b) verificação das variações dos dados reais em relação aos projetados ou orçados;
c) alerta sobre eventuais pontos negativos detectados e sugestões de correção ou melhoria;
d) identificação de pontos para planejamentos econômico-financeiros futuros.

Considerando a análise de balanços de outras empresas, a oportunidade mais comum é a análise anual após o encerramento do exercício contábil. Para as empresas sociedades anônimas de capital aberto, a oportunidade surge a períodos menores, uma vez que essas companhias têm obrigatoriedade de publicação trimestral de suas demonstrações contábeis básicas.

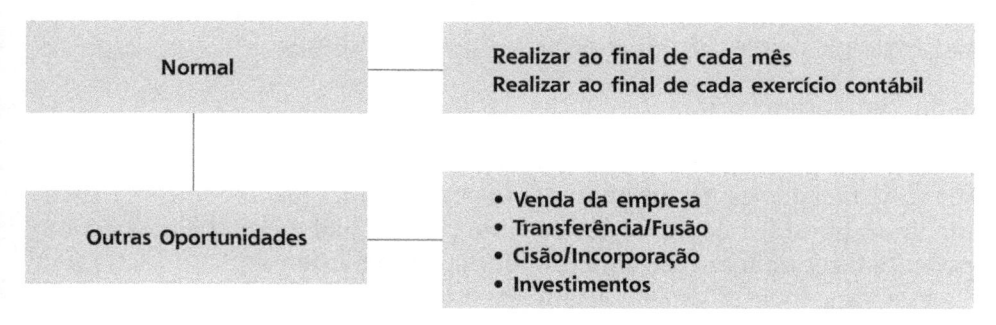

Normal	Realizar ao final de cada mês Realizar ao final de cada exercício contábil
Outras Oportunidades	• Venda da empresa • Transferência/Fusão • Cisão/Incorporação • Investimentos

Figura 3.4 Oportunidades de análise econômico-financeira.

Outras oportunidades mais comuns para o exercício da análise financeira de balanços surgem nas ocasiões de investimentos, tais como compra de ações, venda de empresas, processos de reorganizações societárias como fusões, cisões e incorporações etc.

Dificuldades

O mundo real pode trazer uma série de dificuldades para o analista financeiro, pois as demonstrações contábeis nem sempre têm a transparência, o conteúdo e a abrangência necessários e desejados. As empresas de capital aberto ou as que permitem o processo de auditoria externa independente tendem a fornecer demonstrações com dados confiáveis. Contudo, nem todas as empresas primam pela observância completa dos princípios contábeis na estruturação de suas demonstrações.

Em nosso país, principalmente as pequenas empresas, pelo fato de a legislação tributária não exigir em algumas situações as demonstrações contábeis, tornam maior a dificuldade de obtenção de dados adequados para a análise. Essas dificuldades vão desde a inexistência dos dados no formato contábil até demonstrações que não incorporam as melhores técnicas e recomendações contábeis.

Dificuldades possíveis

- Demonstrações Contábeis Distorcidas
- Inexistência de Dados Contábeis

Essas situações exigem muito mais do analista financeiro. Obrigam-no, antes de proceder à análise, a levantar informações e a estruturar ou reestruturar as demonstrações. Basicamente, nessas situações extremadas, dentro de um processo de entrevista, serão coletadas informações mínimas para estruturar os ativos (principalmente do giro) e os passivos exigíveis, para formar juízos de liquidez, e dados de vendas e custos, para formar juízos de lucratividade e capacidade de geração de lucros futuros.

Grau de Abrangência

Como todo procedimento analítico, a extensão da análise financeira pode ser variada. Pode-se fazer uma análise simples e rápida, atendo-se basicamente às questões de liquidez, estrutura patrimonial e rentabilidade, como pode-se fazer uma análise com grande espectro e extensão.

A abrangência da análise financeira estará intimamente ligada aos objetivos desta. Se for uma verificação superficial da lucratividade de um fornecedor já conhecido, a análise poderá ser simplificada e concentrada neste item. Se fornecer fundamentos para uma decisão de comprar ou não uma empresa, a análise terá de se revestir do maior escopo e abrangência possíveis, constituindo-se em uma análise de grau significativo de complexidade.

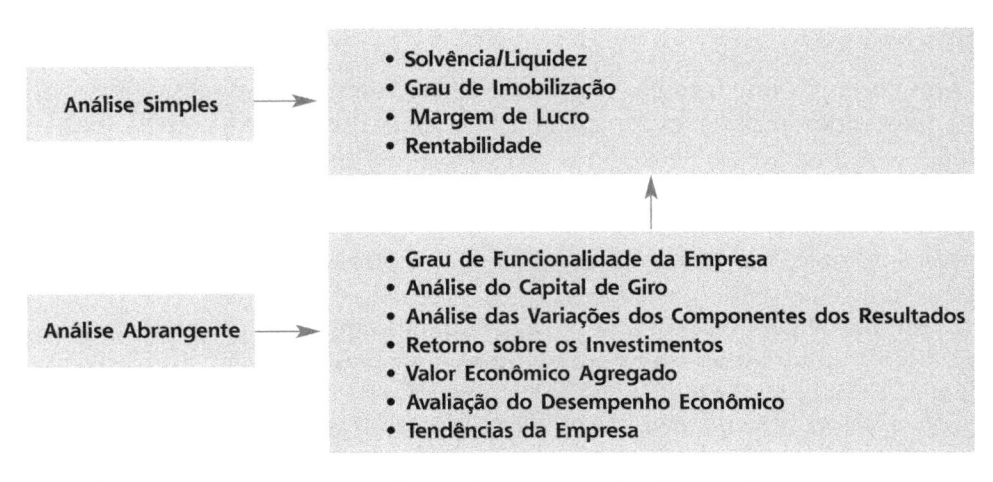

Análise Simples →
- Solvência/Liquidez
- Grau de Imobilização
- Margem de Lucro
- Rentabilidade

Análise Abrangente →
- Grau de Funcionalidade da Empresa
- Análise do Capital de Giro
- Análise das Variações dos Componentes dos Resultados
- Retorno sobre os Investimentos
- Valor Econômico Agregado
- Avaliação do Desempenho Econômico
- Tendências da Empresa

Figura 3.5 Abrangência da análise econômico-financeira.

Produto Final

Como produto final podemos entender os questionamentos básicos que serão resolvidos pela análise. Não há valor nenhum em uma análise de balanços em que só se apresentam os números dos indicadores obtidos, as variações, as estruturas apuradas percentualmente. O produto final sempre será um entendimento conclusivo, uma opinião, um julgamento.

Com base no relatório e na conclusão, o usuário tomará a decisão que julgar conveniente. Porém, é importante salientar que há necessidade de um comprometimento do analista financeiro com o seu relatório, que não pode ser vago. Não há dúvida de que se corre o risco de julgamento ou avaliação incorretos, o que é natural em um processo analítico.

Portanto, a conclusão expressa pelo analista financeiro, após a análise das demonstrações contábeis, deve ser incisiva, julgando se boa ou ruim a situação financeira estática, a rentabilidade apresentada pelos dados e apresentando as possíveis perspectivas de desempenho futuro, considerando premissas para cada uma delas.

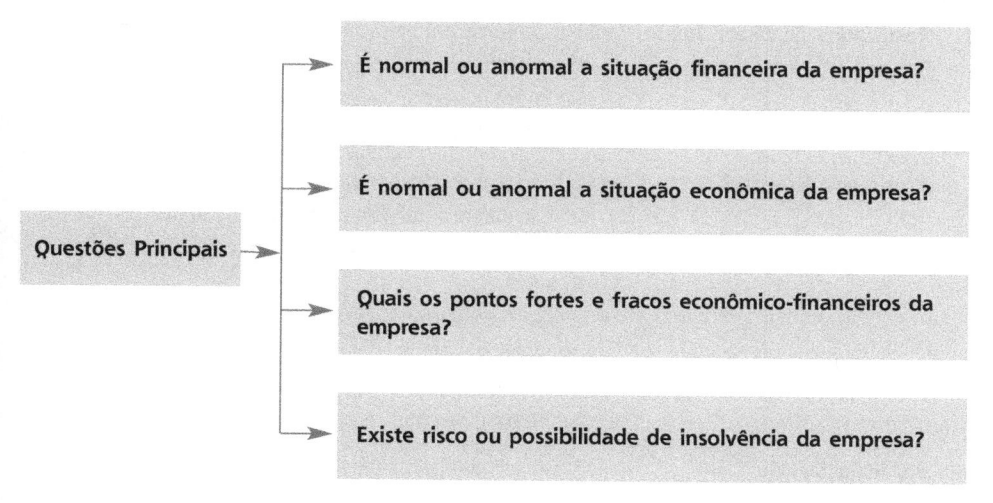

Questões Principais:
- É normal ou anormal a situação financeira da empresa?
- É normal ou anormal a situação econômica da empresa?
- Quais os pontos fortes e fracos econômico-financeiros da empresa?
- Existe risco ou possibilidade de insolvência da empresa?

Figura 3.6 Produto final da análise econômico-financeira.

Ajuste das Demonstrações Contábeis

Cada analista tem uma visão sobre os elementos patrimoniais das demonstrações contábeis, bem como um modelo particular de análise. Assim, os ajustes dos dados das demonstrações são um procedimento natural e introdutório. Alguns ajustes clássicos, que apresentamos a seguir, são recomendados. É importante também observar o conceito de relevância. Se os valores dos ajustes são de pouca monta em relação aos demais dados patrimoniais, a análise não será prejudicada pela não realização dos ajustes.

Quadro 3.1 Alguns ajustes de balanços para análise

Itens	Ajuste
Duplicatas Descontadas	• Têm a característica de uma obrigação financeira • Devem ser reclassificadas para o passivo circulante
Despesas do Exercício Seguinte	• Representam despesas antecipadas que afetarão os resultados de exercícios seguintes • Reduzir do patrimônio líquido o valor da despesa antecipada
Ativo Diferido	• Representa despesas ocorridas que afetarão os resultados de exercícios futuros • Reduzir do patrimônio líquido o valor do ativo diferido, caso se considere que houve apenas o postergamento da contabilização dessas despesas
Resultados de Exercícios Futuros	• Se representarem efetivamente recursos próprios da empresa, devem ser incorporados no patrimônio líquido. Se forem passivos exigíveis, manter no passivo
Ações em Tesouraria	• Pode acontecer de, em alguns casos, representarem mais efetivamente uma aplicação financeira, sendo recomendada uma classificação no ativo • Devido à controvérsia do que a operação das ações em tesouraria pode ocasionar, geralmente considera-se como conta dedutível do patrimônio líquido
Participações de Empregados ou Diretores	• Os valores das participações nos resultados da empresa geralmente são determinados após o lucro líquido do exercício • Têm a característica de despesas operacionais na demonstração de resultados • Recomenda-se classificar como despesas com pessoal

Assaf Neto comenta que "determinados ajustes exigem conhecimentos mais profundos das operações da empresa, cujo acesso normalmente é permitido somente aos analistas internos. (...) Outros ajustes, no entanto, podem ser executados com base nas demonstrações contábeis publicadas, devendo o analista sempre fazer uso deles".[6]

Metodologia da Análise

Os procedimentos para análise financeira de balanço centram-se em quatro pontos fundamentais:

1. Análise vertical
2. Análise horizontal
3. Indicadores econômico-financeiros
4. Relatório de avaliação

Os três primeiros procedimentos representam uma série de cálculos que inter-relacionam os elementos patrimoniais do balanço patrimonial e da demonstração de resultados, seguindo a ordem lógica dos fundamentos de análise que apresentamos no Capítulo 1. O objetivo desses cálculos é criar novas informações que evidenciem com mais clareza o resultado das operações da empresa nos exercícios analisados, ao mesmo tempo em que permitem inferir um sem-número de questões para posterior análise e verificação.

As análises vertical e horizontal são estudos percentuais de participação ou estrutura e de variação (crescimento ou diminuição), entre dados de dois ou mais períodos. Os indicadores econômico-financeiros são dados (índices, números relativos) que permitem, além de mensurar e verificar as inter-relações básicas das operações, criar conceitos complementares para identificação das operações da empresa e de sua movimentação financeira.

De modo geral, recomendam-se alguns indicadores já conhecidos em um conjunto mínimo que se julga indispensável. Contudo, pode-se criar quantos indicadores se desejar, já que diversas inter-relações podem ser feitas. O excesso de indicadores, porém, pode prejudicar a análise, impedindo, às vezes, a visão de conjunto necessária para qualquer tarefa analítica. Os indicadores também podem ser classificados e agrupados de várias maneiras, e cada analista tem sua linha de condução de análise, que deve ser respeitada.

A adoção dos procedimentos descritos anteriormente facilita sobremaneira o entendimento dos relatórios contábeis, potencializando a aplicação do método dedutivo da análise de balanço. O produto final é o relatório que faz a avaliação da situação da empresa. A adoção desses procedimentos pode ser reunida dentro de uma lógica de utilização, transformando-se em uma metodologia de análise, que apresentamos a seguir, na Figura 3.7.

---

[6] ASSAF NETO, Alexandre, op. cit., p. 114.

Análise das Demonstrações Financeiras

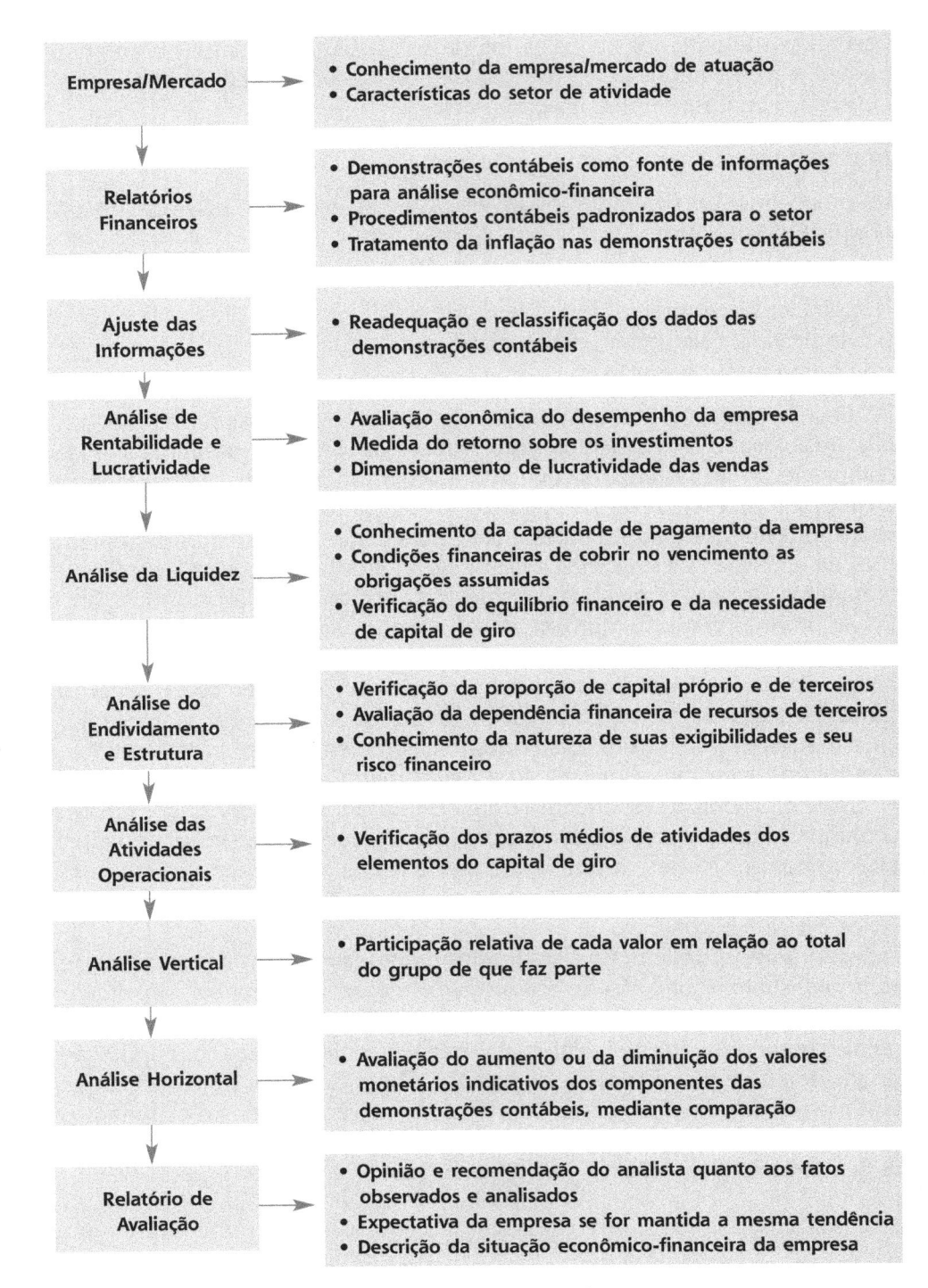

Empresa/Mercado	• Conhecimento da empresa/mercado de atuação • Características do setor de atividade
Relatórios Financeiros	• Demonstrações contábeis como fonte de informações para análise econômico-financeira • Procedimentos contábeis padronizados para o setor • Tratamento da inflação nas demonstrações contábeis
Ajuste das Informações	• Readequação e reclassificação dos dados das demonstrações contábeis
Análise de Rentabilidade e Lucratividade	• Avaliação econômica do desempenho da empresa • Medida do retorno sobre os investimentos • Dimensionamento de lucratividade das vendas
Análise da Liquidez	• Conhecimento da capacidade de pagamento da empresa • Condições financeiras de cobrir no vencimento as obrigações assumidas • Verificação do equilíbrio financeiro e da necessidade de capital de giro
Análise do Endividamento e Estrutura	• Verificação da proporção de capital próprio e de terceiros • Avaliação da dependência financeira de recursos de terceiros • Conhecimento da natureza de suas exigibilidades e seu risco financeiro
Análise das Atividades Operacionais	• Verificação dos prazos médios de atividades dos elementos do capital de giro
Análise Vertical	• Participação relativa de cada valor em relação ao total do grupo de que faz parte
Análise Horizontal	• Avaliação do aumento ou da diminuição dos valores monetários indicativos dos componentes das demonstrações contábeis, mediante comparação
Relatório de Avaliação	• Opinião e recomendação do analista quanto aos fatos observados e analisados • Expectativa da empresa se for mantida a mesma tendência • Descrição da situação econômico-financeira da empresa

Figura 3.7 Metodologia de análise econômico-financeira.

Questões e Exercícios

1. Imagine-se como um dirigente sindical que deverá liderar uma negociação de reajuste salarial da categoria com uma determinada empresa. De posse das demonstrações contábeis dessa empresa, identifique quais seriam os pontos principais que você julga importante extrair delas para ajudá-lo nas negociações.
2. Imagine-se agora como o prefeito de uma pequena cidade, onde a empresa que tem as demonstrações publicadas é a maior do município. Identifique os dados possíveis de extrair das demonstrações para avaliar o impacto econômico-financeiro das atividades da empresa na sua cidade.
3. Reclassifique, para efeito de análise, o balanço patrimonial a seguir:

BALANÇO PATRIMONIAL			
ATIVO		**PASSIVO**	
CIRCULANTE		**CIRCULANTE**	
Disponível	20.000	Empréstimo Bancário	100.000
Aplicações Financeiras	15.000	Fornecedores	90.000
Estoque de Mercadorias	70.000	Provisão para	
Duplicatas a Receber	30.000	Imposto de Renda	10.000
(–) Provisão para Devedores Duvidosos	1.000	**TOTAL**	**200.000**
(–) Duplicatas Descontadas	9.000		
Imóveis para Venda	100.000	**PASSIVO NÃO CIRCULANTE**	
Despesas do Exercício Seguinte	20.000	Financiamentos Bancários	20.000
TOTAL	**245.000**	**RECEITAS E DESPESAS DIFERIDAS**	
		Adiantamento de Clientes	5.000
ATIVO NÃO CIRCULANTE		Adiantamento de Aluguel	6.000
Títulos a Receber	25.000	(–) Custo do Aluguel	1.000
		TOTAL	**10.000**
INVESTIMENTOS	100.000	**PATRIMÔNIO LÍQUIDO**	
(–) Provisão para Ajuste Investimento	20.000	Capital Social	200.000
TOTAL	**80.000**	(–) Capital a Integralizar	50.000
		Reservas de Capital	20.000
IMOBILIZADO	220.000	Lucros Acumulados	120.000
(–) Depreciação Acumulada	100.000	**TOTAL**	**290.000**
TOTAL	**120.000**		
INTANGÍVEL	110.000		
(–) Amortização Acumulada	60.000		
TOTAL	**50.000**		
TOTAL DO ATIVO	**520.000**	**TOTAL DO PASSIVO**	**520.000**

Observação: O adiantamento de aluguel recebido não está sujeito a devolução.

Parte II – Análise das Demonstrações Financeiras

Nesta parte do trabalho, apresentaremos o ferramental básico da análise de balanço, tendo como referência os dois principais relatórios, o balanço patrimonial e a demonstração de resultados. Os demais relatórios contábeis serão objeto de análise subsequente na Parte III do livro. Nesta parte da análise financeira básica, adotaremos o formato oficial dessas demonstrações contábeis, uma vez que o acesso a formatos específicos de cada empresa se restringe aos seus usuários internos das áreas de controladoria e finanças.

O ferramental básico de análise de balanço consiste em:

1. Análise vertical (AV)
2. Análise horizontal (AH)
3. Indicadores econômico-financeiros
4. Avaliação geral

A análise vertical consiste em uma análise de estrutura ou de participação percentual. A análise horizontal objetiva verificar as variações ocorridas entre um período analisado e outro. Os indicadores econômico-financeiros representam as inter-relações básicas entre itens patrimoniais do balanço ou itens da demonstração de resultados relacionados com os do balanço patrimonial e, por meio deles, complementa-se a análise, mensuram-se a capacidade de pagamento e o retorno do investimento, permitindo a avaliação geral e final do desempenho e da situação da entidade. A avaliação geral, como indica o próprio nome, é a conclusão do processo analítico, em que o responsável pela análise apresenta seu julgamento sobre as condições do empreendimento.

De modo geral, os trabalhos sobre análise das demonstrações financeiras apresentam o instrumental básico na mesma ordem em que os introduzimos nesta parte do livro. Optamos, nesta obra, fazer uma apresentação diferenciada, objetivando oferecer uma metodologia alternativa, que reputamos com maior objetividade.

Iniciaremos esta parte do livro com um capítulo sobre a análise de rentabilidade, que julgamos o principal elemento condutor do julgamento do desempenho empresarial. Faremos, em seguida, a apresentação dos demais indicadores e as análises vertical e horizontal. Como não poderia deixar de ser, a avaliação geral tem de ser o processo final e conclusivo.

Para apoio a todos os capítulos desta parte do livro, bem como da próxima, adotaremos um único exemplo numérico, objetivando uma visão integrada e sequencial de apresentação e análise. Para tanto, estamos apresentando, em seguida, as duas demonstrações que serão objeto de análise em dois formatos: o oficial, que será a base para a exposição dos instrumentos básicos de análise, e outro voltado para os usuários internos, contendo um detalhamento maior, ao qual denominamos *formato gerencial*.

Demonstrações Financeiras – Formato Oficial

Tabela 1   Balanço patrimonial – Ativo – Formato oficial

	31.12.X0	31.12.X1
ATIVO CIRCULANTE	5.527.500	6.911.945
Caixa/Bancos	1.000	1.000
Aplicações Financeiras	777.160	1.596.167
Contas a Receber de Clientes	1.650.000	2.048.604
(–) Títulos Descontados	(30.000)	(43.899)
. Contas a Receber – Líquido	1.620.000	2.004.705
Estoques	3.124.340	3.302.972
Impostos a Recuperar	4.500	5.800
Despesas do Exercício Seguinte	500	1.300
ATIVO NÃO CIRCULANTE		
Realizável a Longo Prazo	6.000	8.000
Empréstimos a Controladas	5.000	7.000
Depósitos Judiciais e Incentivos Fiscais	1.000	1.000
INVESTIMENTOS, IMOBILIZADO E INTANGÍVEL	5.990.000	5.634.775
Investimentos em Controladas	200.000	230.000
Imobilizado Líquido	5.790.000	5.404.775
Intangível	0	0
ATIVO TOTAL	**11.523.500**	**12.554.719**

Tabela 1   Balanço patrimonial – Passivo – Formato oficial

	31.12.X0	31.12.X1
PASSIVO CIRCULANTE	2.723.500	3.446.209
Fornecedores	460.000	679.377
Salários e Encargos a Pagar	200.000	264.981
Contas a Pagar	100.000	120.446
Impostos a Recolher – sobre Mercadorias	460.000	475.203

(continua)

Tabela 1 Balanço patrimonial – Passivo – Formato oficial (continuação)

	31.12.X0	31.12.X1
PASSIVO CIRCULANTE		
Impostos a Recolher – sobre Lucros	100.000	72.028
Adiantamento de Clientes	3.500	5.000
Empréstimos	1.200.000	1.649.124
Dividendos a Pagar	200.000	180.050
PASSIVO NÃO CIRCULANTE	**4.800.000**	**4.838.435**
Financiamentos	4.798.000	4.836.435
Outras Obrigações	2.000	2.000
PATRIMÔNIO LÍQUIDO	**4.000.000**	**4.270.075**
Capital Social	4.000.000	4.000.000
Reservas de Capital	0	0
Ajustes de Avalição Patrimonial	0	0
Reservas de Lucros/Lucros Acumulados	0	0
Lucro do Período	0	270.075
PASSIVO TOTAL	**11.523.500**	**12.554.719**

Tabela 2 Demonstração do resultado do exercício – Formato oficial

	31.12.X0	31.12.X1
RECEITA OPERACIONAL BRUTA	**23.787.210**	**23.883.989**
(–) Impostos nas Vendas	(5.149.931)	(5.170.884)
RECEITA OPERACIONAL LÍQUIDA	**18.637.279**	**18.713.105**
(–) CUSTO DOS PRODUTOS VENDIDOS	(14.707.102)	(15.122.900)
LUCRO BRUTO	**3.930.177**	**3.590.206**
(–) DESPESAS OPERACIONAIS	(2.260.678)	(2.444.596)
Comerciais	1.358.678	1.442.731
Administrativas	902.000	1.001.865
Outras Despesas Operacionais	0	0
LUCRO OPERACIONAL ANTES DAS DESPESAS E RECEITAS FINANCEIRAS	**1.669.499**	**1.145.610**
Receitas Financeiras	46.800	166.657
Despesas Financeiras com Financiamentos	(552.999)	(590.230)
Outras Despesas Financeiras	(90.000)	(106.800)
Equivalência Patrimonial	2.000	30.000

(continua)

Tabela 2 Demonstração do resultado do exercício – Formato oficial (continuação)

	31.12.X0	31.12.X1
LUCRO OPERACIONAL	1.075.300	645.237
Outras Receitas e Despesas	(19.000)	(2.200)
LUCRO ANTES DOS IMPOSTOS	1.056.300	643.037
Impostos sobre o Lucro	(316.890)	(192.911)
LUCRO LÍQUIDO DEPOIS DOS IMPOSTOS	739.410	450.126

Demonstrações Financeiras – Formato Gerencial

O formato gerencial, desenvolvido para os usuários internos, deve conter um detalhamento maior das contas do balanço patrimonial e da demonstração de resultados, pois objetiva permitir um acompanhamento mais específico das diversas áreas operacionais e não operacionais da empresa. Complementarmente, é necessária uma análise mais constante e, por isso, a análise mensal se constitui a mais recomendável.

Apresentamos, a seguir, os mesmos relatórios financeiros, com uma sugestão de informações que eles devem conter. A referência é uma empresa industrial. Assim, os valores dos estoques estão com maior grau de detalhamento, bem como a formação do custo dos produtos vendidos, apresentados com os insumos de sua formação. Destacam-se nas despesas operacionais os gastos com salários, assim como os resultados financeiros e operacionais apresentam algumas contas para dar maior poder analítico.

Tabela 3 Balanço patrimonial – Ativo – Formato gerencial

	31.12.X0	31.12.X1
ATIVO CIRCULANTE	5.527.500	6.911.945
Caixa/Bancos	1.000	1.000
Aplicações Financeiras	777.160	1.596.167
Contas a Receber de Clientes	1.650.000	2.048.604
(–) Títulos Descontados	(30.000)	(43.899)
(–) Provisão para Créditos Incobráveis	0	0
. Contas a Receber – Líquido	1.620.000	2.004.705
Estoques	3.124.340	3.302.972
.. De Materiais – Bruto	1.800.000	1.788.347
.. (–) Provisão Retificadora	0	0

(continua)

Parte II – Análise das Demonstrações Financeiras

Tabela 3 Balanço patrimonial – Ativo – Formato gerencial (continuação)

	31.12.X0	31.12.X1
. De Materiais – Líquido	1.800.000	1.788.347
. Em Processo	625.940	839.145
. Acabados	696.000	672.679
. Adiantamentos a Fornecedores	2.400	2.800
Impostos a Recuperar	4.500	5.800
Despesas do Exercício Seguinte	500	1.300
ATIVO NÃO CIRCULANTE		
Realizável a Longo Prazo	**6.000**	**8.000**
Empréstimos a Controladas	5.000	7.000
Depósitos Judiciais e Incentivos Fiscais	1.000	1.000
INVESTIMENTOS, IMOBILIZADO E INTANGÍVEL	**5.990.000**	**5.634.775**
Investimentos em Controladas	200.000	230.000
Imobilizado Bruto	0	0
Terrenos	0	0
Reavaliação de Terrenos	0	0
Outros Imobilizados	8.290.000	8.987.000
(–) Depreciação Acumulada	(2.500.000)	(3.582.225)
Imobilizado Líquido	5.790.000	5.404.775
Intangível	0	0
ATIVO TOTAL	**11.523.500**	**12.554.719**

Tabela 3 Balanço patrimonial – Passivo – Formato gerencial

	31.12.X0	31.12.X1
PASSIVO CIRCULANTE	**2.723.500**	**3.446.209**
Fornecedores	460.000	679.377
Salários e Encargos a Pagar	200.000	264.981
Contas a Pagar	100.000	120.446
Impostos a Recolher – sobre Mercadorias	460.000	475.203
Impostos a Recolher – sobre Lucros	100.000	72.028
Adiantamento de Clientes	3.500	5.000
Empréstimos	1.200.000	1.649.124
Dividendos a Pagar	200.000	180.050
PASSIVO NÃO CIRCULANTE	**4.800.000**	**4.838.435**
Financiamentos	4.798.000	4.836.435
Outras Obrigações	2.000	2.000

(continua)

Tabela 3 Balanço patrimonial – Passivo – Formato gerencial (continuação)

	31.12.X0	31.12.X1
PATRIMÔNIO LÍQUIDO	**4.000.000**	**4.270.075**
Capital Social	4.000.000	4.000.000
Reservas de Capital	0	0
Ajustes de Avaliação Patrimonial	0	0
Reservas de Lucros/Lucros Acumulados	0	0
Lucro do Período	0	270.075
PASSIVO TOTAL	**11.523.500**	**12.554.719**

Tabela 4 Demonstração do resultado do exercício – Formato gerencial

	31.12.X0	31.12.X1
RECEITA OPERACIONAL BRUTA II	23.787.210	23.883.989
(–) Impostos sobre Vendas IPI – ISS	0	0
RECEITA OPERACIONAL BRUTA I	23.787.210	23.883.989
(–) Impostos nas Vendas – ICMS – PIS – COFINS	(5.149.931)	(5.170.884)
RECEITA OPERACIONAL LÍQUIDA	**18.637.279**	**18.713.105**
(–) CUSTO DOS PRODUTOS VENDIDOS	**(14.707.102)**	**(15.122.900)**
. Materiais Diretos	9.152.000	9.107.375
. Materiais Indiretos	798.000	793.914
Consumo de Materiais Total	9.950.000	9.901.289
Mão de Obra Direta	1.721.000	1.842.222
Mão de Obra Indireta	1.380.000	1.474.799
Despesas Gerais	940.986	1.171.915
Depreciação	905.000	922.559
(+/–) Variação dos Estoques Industriais	(189.884)	(189.884)
LUCRO BRUTO	**3.930.177**	**3.590.206**
(–) DESPESAS OPERACIONAIS	**(2.260.678)**	**(2.444.596)**
Comerciais	1.358.678	1.442.731
. Mão de Obra	150.000	163.816
. Materiais Indiretos	50.000	66.009
. Despesas	1.128.678	1.171.007
. Depreciação	28.000	28.000
. Provisão Devedores Duvidosos	2.000	13.899

(continua)

Tabela 4 Demonstração do resultado do exercício – Formato gerencial (continuação)

	31.12.X0	31.12.X1
Administrativas	902.000	1.001.865
. Mão de Obra	512.000	591.558
. Materiais Indiretos	50.000	58.178
. Despesas	220.000	220.463
. Depreciação	120.000	131.667
LUCRO OPERACIONAL I	**1.669.499**	**1.145.610**
Receitas Financeiras de Aplicações	16.800	110.257
Outras Receitas Financeiras	30.000	56.400
Despesas Financeiras com Financiamentos	(552.999)	(590.230)
Outras Despesas Financeiras	(90.000)	(106.800)
Equivalência Patrimonial	2.000	30.000
LUCRO OPERACIONAL II	**1.075.300**	**645.237**
Outras Receitas e Despesas	(19.000)	(2.200)
. Valor de Venda de Imobilizados	1.000	800
. (–) Valor da Baixa de Imobilizados	(20.000)	(3.000)
LUCRO ANTES DOS IMPOSTOS	**1.056.300**	**643.037**
Impostos sobre o Lucro	(316.890)	(192.911)
LUCRO LÍQUIDO DEPOIS DOS IMPOSTOS	**739.410**	**450.126**

Capítulo 4 – Análise da Rentabilidade

Esta é a parte mais importante da análise financeira. Objetiva mensurar o retorno do capital investido e identificar os fatores que conduziram a essa rentabilidade. Caracterizamos esse segmento da análise financeira de balanço como fundamental, pois trata-se do critério universal de avaliação do desempenho global da empresa.

O processo decisório clássico – e inquestionavelmente aceito em todo o mundo – para avaliação de projetos de investimentos consiste em mensurar os lucros futuros (ou fluxos futuros de caixa) previstos no projeto contra os valores gastos a título de investimento nesse mesmo projeto. Os métodos recomendados são o valor presente líquido (VPL) e a taxa interna de retorno (TIR). Um terceiro método, denominado *payback*,[1] também tem sido utilizado complementarmente na análise da decisão de investimentos.

O VPL e a TIR são metodologias que descontam os lucros ou fluxos futuros de caixa por uma taxa de juros que representa o custo de capital. No VPL atribui-se um custo mínimo de capital e descontam-se os fluxos futuros previstos. Na TIR, em vez de atribuir um custo mínimo, busca-se a taxa de retorno que iguala os fluxos futuros com os investimentos feitos. Com o método do *payback* descobre-se em quantos anos o investimento retornará.

Partindo da premissa de que:

a) para se decidir por um investimento, analisa-se previamente sua rentabilidade;
b) uma empresa nada mais é do que um ou mais projetos de investimentos operando simultaneamente;
c) o ativo representa o investimento, e o passivo, o financiamento obtido para viabilizar esse investimento.

A análise da rentabilidade é o critério natural de avaliação do retorno do investimento, qualificando-se, portanto, como o indicador mais importante da análise financeira.

Pode-se argumentar que a análise da capacidade de pagamento e da solidez financeira da empresa seria o segmento mais importante da análise financeira, pois indicaria a capacidade de sobrevivência da empresa no curto prazo. Contudo, convém salientar que a saúde financeira da empresa é decorrente da obtenção de sua rentabilidade. Uma empresa rentável (e adequadamente administrada) não terá problemas de solvência ou capacidade de pagamento. Uma empresa com problemas de liquidez decorre, provavelmente, de uma inadequada rentabilidade passada ou mau redirecionamento de seus lucros ou fundos.

---

[1] Abordaremos esses critérios, de forma introdutória, no Capítulo 10.

4.1 Fundamentos

A rentabilidade é a resultante das operações da empresa em um determinado período e, portanto, envolve todos os elementos operacionais, econômicos e financeiros do empreendimento. Esse resultado pode ser visto por diversos ângulos que estão representados no balanço patrimonial. O ativo representa todos os investimentos feitos na empresa, e o passivo, as duas fontes de financiamento, capital de terceiros e capital próprio. Esses três elementos patrimoniais conduzem às três abordagens principais da análise de rentabilidade.

A obtenção do lucro, por sua vez, decorre das estratégias utilizadas nas operações e das margens repassadas nos preços de vendas dos produtos e serviços da empresa. Portanto, o volume vendido e os preços obtidos são os fatores básicos de geração do lucro. O lucro obtido deve ser confrontado com os lucros planejados, uma vez que, conforme introduzimos neste capítulo, o resultado realizado é que determinará a avaliação de desempenho dos projetos de investimentos, onde, inicialmente, foram previstos os lucros que justificaram a decisão pela aceitação desses projetos. Apresentamos, a seguir, os principais fundamentos que envolvem a análise da rentabilidade.

Abordagens de Estrutura de Capital

As abordagens da análise de rentabilidade decorrem diretamente das abordagens de estrutura de capital, uma vez que o custo de capital para quem toma os recursos é a rentabilidade para quem cede os recursos.

Abordagem Ortodoxa

A *abordagem tradicional ou ortodoxa* assume que há uma estrutura ótima de capital e *que a empresa pode aumentar seu valor pelo uso adequado do efeito alavancagem*. Esse enfoque sugere que a empresa inicialmente pode baixar seu custo de capital e aumentar seu valor total por meio da alavancagem financeira, ou seja, com o uso intensivo de capital de terceiros. Embora os acionistas aumentem a taxa de retorno requerida para o capital próprio, o incremento de sua taxa de retorno não assegura inteiramente o benefício de usar custos mais baratos de capital de terceiros. Quanto mais alavancagem ocorrer – e, consequentemente, maior grau de endividamento financeiro –, os financiadores externos provavelmente irão penalizar a empresa com taxas de juros maiores nos novos empréstimos a serem fornecidos para ela, uma vez que passam a assumir riscos maiores. *A abordagem tradicional centra-se na questão de minimizar o custo médio de capital da empresa, seu custo médio ponderado de capital – CMPC (WACC – weight average cost of capital).* Assim, define o *valor da empresa* como o valor de mercado de suas fontes de capital, ou seja, o dos empréstimos e o das ações. O valor dos acionistas é o lucro após os juros. Essa abordagem caracteriza-se, portanto, por ter como referência o capital próprio, ou seja, a rentabilidade dos acionistas.

Abordagem do Lucro Operacional

Nessa abordagem, o valor da empresa é obtido pela capitalização do lucro operacional (lucro antes dos juros) a uma determinada taxa geral de capitalização. O valor do capital dos acionistas é obtido pela diferença entre o valor total da empresa e o das dívidas. *Nessa abordagem, o valor da empresa não é afetado pela estrutura de capital.*

Abordagem MM (Modigliani & Miller)

A abordagem MM sobre a estrutura de capital da empresa difere significativamente da ortodoxa e é similar à do lucro operacional. Ela parte do pressuposto de que, em mercados perfeitos, é irrelevante a estrutura de capital e, consequentemente, a política de dividendos. Conforme Brealey e Myers,

> Modigliani e Miller mostraram que a política de dividendos não é relevante nos mercados de capitais perfeitos. A sua famosa "proposição I" estabelece que uma empresa não pode alterar o valor total dos seus títulos, através da simples repartição dos seus fluxos de tesouraria em diferentes correntes: o valor da empresa é determinado pelos seus ativos reais e não pelos títulos que emite. Desse modo, *a estrutura de capital é irrelevante*, desde que as decisões de investimento da empresa sejam consideradas como dados (...) O valor de mercado de qualquer empresa é independente da estrutura do seu capital".[2]

Dentro das condições de mercados de capitais perfeitos, haveria abundância de capital. Portanto, os investidores estariam dispostos a correr os mesmos riscos dos tradicionais proprietários. O suporte para esta posição está no fato de que a empresa não consegue fazer pelos seus acionistas mais do que eles conseguem fazer para si mesmos. Dentro da condição de mercados perfeitos e de que as informações estão disponíveis a todos, os acionistas poderão, eles mesmos, fazer suas alavancagens financeiras e mudar seus investimentos nas empresas, e as mudanças das fontes de capital das empresas não aumentam seu valor.

Dentro dessa linha, alguns pontos podem ser levantados, como premissas da abordagem MM:

---

[2] BREALEY, Richard A. e MYERS, Stewart C. *Princípios de finanças empresariais*. Lisboa: McGraw-Hill, 1992, p. 395, 400.

- não há "donos" na empresa;
- não é relevante a fonte de capital; todas têm uma remuneração, cuja diferença é apenas de nome (juros, prêmio, dividendos);
- não há risco financeiro (todos são identicamente fornecedores de capital);
- portanto, não há alavancagem financeira que possa maximizar o valor da empresa;
- há apenas o risco do negócio (risco não sistemático).

MM provam suas teses matematicamente em seus trabalhos, e não há como refutá-las dentro de uma abordagem teórica. Contudo, o mundo real não é perfeito, nem os mercados de capitais. As empresas são analisadas e avaliadas na sua relação de capital próprio *versus* capital de terceiros, e o objetivo tem sido a maximização do valor da empresa, sob a ótica do patrimônio líquido contábil (ou do capital próprio) que é de propriedade de seus acionistas ou donos.

Abordagens da Análise da Rentabilidade

A abordagem principal de rentabilidade tem como referência os donos da empresa (os sócios, se limitadas, ou os acionistas, se sociedades anônimas). O valor do investimento dos proprietários é denominado em finanças *capital próprio* e representado no balanço patrimonial pela figura do *patrimônio líquido*.

Essa abordagem é considerada a análise definitiva de rentabilidade, pois relaciona o lucro líquido após os impostos, que é a mensuração final do lucro obtido[3] com o valor do patrimônio líquido, mensurando a rentabilidade à luz do interessado mais importante no investimento na empresa, que é o dono do capital.

A segunda abordagem objetiva mensurar a rentabilidade da empresa como um todo, sem se preocupar, primariamente, com quem foram os financiadores do investimento. Essa abordagem busca mensurar a rentabilidade do investimento total, ou seja, do ativo, e é também denominada *rentabilidade do ativo operacional*.

A terceira abordagem qualificada como a mais importante busca identificar o impacto do financiamento que a empresa obteve do capital de terceiros (as instituições financeiras que concederam empréstimos e financiamentos à empresa, além dos sócios ou acionistas). Avalia-se o custo médio do capital

---

[3] Referimo-nos sempre ao resultado positivo alcançado, denominado *lucro*, para simplificação. A terminologia mais correta seria *resultado líquido*, pois a empresa pode tanto obter lucro como incorrer em prejuízo no período.

de terceiros e sua relação com a rentabilidade operacional para verificar se houve vantagem na utilização desses capitais. Essa vantagem, quando ocorrida, é denominada *alavancagem financeira*.

Essas três abordagens podem ser visualizadas integradamente na Figura 4.1. Esse modelo será apresentado de forma mais detalhada ao final deste capítulo.

```
                                    ┌──────────────────┐
                                    │   Rentabilidade  │
                                    │    Operacional   │
                                    └──────────────────┘
┌──────────────────┐               ╱
│  Rentabilidade   │──────────────┤
│ do Patrimônio    │               ╲
│     Líquido      │                ┌──────────────────┐
└──────────────────┘                │   Rentabilidade  │
                                    │  do Financiamento│
                                    └──────────────────┘
```

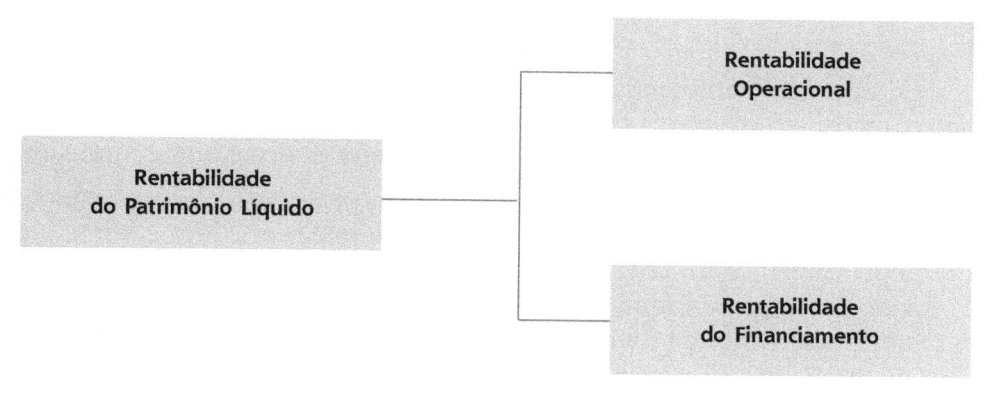

Figura 4.1 Abordagens básicas de rentabilidade.

Dada a complexidade da análise da rentabilidade, outras abordagens foram desenvolvidas, basicamente centradas nos conceitos de valor adicionado e criação de valor. De modo geral, essas abordagens introduzem um elemento adicional, não explícito, que é o custo de oportunidade de capital, avaliando a rentabilidade obtida e confrontando-a com a rentabilidade de outros ativos e investimentos no mercado financeiro. Os conceitos de lucro residual, EVA e MVA, são decorrentes dessas abordagens e serão explorados introdutoriamente no Capítulo 8.

Lucratividade e Margem *Versus* Rentabilidade

Essas nomenclaturas têm sido comumente utilizadas como se fossem a mesma coisa, mas representam mensurações econômico-financeiras distintas. Reconhecemos que, para o leigo, podem parecer iguais, mas tecnicamente convém fazer a correta distinção entre elas.

Lucratividade e *margem* podem ser consideradas como sinônimas. Representam o lucro obtido em relação ao valor de vendas. Podemos ter tanto o lucro ou margem unitária, como o lucro ou margem total. A lucratividade/margem unitária é o lucro obtido pela venda de cada unidade de produto ou serviço. A lucratividade/margem total é o lucro líquido total obtido pelo total das receitas das vendas dos produtos e serviços durante um período.

Tanto a margem como a lucratividade são expressas em valor e em percentual. Por exemplo: temos a margem de contribuição unitária em valor e em percentual. Temos o lucro (margem) bruto em valor e em percentual.

> Margem ou lucratividade é uma relação do resultado obtido com o valor da venda.

Objetivando o aprofundamento na análise de rentabilidade e geração de lucro, mensuram-se vários tipos de margem em relação às vendas. As margens mais comuns, decorrentes da análise das demonstrações financeiras, são:

a) bruta, representada pelo lucro bruto, significa a receita de vendas deduzida dos custos de comercialização ou fabricação;
b) operacional, representada pelo lucro operacional, é o lucro bruto deduzido das despesas administrativas e comerciais;
c) antes dos impostos sobre o lucro, representada pelo lucro operacional, deduzido das despesas financeiras líquidas das receitas financeiras e outros elementos considerados não operacionais nas demonstrações publicadas;
d) líquida do período, representada pelo lucro líquido após os impostos sobre o lucro, é o resultado final apurado pela empresa no período, que fica à disposição dos sócios ou acionistas para distribuição ou retenção dentro da empresa.

Exemplo – Margem Unitária:

Preço de Venda de um Produto	$ 2.000,00	=	100%
(–) Custo Unitário de Fabricação	$ (1.200,00)	=	60%
= (Lucro) Margem Bruta	$ 800,00	=	40%
(–) Custo Administrativo e Comercial	$ (500,00)	=	25%
= (Lucro) Margem Operacional	$ 300,00	=	15%

Exemplo – Margem Total:

Receita das Vendas de Mercadorias	$ 300.000,00	=	100%
(–) Custo das Mercadorias Vendidas	$ (210.000,00)	=	70%
= Lucro (Margem) Bruto	$ 90.000,00	=	30%
(–) Despesas Administrativas e Comerciais	$ (30.000,00)	=	10%
= Lucro (Margem) Operacional	$ 60.000,00	=	20%
(–) Despesas Financeiras Líquidas	$ (15.000,00)	=	5%
= Lucro (Margem) antes dos Impostos	$ 45.000,00	=	15%
(–) Impostos sobre o Lucro	$ (15.000,00)	=	5%
= Lucro (Margem) Líquido do Período	$ 30.000,00	=	10%

Capítulo 4 – Análise da Rentabilidade

A *rentabilidade* relaciona o lucro obtido com o investimento feito ou existente. O objetivo da rentabilidade é determinar o retorno do investimento. Em outras palavras, a apuração da rentabilidade tem por finalidade saber se o retorno real foi coerente com o retorno planejado. A rentabilidade é sempre uma medida percentual e, portanto, relativa.

> Rentabilidade é uma relação percentual do resultado obtido com o valor do investimento.

Exemplo – Ativo Financeiro:

Aplicação na poupança	$ 10.000,00	(a)
Rendimento obtido após 1 mês	$ 120,00	(b)
Rentabilidade do mês	1,2%	(b : a)

Exemplo – Lucro Empresarial:

Patrimônio líquido inicial	$ 1.000.000,00	(a)
Lucro líquido anual	$ 135.000,00	(b)
Rentabilidade do ano	13,5%	(b : a)

A rentabilidade é uma medida definitiva, pois pode ser comparada com qualquer empresa ou qualquer investimento. A lucratividade é uma medida parcial, pois sua mensuração só tem significado para a empresa analisada, uma vez que, em linhas gerais, cada empresa tem sua estrutura de custos e despesas em relação às receitas ou preço de venda de seus produtos e serviços. Porém, há uma ligação direta entre essas duas medidas de desempenho econômico-financeiro, uma vez que é por meio da lucratividade ou obtenção das margens sobre as vendas que se consegue a rentabilidade do investimento.

> A margem ou lucratividade sobre vendas e receitas é o elemento para obter a rentabilidade do investimento.

Os Fatores que Impulsionam a Rentabilidade: Giro e Margem

Se a margem é o elemento para obter a rentabilidade, o caminho é o *giro*. A palavra *giro*, na análise financeira, significa a produtividade do investimento, que é representada pela velocidade com que os ativos são operacionalizados e transformam os insumos em vendas.

A medida clássica do giro é a divisão do valor das receitas pelo ativo total. Como o ativo total representa os investimentos na empresa, quanto mais vendas ela fizer, mais produtivo é o ativo (investimento) da empresa. Quanto mais uma empresa consegue faturar com o mesmo valor de investimentos, mais possibilidade ela tem de obter lucros, pois, em cada venda, há a possibilidade de obter uma lucratividade unitária.

$$\text{Giro do Ativo} = \frac{\text{Valor das Vendas}}{\text{Valor do Ativo (Investimento)}}$$

Vejamos um exemplo comparativo hipotético:

Tabela 4.1 Exemplo de giro do ativo

	Empresa A	Empresa B	Empresa C
Receita de Vendas Anuais – $ (a)	2.000.000	3.000.000	4.000.000
Valor do Ativo (Investimento) – $ (b)	2.000.000	2.000.000	2.000.000
Giro (a : b)	1,00	1,50	2,00

No exemplo da Tabela 4.1, a Empresa A tem o menor giro e a C o maior. Note que o valor do investimento é o mesmo para as três empresas, só que a Empresa C consegue produzir em receita de vendas 50% a mais que a B e o dobro do que a A. Caracteriza-se a Empresa C com maior produtividade do investimento, pois consegue gerar muito mais receita operacional do que as outras empresas comparadas.

Por que isso é importante?

A importância do maior giro possível está no fato de que, havendo lucratividade/margem nos produtos e serviços que a empresa vende, quanto maior a quantidade de venda e, consequentemente, a receita, há a possibilidade de gerar mais lucros e, portanto, *rentabilidade*. Reforçando: se o elemento fundamental da rentabilidade é a lucratividade, o caminho é o giro do investimento (do ativo).

Vamos imaginar que as três empresas do exemplo consigam obter a mesma margem líquida em cada venda realizada, da ordem de 12%. Observe na Tabela 4.2 que a Empresa C obtém maior montante de lucro líquido. A rentabilidade da Empresa C é de 24%, contra apenas 12% da Empresa A.

Tabela 4.2 Giro do ativo, margem e rentabilidade

	Empresa A	Empresa B	Empresa C
Receita de Vendas Anuais – $ (a)	2.000.000	3.000.000	4.000.000
Valor do Ativo (Investimento) – $ (b)	2.000.000	2.000.000	2.000.000
Giro (c = a : b)	1,00	1,50	2,00
Margem Líquida (d)	12%	12%	12%
Resultado Líquido (e = d x a)	240.000	360.000	480.000
Rentabilidade do Investimento (e : b)	12%	18%	24%

Com os dados da Tabela 4.2 podemos então apresentar a fórmula dos componentes ou fatores da rentabilidade:

> Rentabilidade = Margem x Giro

Utilizando novamente os dados da Tabela 4.2, podemos apresentar a rentabilidade segundo os componentes da sua fórmula, para cada empresa do exemplo.

O exemplo da Tabela 4.3 caracteriza mais uma vez que a margem ou lucratividade é o elemento fundamental para obter a rentabilidade, mas não é um indicador suficiente para avaliação do desempenho do investimento. A margem ou lucratividade deve ser acoplada ao indicador do giro do ativo ou do investimento para completar a análise e mensuração da rentabilidade, esta, sim, o indicador final de avaliação do retorno do investimento.

Tabela 4.3 Fórmula de rentabilidade

	Empresa A	Empresa B	Empresa C
Margem (a)	12%	12%	12%
Giro (b)	1,00	1,50	2,00
Rentabilidade (a x b)	12%	18%	24%

Giro e Margem e Tipo de Empresa

De modo geral, as empresas comerciais tendem a ter maior giro do ativo do que as empresas industriais e de serviços, pois o processo de aquisição e venda se dá mais rapidamente, uma vez que elas não transformam as mercadorias adquiridas para revenda. Os supermercados são exemplos clássicos de empresas com grande giro do ativo, pois conseguem operacionalizar a compra e venda de mercadorias em prazos curtíssimos.

As empresas prestadoras de serviços, que claramente também dependem do tempo dos serviços, apresentam-se com giro muito variado, pois existem tanto serviços de realização e consumo imediato, como serviços de realização relativamente demorada. Por exemplo, redes de *fast-food* têm todas as características de um giro muito grande, enquanto empresas prestadoras de serviços de projetos de engenharia tendem a demandar maior tempo na execução dos serviços e, portanto, devem ter um giro menor.

As indústrias, pela sua própria natureza de transformação de insumos em produtos, tendem a demandar maior tempo nesse processo (denominado *ciclo operacional*) e, consequentemente, ter um giro inferior aos demais tipos de empresa. Alguns empreendimentos industriais têm um ciclo produtivo e comercial curto (empresas processadoras de plástico, por exemplo), enquanto outras, como as indústrias de base, tendem a ter um ciclo muito longo e, consequentemente, um baixo giro.

Quanto maior o giro, maior a possibilidade de reduzir a margem de lucro na venda dos produtos e serviços e, com isso, competir no mercado com preços mais baixos. Como já salientamos, é o caso dos supermercados e das cadeias de fornecimento de alimentação rápida. Quanto maior o tempo na realização dos produtos e serviços, menor o giro e maior terá de ser a margem para compensar a lentidão dos processos operacionais. Uma indústria fornecedora de equipamentos para usinas de energia elétrica provavelmente terá de adicionar largas margens na venda de seus produtos para compensar o tempo demorado na construção dos equipamentos.

Utilização do Modelo de Análise da Rentabilidade

A fórmula da rentabilidade é denominada Método DuPont, uma vez que, em 1930, esse importante instrumento foi apresentado à comunidade acadêmica e empresarial dos Estados Unidos como ferramental básico utilizado pela empresa DuPont para análise e avaliação de seus investimentos nas suas unidades de negócio.

Os dois componentes da fórmula devem permanentemente receber atenção dos administradores financeiros. Sempre será importante aumentar a margem e o giro, aumentando assim a rentabilidade do negócio. Outras decisões táticas e estratégicas poderão ser tomadas utilizando esse instrumental. Com nosso exemplo, suponhamos que a Empresa C, por ter um giro muito melhor que as demais, resolva tentar ganhar uma fatia adicional no mercado aumentando seu volume de vendas. Como sua rentabilidade é bastante alta, poderá reduzir a margem contida nos preços de vendas de seus produtos, buscando incentivar maiores vendas. Supondo que, ao reduzir a margem líquida para 10%, ela consiga vender mais $ 1.000.000, vejamos como fica sua rentabilidade.

Tabela 4.4 Giro do ativo, margem e rentabilidade

	Empresa A	Empresa B	Empresa C
Receita de Vendas Anuais – $ (a)	2.000.000	3.000.000	5.000.000
Valor do Ativo (Investimento) – $ (b)	2.000.000	2.000.000	2.000.000
Giro (c = a : b)	1,00	1,50	2,50
Margem Líquida (d)	12%	12%	10%
Resultado Líquido (e = d x a)	240.000	360.000	500.000
Rentabilidade do Investimento (e : b)	12%	18%	25%

Note que a empresa reduziu a margem, mas conseguiu aumentar o giro, e a rentabilidade final passou de 24% para 25%. Este é um exemplo de como se pode utilizar o Método DuPont para melhorar a rentabilidade.

O Método DuPont, ou modelo de análise da rentabilidade, conduz, basicamente, as decisões empresariais para medidas a serem adotadas nas seguintes variáveis, na busca de maior rentabilidade:

a) aumentar o volume de vendas, provocando aumento no giro;[4]
b) aumentar o preço dos produtos e serviços vendidos, aumentando a margem e o giro;
c) reduzir o montante dos investimentos, aumentando o giro;
d) reduzir os custos e despesas, aumentando a margem.

Parâmetros para Avaliação da Rentabilidade

A rentabilidade é medida em percentual normalmente anual, pois sempre será uma medida relativa. Nesse sentido, a comparabilidade não é com o montante de lucro obtido, mas, sim, com o percentual. Quanto maior o percentual, melhor será a avaliação do desempenho do investimento. Assim, se uma empresa obteve um lucro líquido de $ 400.000 no ano, para um investimento base de $ 4.000.000, sua rentabilidade foi de 10% no ano. Outra empresa que tenha obtido um lucro líquido anual de $ 150.000, para um investimento base de $ 1.000.000, será considerada de melhor desempenho, pois sua rentabilidade foi de 15% no ano.

---

[4] Deve também provocar aumento na margem, com utilização mais eficiente dos custos e despesas fixas.

O parâmetro para verificar se a rentabilidade é boa ou não é o conceito de custo de capital, que é o quanto se paga para obter dinheiro para o investimento. O custo de capital decorre basicamente das taxas de juros constantes na economia que, de modo geral, partem das taxas cobradas pelos governos dos países por meio de seus bancos centrais. Esses parâmetros são considerados custos explícitos.

A teoria econômica, por outro lado, adota também o conceito de custo de oportunidade. Segundo este conceito, deve-se avaliar o retorno do investimento pelas alternativas que foram abandonadas quando se decidiu por determinado investimento. Neste sentido, o custo de oportunidade é um parâmetro não explícito. Dentro do conceito de custo de oportunidade, aceita-se também a tese de que pode ser um custo de capital mínimo desejado pelo investidor. Neste caso, é um parâmetro declarado e não calculado ou existente.

Na teoria de finanças, o conceito mais aceito é o de custo médio ponderado de capital, que faz a média do custo de capital de terceiros (empréstimos e financiamentos) com o custo de capital dos acionistas. Para apurar o custo de capital dos acionistas, que é o caso mais complexo, o modelo mais adotado é o CAPM (*capital asset pricing model*), que diz que o custo de capital dos sócios ou acionistas decorre de sua variabilidade com a média de rentabilidade obtida no mercado. Neste modelo, praticamente não se teria um parâmetro geral para avaliação de rentabilidade.

Em termos práticos, contudo, entendemos que o conceito de custo de oportunidade, baseado nas taxas de juros do mercado financeiro, tem prevalecido para a maior parte das empresas. Assim, é possível parametrizar a avaliação da rentabilidade de ativos financeiros ou taxas de juros básicas existentes no mercado. Entendemos que um investidor, ao se decidir pelo investimento, verificará quais as opções que existem no mercado financeiro e, ajustando-as ao seu perfil de aversão ou não ao risco, tomará a decisão com base na rentabilidade dessas opções existentes.

De modo geral, as empresas não financeiras devem buscar uma rentabilidade superior ao custo de capital dos financiamentos obtidos com as entidades financeiras. Como as instituições financeiras parametrizam o custo de seus financiamentos pela taxa básica de juros determinada pelo banco central do país ou da comunidade de países em que se inserem, a rentabilidade dos empreendimentos não financeiros é decorrente dessas taxas.

Além das taxas de juros determinadas pelos governos, os bancos estruturam taxas mínimas para proporcionar a seus clientes as denominadas *taxas interbancárias*. Em nosso país, a taxa básica adotada pelo governo, determinada pelo Conselho Monetário Nacional – Copom –, é denominada Selic (decorrente do Sistema Especial de Liquidação e Custódia). A taxa interbancária é denominada CDI – Certificado de Depósito Interbancário.

No mercado internacional, as taxas interbancárias mais conhecidas são a Libor (*London interbank offer rate*), a taxa de juros cobrada pelos bancos londrinos e que serve de base para a maior parte dos empréstimos internacionais, e a Prime Rate, a taxa de juros que mais se aproxima da paga pelo investimento sem risco, isto é, aquela proporcionada pelos títulos de primeira linha ou de alta qualidade, sendo, portanto, a correspondente aos títulos cujo prêmio por risco é praticamente zero. É a taxa mais baixa que pode ser encontrada nos Estados Unidos, e os bancos a proporcionam apenas aos seus clientes preferenciais para empréstimos de curto prazo.[5]

Todas as taxas de juros sofrem a influência da inflação ou deflação, pois a política monetária utiliza a taxa de juros para o seu controle. Contudo, em nosso país, as taxas Selic e CDI recebem outras influências externas e, nos últimos anos, não têm sido consideradas parâmetros razoáveis para aferição do retorno do investimento. A TJLP – taxa de juros de longo prazo –, adotada pelo BNDES é, atualmente, a única que tem condição de servir de parâmetro adequado para o retorno do investimento.

Na Figura 4.2, a seguir, mostramos uma forma de apresentar como se estrutura o custo de capital para fins de avaliação da rentabilidade.

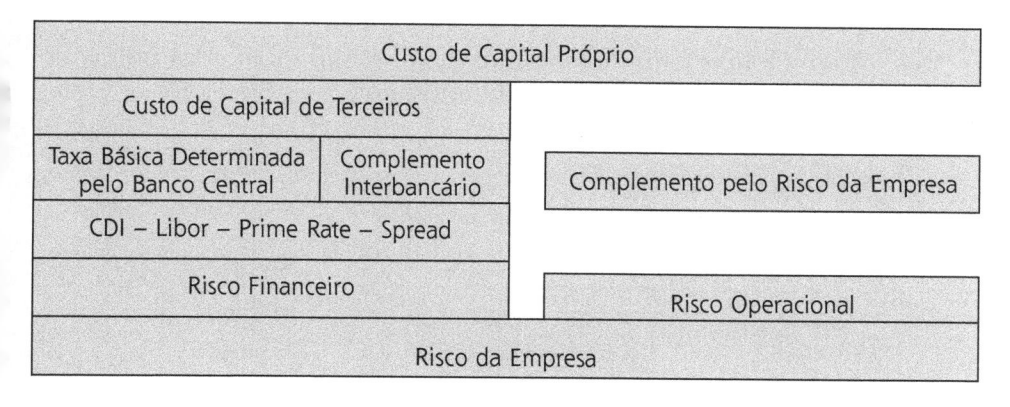

Custo de Capital Próprio			
Custo de Capital de Terceiros			
Taxa Básica Determinada pelo Banco Central	Complemento Interbancário	Complemento pelo Risco da Empresa	
CDI – Libor – Prime Rate – Spread			
Risco Financeiro		Risco Operacional	
Risco da Empresa			

Figura 4.2 Estrutura do custo de capital.

Na Tabela 4.5 apresentamos uma média da rentabilidade do mercado de ações em diversos países comparada com as taxas médias oferecidas pelos seus governos.

---

[5] Extraído de SANDRONI, Paulo. *Novíssimo Dicionário de Economia*. São Paulo: Best Seller, 2001, p. 348 e 494.

Tabela 4.5 Rendimentos ao redor do mundo – 1970/1990 – (%)

País	Ações (a)	Bônus do Governo (b)	Prêmios de Risco (a – b)
Austrália	9,60	7,35	2,25
Canadá	10,50	7,41	3,09
França	11,90	7,68	4,22
Alemanha	7,40	6,81	0,59
Itália	9,40	9,06	0,34
Japão	13,70	6,96	6,74
Países Baixos	11,20	6,87	4,33
Suíça	5,30	4,10	1,20
Reino Unido	14,70	8,45	6,25
EUA	10,00	6,18	3,82
Média	10,37	7,09	3,28

Fonte: DAMODARAN, Aswath. *Avaliação de investimentos*. Rio de Janeiro: Qualitymark, 1997, p. 61.

Na Tabela 4.6 apresentamos o rendimento anual médio das bolsas de valores de São Paulo e Nova York nos últimos anos.

Tabela 4.6 Rendimentos de bolsas de valores

Taxas Anuais – Final do ano	Bovespa	NYSE*
1995	17,52%	19,57%
1996	51,42%	27,48%
1997	73,91%	28,69%
1998	–11,26%	15,76%
1999	24,49%	21,66%
2000	40,80%	2,03%
2001	–15,24%	– 6,23%
2002	–17,01%	–16,76%
2003	20,44%	10,69%
Média	20,56%	11,43%

* Bolsa de Nova York.

A Tabela 4.7 apresenta as taxas anuais básicas de juros dos anos mais recentes.

Capítulo 4 – Análise da Rentabilidade

Tabela 4.7 Taxas básicas de juros

Taxas Anuais – Final do ano	Poupança	TJPL	Libor (1)	Prime Rate (2)
2000	8,61%	9,75%	6,63%	9,19%
2001	8,49%	10,00%	2,00%	5,00%
2002	8,21%	10,00%	1,47%	4,25%
2003	9,64%	12,00%	1,18%	4,00%
Média	8,74%	10,44%	2,82%	5,61%

(1) Para empréstimos de 6 meses.
(2) Taxas do Citibank.

De modo geral, podemos dizer que, em ambientes de inflação controlada, a rentabilidade mínima desejada fica ao redor de 10% a 12% ao ano. Rendimentos de 15% são considerados bons e, de 18% para cima, ótimos.

Tabela 4.8 Parâmetros práticos para avaliação de rentabilidade

	Mínimo	Médio/Bom	Excelente
Rentabilidade obtida	12%	15%	18%
Retorno do investimento (em anos)	8,33	6,67	5,56

Considerando o conceito de juros simples, uma rentabilidade anual de 12% permitirá que o investidor recupere o investimento em 8,33 anos (100%/12%). O retorno do investimento se dará em 5,56 anos caso a empresa consiga dar ao sócio ou acionista uma rentabilidade anual consecutiva de 18%.

Valor do Investimento a Ser Considerado na Análise da Rentabilidade

Na análise financeira, tendo como referência as demonstrações publicadas, o analista se defrontará com uma dúvida metodológica em relação ao valor do investimento a ser considerado na análise da rentabilidade. Demonstrações de períodos anuais apresentam os ativos e passivos após o transcurso de um ano. Pode-se discutir, então, se devemos utilizar o valor do investimento do início do exercício, do fim do exercício ou a média dos dois.

Se temos em mãos apenas os dados de dois exercícios, podemos obter o investimento médio do último exercício, mas não teremos condições de calcular o investimento médio do primeiro. Da mesma forma, com dados de apenas dois exercícios, nem sempre teremos condições gerais de identificar os dados iniciais dos investimentos. Além disso, se considerarmos os dados do início do exercício, a empresa poderá ter feito investimentos significativos ao longo do ano para obter suas receitas e, consequentemente, o lucro final. Não há uma solução definitiva. Se a empresa não fez investimentos significativos durante o ano, o mais adequado seria considerar os dados iniciais. Se fez, os dados médios.

Por outro lado, se a empresa reteve parte ou o total dos lucros, não propondo nem distribuindo lucros ou dividendos, não seria problema considerar os dados finais. Neste caso, a premissa é de que, pelo fato de não se ter distribuído todo o lucro do ano, foram necessários novos investimentos durante o período, que foram financiados com os lucros não distribuídos. Neste sentido, a utilização dos dados finais seria aceitável. Em termos práticos, salvo em situações muito específicas, não vemos maiores problemas na utilização dos dados finais, desde que aplicados de forma uniforme nas análises comparativas.

4.2 Rentabilidade do Acionista pelo Lucro Líquido

A análise financeira de balanço considera essa abordagem de análise da rentabilidade como a principal, já que tem como foco a figura dos donos do capital da empresa, aos quais estamos chamando genericamente de acionistas. O lucro líquido do exercício, após a contabilização das despesas financeiras do capital de terceiros, de empréstimos e financiamentos, e após os impostos sobre o lucro, resulta em um montante disponibilizado para os acionistas que correm o risco da empresa. O lucro líquido do exercício pode então ser totalmente distribuído aos acionistas ou ficar, parcial ou mesmo totalmente, retido na empresa, objetivando maiores rendimentos futuros.

Dessa maneira, a análise de rentabilidade sob a ótica do acionista toma como referência o patrimônio líquido do balanço patrimonial como o investimento do acionista. Utilizaremos para o cálculo o valor do patrimônio líquido final de cada período constante os dados de nosso exemplo numérico apresentados na introdução desta parte do livro.

A fórmula da análise da rentabilidade do acionista é:

$$\text{Rentabilidade do Patrimônio Líquido (RSPL)} = \frac{\text{Lucro Líquido do Exercício}}{\text{Patrimônio Líquido}}$$

No nosso exemplo numérico, temos:

$$X0 - RSPL = \frac{739.410}{4.000.000} = 18,49\%$$

$$X1 - RSPL = \frac{450.126}{4.270.075} = 10,54\%$$

A rentabilidade de X0 deve ser considerada excelente, enquanto a de X1 deve ser considerada apenas satisfatória.

Aplicação do Método DuPont

O Método DuPont pode ser adaptado também para a análise da rentabilidade do patrimônio líquido sob a ótica do acionista. Para manter sua base original, deve-se acrescentar na fórmula a participação do capital próprio sobre o ativo total. Dessa maneira, a análise da rentabilidade com o Método DuPont, considerando o patrimônio líquido como investimento final, e não mais o ativo, apresenta-se com a seguinte fórmula:

> Retorno sobre o Patrimônio Líquido (RSPL) =
> (Giro do Ativo x Margem) : (Participação do Patrimônio Líquido no Ativo Total)

Sendo:

$$\text{Giro do Ativo} = \frac{\text{Vendas}}{\text{Ativo}}$$

$$\text{Margem} = \frac{\text{Lucro Líquido}}{\text{Vendas}}$$

$$\text{Participação do PL no Ativo} = \frac{\text{Patrimônio Líquido}}{\text{Ativo Total}}$$

Com os dados do nosso exemplo, elaboramos a Tabela 4.9, em que apresentamos um formato da análise da rentabilidade do patrimônio líquido pelo Método DuPont.

Com o modelo da Tabela 4.9, alarga-se a possibilidade de análise do resultado obtido. Note que, no ano de X1, houve uma pequena queda no giro, ou seja, a empresa conseguiu um volume de receitas muito pouco superior ao do ano anterior, com aumento do ativo, caracterizando uma queda de produtividade do ativo/investimento. Além disso, a margem líquida reduziu-se quase pela metade. A margem de 3,97% obtida em X0 caiu para 2,41% no ano seguinte. Como a participação do capital próprio é similar nos dois períodos, podemos dizer que o fator mais importante que contribuiu para a queda da rentabilidade de X1 foi a queda da margem líquida.

Essa constatação leva necessariamente a analisar a demonstração do resultado do período, para verificar quais elementos de despesas e receitas foram responsáveis pela queda da margem em X1. Essa análise, denominada *análise de lucratividade*, será evidenciada no Capítulo 6.

Tabela 4.9 Análise da rentabilidade do patrimônio líquido – Método DuPont adaptado

Fator	Fórmula	X0		X1	
Giro	Vendas / Ativo	18.637.279 / 11.523.500	1,62	18.713.105 / 12.554.719	1,49
x		x		x	
Margem	Lucro Líquido / Vendas	739.410 / 18.637.279	3,97%	450.126 / 18.713.105	2,41%
:		:		:	
Participação do PL	Patrimônio Líquido / Ativo	4.000.000 / 11.523.500	34,71%	4.270.075 / 12.554.719	34,01%
=		=		=	
Retorno sobre o PL	Lucro Líquido / Patrimônio Líquido	739.410 / 4.000.000	18,49%	450.126 / 4.270.075	10,54%

As Variáveis do Modelo DuPont de Rentabilidade do Patrimônio Líquido

As variáveis componentes do giro e margem devem merecer o mesmo processo de estudo e utilização da tomada de decisão que já exploramos na introdução desses itens para aumentar o lucro e a rentabilidade, ou seja, aumentar a receita, diminuir as despesas e custos e reduzir os investimentos no ativo.

A inserção do índice de participação do patrimônio líquido no ativo total, no Modelo DuPont adaptado para a análise da rentabilidade sob o enfoque do acionista, introduz um elemento adicional de atenção. Quanto menor for a participação do capital próprio (PL), tendencialmente maior será sua rentabilidade, de acordo com a composição da fórmula. Em outras palavras, o Modelo DuPont adaptado sugere trabalhar intensamente com capital de terceiros, configurando-se o modelo de estrutura de capital de alavancagem financeira, que é, na realidade, o foco da abordagem ortodoxa da teoria de finanças empresariais.

4.3 Rentabilidade da Empresa pelo Lucro Operacional

Nessa abordagem, a análise da rentabilidade inicia-se pela avaliação do lucro operacional total, relacionando-o com o ativo da empresa, e não mais com o patrimônio líquido. Dentro dessa abordagem, torna-se mais relevante verificar a rentabilidade do investimento como um todo, sem se ater a que tipo de capital foi financiado.

É uma análise extremamente importante, pois desvincula o investimento feito (o ativo) do financiamento levantado (passivo) para financiar esse investimento. Assim, pode-se fazer uma análise comparativa com maior isenção ao longo do tempo, tanto com as demais empresas, seja do próprio setor ou não, como do desempenho da própria empresa e mesmo com outros ativos ou investimentos financeiros.

A fórmula básica para a apuração dessa rentabilidade é dada a seguir:

$$\text{Rentabilidade Operacional ou do Ativo} = \frac{\text{Lucro Operacional}}{\text{Ativo Operacional}}$$

O formato tradicional das demonstrações financeiras publicadas não oferece de imediato os números para esta análise. Para que esta rentabilidade seja mensurada corretamente, é necessário fazer uma adaptação tanto do balanço patrimonial como da demonstração de resultados. No balanço, temos de sair do conceito contábil de ativo total para o conceito financeiro de ativo operacional; na demonstração de resultados, temos de apurar o lucro das operações sem considerar as despesas financeiras com o capital de terceiros, já que, nesse modelo, as despesas financeiras com capital de terceiros deixam de ser despesas e passam a ser distribuição de resultados.

```
Ativo Total
    (–) Passivo de Funcionamento
    Fornecedores
    Impostos a Recolher
    Salários a Pagar
    Dividendos a Pagar
= Investimento
```

Ativo Operacional

Para essa análise, o ativo operacional deve ser igual ao valor das fontes de capital que financiaram o investimento, ou seja, o capital próprio dos acionistas e o capital de terceiros, das instituições financeiras que estão financiando a empresa. O capital próprio será representado, como sempre, pelo valor do patrimônio líquido das demonstrações financeiras e o capital de terceiros será representado pelos empréstimos e financiamentos com ônus financeiros.

Portanto, todos os passivos que não são onerados por juros e prêmios financeiros não serão considerados fontes de financiamento e devem ser apresentados no ativo com valor negativo. Na realidade, esses passivos representam, em linhas gerais, os fornecedores e as contas a pagar decorrentes dos prazos normais de aquisição de bens e serviços a prazo. Caracterizam-se, portanto, como elementos negativos do capital de giro e, financeiramente, são retificadores do capital de giro do ativo (estoques e clientes).

As aplicações financeiras, com rendimentos financeiros, deverão reduzir o valor dos financiamentos e empréstimos do capital de terceiros. Em linhas gerais, os excedentes de caixa aplicados no mercado financeiro podem ser utilizados para quitar dívidas. Se isso não acontecer, entendemos como mais adequado reduzir do valor atribuído ao capital de terceiros o montante desses ativos. Admitimos que esse ponto é discutível. Nosso entendimento é que valores considerados como caixa mínimo, para as necessidades sazonais de fluxo de caixa, podem ser considerados como ativos. Todo excedente que supera o conceito de caixa mínimo deve ser considerado como redutor do capital de terceiros.

Outro ponto discutível são os valores de duplicatas descontadas. Nosso entendimento é que uma empresa, em linhas gerais, não pode financiar seus ativos operacionais com desconto de duplicatas de clientes. Essa modalidade de financiamento caracteriza-se por ser instrumento de utilização eventual, esporádica, apenas para fazer face às insuficiências de caixa em períodos de poucos dias. A utilização intensiva e contínua de desconto de duplicatas caracteriza uma empresa com finanças deterioradas, salvo se, por opção, o custo desse tipo de empréstimo já estiver claramente suportado nos seus preços de venda, o que, em termos práticos, não é o que acontece.

Tomando como referência os dados de nosso exemplo, apresentamos a seguir a Tabela 4.10, em que está estruturado o ativo operacional para os dois períodos em análise. Consequentemente, o passivo operacional reflete o mesmo valor do ativo dentro do modelo do balanço patrimonial.

Tabela 4.10 Ativo operacional – Formato financeiro

	31.12.X0	31.12.X1
ATIVO CIRCULANTE (a)	**4.750.340**	**5.315.777**
Caixa/Bancos	1.000	1.000
Contas a Receber de Clientes	1.650.000	2.048.604
(–) Títulos Descontados	(30.000)	(43.899)
Estoques	3.124.340	3.302.972
Impostos a Recuperar	4.500	5.800
Despesas do Exercício Seguinte	500	1.300
(–) PASSIVO SEM ÔNUS FINANCEIRO (b)	**1.525.500**	**1.799.085**
Fornecedores	460.000	679.377
Salários e Encargos a Pagar	200.000	264.981
Contas a Pagar	100.000	120.446
Impostos a Recolher – sobre Mercadorias	460.000	475.203
Impostos a Recolher – sobre Lucros	100.000	72.028
Adiantamento de Clientes	3.500	5.000
Dividendos a Pagar	200.000	180.050
Outras Obrigações de Longo Prazo	2.000	2.000
CAPITAL DE GIRO LÍQUIDO OU PRÓPRIO (a – b)	**3.224.840**	**3.516.692**
Realizável a longo prazo	**6.000**	**8.000**
Empréstimos a Controladas	5.000	7.000
Depósitos Judiciais e Incentivos Fiscais	1.000	1.000
Investimentos, imobilizado e intangível	**5.990.000**	**5.634.775**
Investimentos em Controladas	200.000	230.000
Imobilizado Líquido	5.790.000	5.404.775
Intangível	0	0
ATIVO TOTAL	**9.220.840**	**9.159.467**

Tabela 4.10.1 Passivo operacional – Formato financeiro

	31.12.X0	31.12.X1
CAPITAL DE TERCEIROS	**5.220.840**	**4.889.392**
Empréstimos do Passivo Circulante	1.200.000	1.649.124
Financiamentos do Exigível a Longo Prazo	4.798.000	4.836.435
(–) Aplicações Financeiras	(777.160)	(1.596.167)

(continua)

Tabela 4.10.1 Passivo operacional – Formato financeiro (continuação)

	31.12.X0	31.12.X1
PATRIMÔNIO LÍQUIDO	**4.000.000**	**4.270.075**
Capital Social	4.000.000	4.000.000
Reservas de Capital	0	0
Ajustes de Avaliação Patrimonial	0	0
Reservas de Lucros/Lucros Acumulados	0	0
Lucro do Período	0	270.075
PASSIVO TOTAL	**9.220.840**	**9.159.467**

Lucro Operacional

Consideramos lucro operacional o resultado da empresa isolado das despesas financeiras dos empréstimos e financiamentos e das receitas financeiras provenientes das aplicações financeiras. Denominamos o valor das despesas financeiras, deduzidas das receitas financeiras, *despesas financeiras líquidas*.

Contudo, para dar consistência analítica, é necessário considerar o efeito dos impostos sobre o lucro, tanto para o lucro operacional, como para as despesas financeiras líquidas. Para este fim, tendo em vista que esses impostos são genéricos para a empresa, o critério mais usado é utilizar a alíquota média real observada no exercício, que incidiu no lucro antes desses impostos, e aplicá-la ao resultado das despesas financeiras líquidas, reduzindo seu efeito econômico. O valor restante do imposto é atribuído ao lucro operacional.

O lucro operacional, deduzido dos seus respectivos impostos sobre o lucro, será a base para a avaliação da rentabilidade operacional da empresa. As despesas financeiras líquidas das receitas e dos respectivos impostos sobre o lucro serão utilizadas para avaliar se a alavancagem financeira foi positiva ou não, tema que será tratado no próximo tópico.

A Tabela 4.11 apresenta um modelo para apuração do lucro operacional líquido dos impostos sobre o lucro.

Análise da Rentabilidade Operacional pelo Modelo DuPont

Levantados os dois elementos para apuração da rentabilidade, podemos introduzi-los no Modelo DuPont e elaborar a análise, considerando os efeitos do giro e da margem. Nessa análise, não há que se fazer nenhuma adaptação, pois ela reflete exatamente o objetivo inicial do Modelo DuPont.

Pela análise da Tabela 4.12, similar ao observado na análise da rentabilidade do patrimônio líquido, o retorno fraco do ativo operacional no ano X1 deveu-se à queda da margem operacional, uma vez que o giro foi ligeiramente melhor que o do ano anterior. Na análise da rentabilidade do patrimônio líquido, a queda da margem líquida tinha sido em torno de 50%. Com os dados dessa nova análise, verifica-se que o impacto das despesas financeiras não foi o responsável pela queda da margem líquida, mas, sim, a própria margem operacional. A redução da margem operacional em X1 em relação a X0 foi de 32,02% (3,99%/5,87% − 1 × 100).

Tabela 4.11 Demonstração do resultado do exercício e apuração do lucro operacional

	31.12.X0	31.12.X1
A – Formato Oficial		
LUCRO OPERACIONAL ANTES DAS DESPESAS E RECEITAS FINANCEIRAS	**1.669.499**	**1.145.610**
Receitas Financeiras	46.800	166.657
Despesas Financeiras com Financiamentos	(552.999)	(590.230)
Outras Despesas Financeiras	(90.000)	(106.800)
Equivalência Patrimonial	2.000	30.000
LUCRO OPERACIONAL	**1.075.300**	**645.237**
Resultados Não Operacionais	(19.000)	(2.200)
LUCRO ANTES DOS IMPOSTOS	**1.056.300**	**643.037**
Impostos sobre o Lucro	(316.890)	(192.911)
LUCRO LÍQUIDO DEPOIS DOS IMPOSTOS	**739.410**	**450.126**
B – Alíquota Média dos Impostos sobre o Lucro		
Lucro antes dos Impostos (a)	1.056.300	643.037
Impostos sobre o Lucro (b)	316.890	192.911
Alíquota Média (a : b)	30,0%	30,0%
C – Despesas Financeiras		
Despesas Financeiras com Financiamento	552.999	590.230
(−) Receitas Financeiras	(46.800)	(166.657)
Despesas Financeiras Líquidas (a)	506.199	423.573
Alíquota Média de Impostos sobre o Lucro	30,0%	30,0%
Impostos sobre Despesas Financeiras Líquidas (b)	151.860	127.072
Despesas Financeiras Líquidas dos Impostos (a − b)	354.339	296.501
D – Lucro Operacional		
Lucro Líquido do Exercício (a)	739.410	450.126
(+) Despesas Financeiras Líquidas dos Impostos (b)	354.339	296.501
Lucro Operacional	1.093.749	746.627

Tabela 4.12 Análise da rentabilidade operacional da empresa – Método Dupont

Fator	Fórmula	X0		X1	
Giro	Vendas / Ativo Operacional	18.637.279 / 9.220.840	2,02	18.713.105 / 9.159.467	2,04
x			x		x
Margem	Lucro Operacional / Vendas	1.093.749 / 18.637.279	5,87%	746.627 / 18.713.105	3,99%
=			=		=
Retorno sobre o Ativo Operacional	Lucro Operacional / Ativo Operacional	1.093.749 / 9.220.840	11,86%	746.627 / 9.159.467	8,15%

4.4 Rentabilidade do Financiamento pela Alavancagem Financeira

A análise complementar natural das duas anteriores é verificar se a utilização do capital de terceiros traduziu-se em benefício aos acionistas, para qualificar como efetiva e positiva a alavancagem financeira adotada.

O conceito de alavancagem financeira propõe o maior uso possível de capital de terceiros com o objetivo de melhorar a rentabilidade do capital próprio. Isso se dá porque o custo de capital de terceiros (os juros pagos pelos empréstimos e financiamentos) é um gasto fixo. Dessa maneira, e em linhas gerais, nas situações em que há aumento de volume e mais receitas, o lucro variável e operacional cresce, tendo condições de absorver cada vez mais as despesas fixas de juros.

O segundo fundamento da alavancagem financeira é que o custo de capital de financiamento é inferior ao custo de capital próprio, como já demonstramos na Figura 4.2, que mostra a formação da estrutura do custo de capital. As atividades não financeiras devem dar uma rentabilidade maior que o custo dos juros, já que têm um risco maior.

A alavancagem financeira torna-se negativa e prejudicial à empresa quando a rentabilidade operacional é inferior ao custo médio dos juros ou em situações de queda da demanda e do volume de atividade. São duas situações que não deveriam se perpetuar, pois não é da essência das atividades empresariais.

A análise da rentabilidade do financiamento, ou do custo do capital de terceiros, é feita a partir das informações elaboradas para a análise da rentabilidade operacional. A Tabela 4.10 já destaca o valor do capital de terceiros de nosso exemplo numérico, e a Tabela 4.11 destaca o valor das despesas financeiras líquidas dos impostos sobre o lucro. A relação percentual entre esses dois elementos configura-se na análise da rentabilidade do financiamento. Isso pode ser visto na Tabela 4.13 apresentada a seguir.

Essa análise deve ser concluída dentro de um modelo de análise geral, inter-relacionando a rentabilidade operacional e a do patrimônio líquido.

Tabela 4.13 Análise da rentabilidade do financiamento (custo do capital de terceiro)

Fator	Fórmula	31.12.X0		31.12.X1	
Custo do Capital de Terceiros	Despesas Financeiras Líquidas / Capital de Terceiros	354.339 / 5.220.840	6,79%	296.501 / 4.889.392	6,06%

4.5 Análise Geral da Rentabilidade

Concluindo o processo geral de análise, devemos verificar se a rentabilidade do capital próprio do acionista, pelo patrimônio líquido, foi beneficiada pelo uso de capital de terceiros, por meio da rentabilidade operacional da empresa. A Tabela 4.14 apresenta as três rentabilidades obtidas no nosso exemplo.

Tabela 4.14 Análise geral da rentabilidade

Fator	Fórmula	31.12.X0		31.12.X1	
Retorno sobre o Ativo Operacional	Lucro Operacional / Ativo Operacional	1.093.749 / 9.220.840	11,86%	746.627 / 9.159.467	8,15%
Custo do Capital de Terceiros	Despesas Financeiras Líquidas / Capital de Terceiros	354.339 / 5.220.840	6,79%	296.501 / 4.889.392	6,06%
Retorno sobre o PL	Lucro Líquido / Patrimônio Líquido	739.410 / 4.000.000	18,49%	450.126 / 4.270.075	10,54%

Verificamos que, nos dois exercícios, o retorno operacional foi superior ao custo de capital de terceiros, fazendo que a rentabilidade do patrimônio líquido fosse maior que a operacional, configurando-se a efetividade da alavancagem financeira.

4.6 Desdobramento do Modelo de Análise da Rentabilidade

Tomando como referência a Figura 4.1, a análise da rentabilidade pode ser feita de forma muito mais detalhada, especificando os componentes de cada um de seus elementos. Assim, se em um determinado período o foco recai sobre a rentabilidade operacional, pode-se buscar uma identificação mais refinada dos elementos que a geraram. Como a rentabilidade operacional depende do ativo e do lucro operacional, pode-se, em seguida, detalhar a composição do lucro e do ativo operacional. Pode-se chegar à conclusão de que a questão não é primariamente a receita e os custos, mas, sim, o excesso de ativos. Neste caso, o modelo permite identificar o detalhamento do ativo partindo de seus principais componentes, o capital de giro e o ativo fixo.

Assim, o modelo de análise da rentabilidade pode alcançar um grau de detalhamento analítico muito alto. Dependendo do momento, das condições e das características da empresa e do usuário da análise, esse tipo de detalhamento se justifica e dá subsídios de importância para a tomada de decisão. A Figura 4.3 apresenta um esquema do modelo de detalhamento da análise da rentabilidade.

Esse modelo pode contemplar um detalhamento ainda maior. O formato apresentado na Figura 4.3 tem como referência as demonstrações financeiras publicadas. O analista financeiro interno tem à sua disposição o formato gerencial do balanço patrimonial e da demonstração de resultados, o que possibilita um grande alargamento desse instrumental analítico.

Apresentamos na página 139 outro exemplo de aplicação da análise da rentabilidade em desdobramento. Nesse modelo, com números aleatórios, além dos percentuais de rentabilidade e dos valores dos elementos patrimoniais e de resultados de dois períodos (sigla VR), é apresentada também a análise horizontal (AR), tornando o modelo extremamente interessante, rico e de fácil visualização.

Capítulo 4 – Análise da Rentabilidade

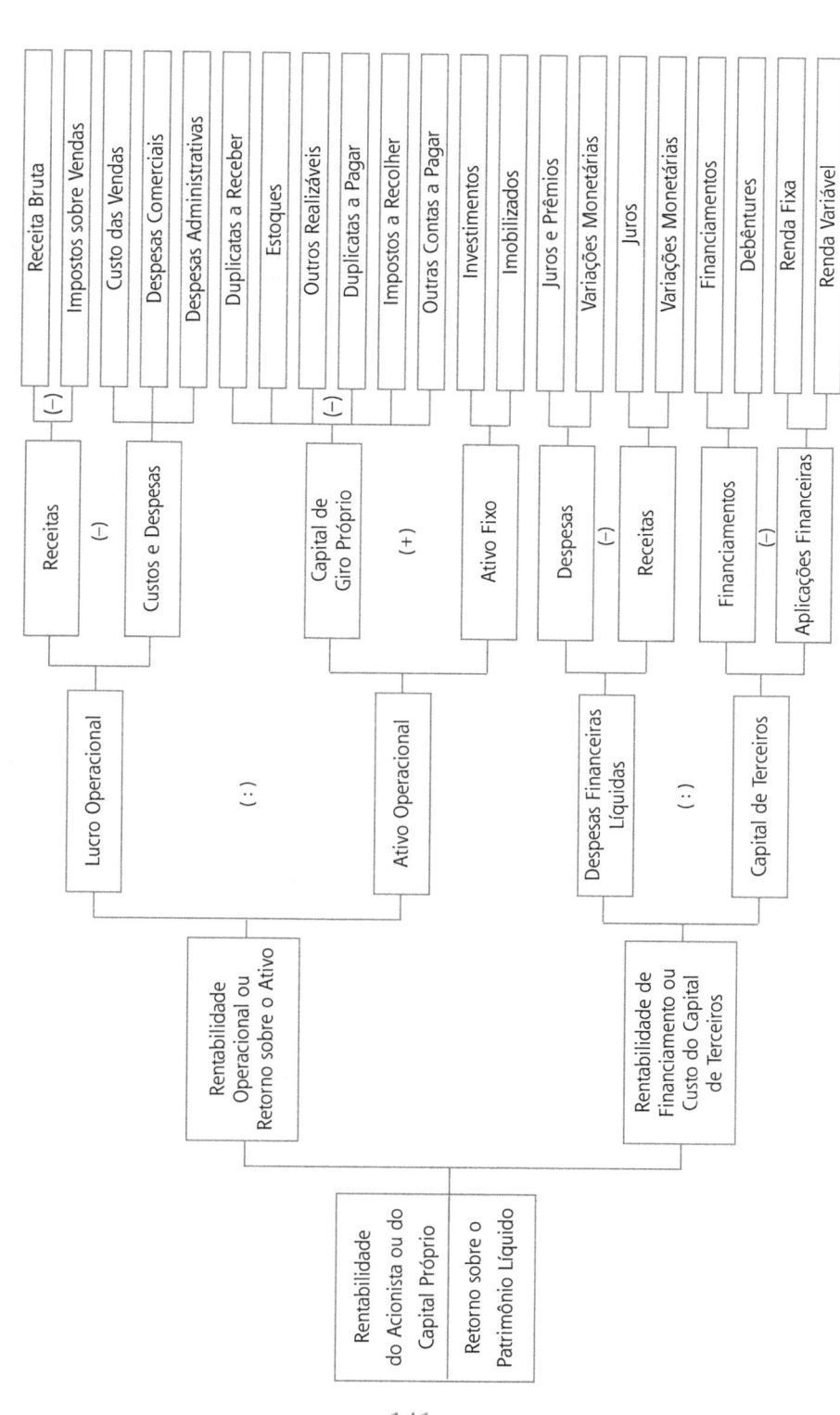

Figura 4.3 Modelo analítico de rentabilidade.

Análise das Demonstrações Financeiras

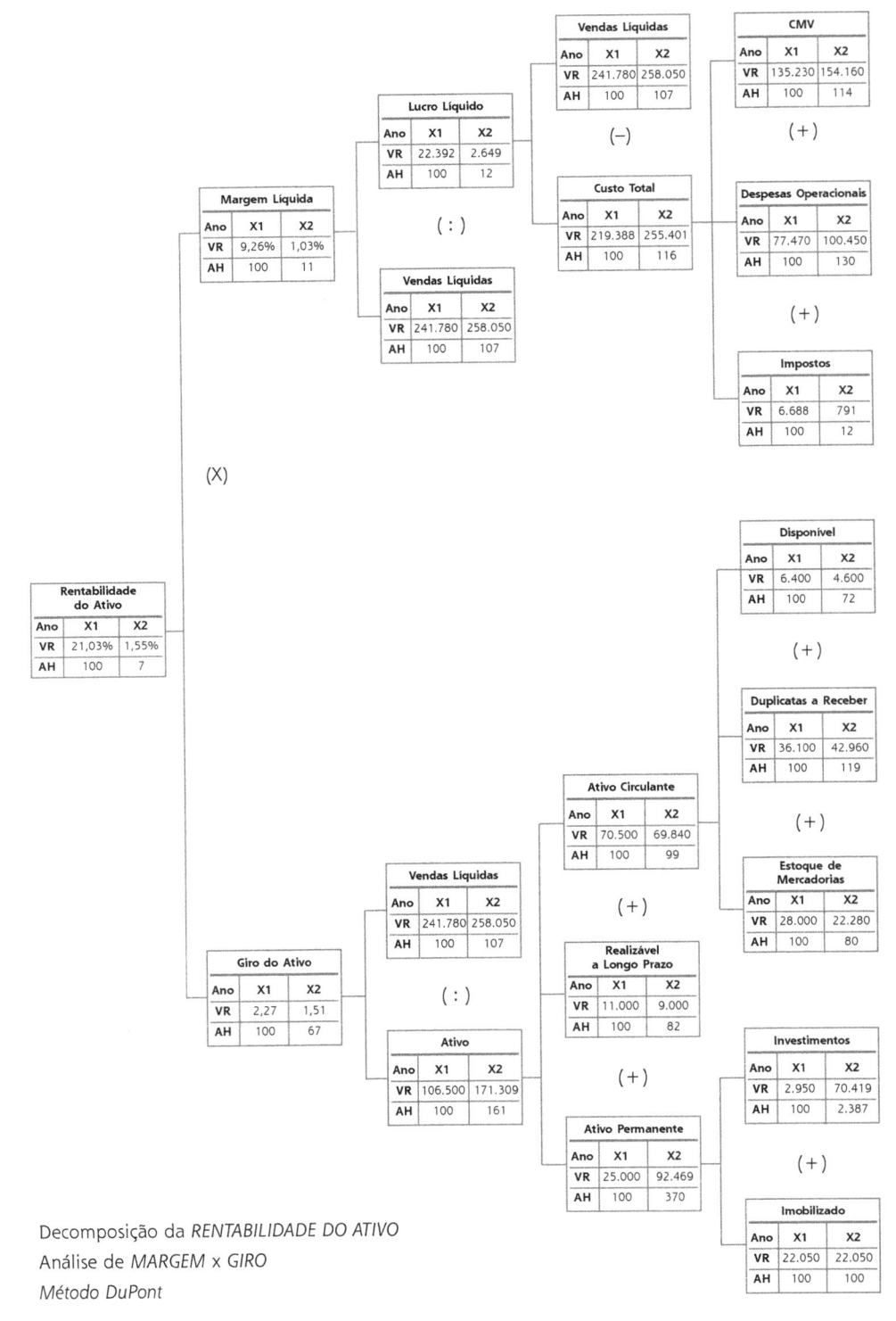

Rentabilidade do Ativo

Ano	X1	X2
VR	21,03%	1,55%
AH	100	7

(=) Margem Líquida (X) Giro do Ativo

Margem Líquida

Ano	X1	X2
VR	9,26%	1,03%
AH	100	11

Margem Líquida = Lucro Líquido (:) Vendas Líquidas

Lucro Líquido

Ano	X1	X2
VR	22.392	2.649
AH	100	12

Vendas Líquidas

Ano	X1	X2
VR	241.780	258.050
AH	100	107

Lucro Líquido = Vendas Líquidas (−) Custo Total

Vendas Líquidas

Ano	X1	X2
VR	241.780	258.050
AH	100	107

Custo Total

Ano	X1	X2
VR	219.388	255.401
AH	100	116

Custo Total = CMV (+) Despesas Operacionais (+) Impostos

CMV

Ano	X1	X2
VR	135.230	154.160
AH	100	114

Despesas Operacionais

Ano	X1	X2
VR	77.470	100.450
AH	100	130

Impostos

Ano	X1	X2
VR	6.688	791
AH	100	12

Giro do Ativo

Ano	X1	X2
VR	2,27	1,51
AH	100	67

Giro do Ativo = Vendas Líquidas (:) Ativo

Vendas Líquidas

Ano	X1	X2
VR	241.780	258.050
AH	100	107

Ativo

Ano	X1	X2
VR	106.500	171.309
AH	100	161

Ativo = Ativo Circulante (+) Realizável a Longo Prazo (+) Ativo Permanente

Ativo Circulante

Ano	X1	X2
VR	70.500	69.840
AH	100	99

Realizável a Longo Prazo

Ano	X1	X2
VR	11.000	9.000
AH	100	82

Ativo Permanente

Ano	X1	X2
VR	25.000	92.469
AH	100	370

Ativo Circulante = Disponível (+) Duplicatas a Receber (+) Estoque de Mercadorias

Disponível

Ano	X1	X2
VR	6.400	4.600
AH	100	72

Duplicatas a Receber

Ano	X1	X2
VR	36.100	42.960
AH	100	119

Estoque de Mercadorias

Ano	X1	X2
VR	28.000	22.280
AH	100	80

Ativo Permanente = Investimentos (+) Imobilizado

Investimentos

Ano	X1	X2
VR	2.950	70.419
AH	100	2.387

Imobilizado

Ano	X1	X2
VR	22.050	22.050
AH	100	100

Decomposição da *RENTABILIDADE DO ATIVO*
Análise de *MARGEM* x *GIRO*
Método DuPont

Questões e Exercícios

1. Uma empresa fez um investimento de $ 1.200.000 e espera um retorno de 15% ao ano. Calcule qual deve ser a margem líquida sobre vendas para obter essa rentabilidade, se o giro esperado é de 2,45.

2. Tomando como referência os dados do exercício anterior, a empresa está prevendo que conseguirá uma margem líquida para o ano seguinte de apenas 3%. Diante disso, ela admite um retorno do investimento de apenas 12%. Calcule qual deve ser o giro para obter esse retorno e qual será a variação do valor das vendas em relação ao exercício anterior.

3. Das demonstrações contábeis da empresa Monte Azul Ltda. foram extraídos os seguintes índices:
   RsA (retorno sobre o ativo) = 300/1.000 = 30%;
   CD (custo da dívida) = 80/400 = 20%;
   RsPL (retorno sobre o patrimônio líquido) = 220/600 = 36,66%;
   GAF (grau de alavancagem financeira) = 36,66/30 = 1,22.
   Em relação à alavancagem financeira, podemos afirmar que:

   a) houve um retorno de R$ 1,22 para cada R$ 1,00 de capital de terceiros;
   b) para cada R$ 100,00 investidos, a empresa gerou 20% de lucro;
   c) a empresa paga 30% de juros para cada R$ 100,00 tomados de empréstimo;
   d) o negócio rendeu 20% de retorno sobre o ativo;
   e) os acionistas ganharam 6,66% para cada R$ 100,00 investidos.

4. Com os demonstrativos apresentados a seguir, faça a análise da rentabilidade para os dois períodos:

   a) análise da rentabilidade pelo Método DuPont;
   b) rentabilidade do capital de financiamento;
   c) rentabilidade do capital próprio;
   d) avaliação da rentabilidade final, se é forte ou fraca.

BALANÇO PATRIMONIAL	Ano 1	Ano 2
Ativo Circulante	120.000	132.700
Aplicações Financeiras	25.000	23.200
Contas a Receber de Clientes	43.000	61.200
Estoques	50.000	45.500
Outros Valores a Realizar	2.000	2.800
Realizável a Longo Prazo	2.000	2.400
Depósitos Judiciais	2.000	2.400

(continua)

BALANÇO PATRIMONIAL (continuação)	Ano 1	Ano 2
Investimentos e Imobilizado	88.000	81.900
Investimentos em Controladas	18.000	19.200
Imobilizados	150.000	162.000
(–) Depreciação Acumulada	(80.000)	(99.300)
TOTAL	210.000	217.000
Passivo Circulante	85.300	85.600
Fornecedores	10.000	11.000
Contas a Pagar	7.800	8.300
Impostos a Recolher	4.500	5.800
Dividendos a Pagar	8.000	4.000
Empréstimos	55.000	56.500
Passivo Não Circulante	34.700	37.400
Financiamentos	34.700	37.400
Patrimônio Líquido	90.000	94.000
Capital Social	68.000	68.000
Reservas	16.400	22.000
Lucros Acumulados	5.600	4.000
TOTAL	210.000	217.000
DEMONSTRAÇÃO DE RESULTADOS	Ano 1	Ano 2
Receita Operacional Bruta	320.000	347.000
(–) Impostos sobre Vendas	(35.000)	(38.000)
Receita Operacional Líquida	285.000	309.000
Custo dos Produtos Vendidos	187.400	205.800
Materiais Consumos	104.000	114.000
Depreciação	18.400	19.300
Outros Custos de Fabricação	65.000	72.500
Lucro Bruto	97.600	103.200
(–) Despesas Operacionais	67.500	76.700
Com Vendas	38.400	41.700
Administrativas	29.100	35.000
Lucro Operacional I	30.100	26.500
Receitas Financeiras	2.800	2.500
Despesas Financeiras	(13.050)	(18.000)
Equivalência Patrimonial	800	1.200
Lucro Operacional II	20.650	12.200
Impostos sobre o Lucro	(7.021)	(4.148)
Lucro Líquido do Exercício	13.629	8.052

Capítulo 4 – Análise da Rentabilidade

5. Com as demonstrações apresentadas a seguir, elabore:
   a) a rentabilidade do financiamento;
   b) análise da rentabilidade do ativo operacional e do patrimônio líquido, utilizando o Método DuPont;
   c) uma análise da evolução da rentabilidade e identifique os aspectos que levaram à sua alteração.

Balanço Patrimonial	X1	X2
Ativo Circulante	1.180.000	1.027.505
Aplicações Financeiras	20.000	37.505
Clientes	500.000	550.000
Estoques	660.000	440.000
Ativo Não Circulante	960.000	1.290.000
Imobilizado	1.200.000	1.700.000
(–) Depreciações Acumuladas	(240.000)	(410.000)
ATIVO TOTAL	2.140.000	2.317.505
Passivo Circulante	540.000	470.000
Fornecedores	240.000	220.000
Salários e Encargos a Pagar	120.000	130.000
Impostos a Recolher	180.000	120.000
Passivo Não Circulante		
Financiamentos	900.000	1.100.000
Patrimônio Líquido	700.000	747.505
Capital Social	500.000	500.000
Lucros Acumulados	200.000	247.505
PASSIVO TOTAL	2.140.000	2.317.505

Demonstração de Resultados do Exercício	X1	X2
Receita Operacional Bruta	4.800.000	4.100.000
(–) Impostos sobre Vendas	(1.008.000)	(861.000)
Receita Operacional Líquida	3.792.000	3.239.000
(–) Custo das Mercadorias Vendidas	(2.521.680)	(2.140.979)
Lucro Bruto	1.270.320	1.098.021
Despesas	(1.113.264)	(1.026.044)
Administrativas	(424.704)	(405.744)
Comerciais	(587.760)	(474.000)
Financeiras Líquidas	(100.800)	(146.300)
Lucro antes dos Impostos	157.056	71.977
Impostos sobre o Lucro	(53.399)	(24.472)
Lucro Líquido	103.657	47.505

6. Uma empresa deu uma rentabilidade (custo) do capital de terceiros de 12,4% no ano e de 9% do capital próprio. Seu ativo operacional é de $ 200.000. Sabendo que o capital próprio representa 60% da estrutura de financiamento e que o giro do ativo operacional foi de 0,90, calcule qual foi a margem operacional do período. Desconsidere impostos sobre o lucro.

Capítulo 5 – Análise por Indicadores

O conjunto de indicadores econômico-financeiros é o instrumental que classicamente representa o conceito de análise de balanço. Basicamente, consiste em números e percentuais resultantes das diversas inter-relações possíveis entre os elementos patrimoniais constantes do balanço e da demonstração de resultados. O objetivo é buscar elementos que deem maior clareza à análise ou mesmo indiquem constatações do desempenho econômico-financeiro da entidade.

Não há limite para a criação de indicadores. Recomenda-se uma quantidade não muito grande, pois o excesso de indicadores pode prejudicar a análise. Algo entre 10 e 20 indicadores tende a ser o mais utilizado. Alguns deles se impõem pela sua natural importância, são aceitos universalmente como bons e devem necessariamente constar do rol dos indicadores.

É bastante comum a necessidade de se criar alguns indicadores específicos para cada empresa, principalmente quando a análise financeira é feita internamente, com os dados gerenciais. Situações patrimoniais ou operacionais específicas da empresa podem requerer indicadores para esclarecimento da análise. Contudo, a criação de qualquer indicador deve sempre respeitar o fundamento da consistência conceitual da inter-relação utilizada.

Podemos segmentar os indicadores nos seguintes blocos:

- de liquidez ou solvência;
- de estrutura e endividamento;
- de atividades;
- de margem e rentabilidade;
- de preço e retorno da ação.

Os indicadores mais importantes de margem e rentabilidade foram objeto de estudo no Capítulo 4. Neste apresentaremos os indicadores de margem e rentabilidade que complementam os já estudados e os demais indicadores mais utilizados na área financeira.

5.1 Indicadores de Liquidez

A ideia central de criar indicadores de liquidez está na necessidade de avaliar a capacidade de pagamento da empresa. A palavra *liquidez* em finanças significa a disponibilidade em moeda corrente para fazer pagamentos. Decorre de líquido e liquidação. Liquidar significa extinguir obrigação. Um ativo líquido é um ativo sem possibilidade de redução. Portanto, os índices de liquidez querem medir se os bens e direitos da empresa (ativos) são suficientes para a liquidação das dívidas.

Os ativos podem ser classificados quanto à sua condição maior ou menor de se tornarem líquidos. Isso quer dizer que existem ativos mais líquidos que outros. O ativo mais líquido existente nas empresas é o numerário em caixa, seguido dos depósitos em bancos. A seguir, vêm as aplicações financeiras de curto prazo, pois rapidamente podem se transformar em dinheiro. Depois, seguem os valores a receber e os estoques, como os principais ativos realizáveis. Na linguagem contábil e financeira, denomina-se *realização* o processo de um ativo se transformar em dinheiro. Dessa maneira, existe a possibilidade de avaliar a liquidez de diversas maneiras.

Conforme já apresentamos, esses indicadores têm a finalidade de medir a situação financeira (capacidade de pagamento) da empresa. O uso de índices na análise financeira é prática por demais conhecida. Embora existam variados tipos e formas de apresentação, há na sua interpretação quase que um consenso geral. Resultantes das relações estabelecidas entre contas e/ou grupos e subgrupos de contas constantes dos relatórios contábeis, balanço patrimonial e demonstração do resultado, sua interpretação vem complementar e ratificar as observações obtidas nas análises vertical e horizontal previamente apresentadas.

Os indicadores de liquidez procuram evidenciar a condição da empresa de saldar suas dívidas. São indicadores extraídos apenas do balanço patrimonial, razão por que são considerados indicadores estáticos. Quer dizer que, no momento seguinte, poderão ser alterados por evento que modifique os elementos patrimoniais que são utilizados para medir a liquidez.

Este vem a ser um ponto muito importante. O analista financeiro deve ter em mente que esses indicadores se referem apenas a uma data e, portanto, não podem simplesmente ser avaliados como indicadores definitivos de capacidade de pagamento. Cabe ao analista verificar, após a obtenção desses dados, quais as possibilidades futuras da empresa de gerar novos lucros, aumentar ou diminuir seus ativos realizáveis e aumentar ou diminuir seus passivos exigíveis.

Indicadores e Prazos de Realização

O fato de existirem ativos e passivos com diferentes características e prazos de realização ensejou a necessidade de se criar mais de um indicador de capacidade de pagamento. De modo geral, os analistas financeiros têm trabalhado com quatro indicadores de liquidez:

- corrente;
- seca;
- imediata;
- geral.

A liquidez corrente trabalha com os valores de curto prazo, ou seja, os realizáveis dentro do próximo ano. O índice de liquidez seca exclui o valor dos estoques dos ativos de curto prazo. A imediata considera apenas os valores em moeda ou quase moeda, e a geral trabalha com todos os ativos e passivos realizáveis, tanto de curto como de longo prazo.

Liquidez Corrente

Esse indicador é considerado o principal e o mais utilizado para avaliar a capacidade de pagamento da empresa. Relaciona todos os ativos realizáveis no curto prazo classificados nas demonstrações financeiras como ativos circulantes, com todos os passivos que deverão ser pagos no curto prazo, classificados contabilmente como passivos circulantes. Em outras palavras, indica a quantidade de recursos que a empresa tem nos ativos circulantes para utilização no pagamento dos passivos circulantes. É apurado pela seguinte fórmula:

$$LC = \frac{\text{Ativo Circulante}}{\text{Passivo Circulante}}$$

O entendimento geral considera como bons índices acima de 1,00. Abaixo disto significa que, naquele momento, a empresa não teria condições de saldar seus compromissos de curto prazo, se necessário, uma vez que os valores dos seus ativos circulantes, transformados em dinheiro, não seriam suficientes para pagar as dívidas de curto prazo.

Como já salientamos, este é um indicador estático. Uma empresa pode estar com índice de liquidez corrente abaixo de 1,00 mas, no momento seguinte, seja um dia, uma semana, um mês etc., realizar vendas com lucros suficientes para melhorar sua capacidade de pagamento. O inverso também é possível. Existe a possibilidade de uma empresa estar com índice de liquidez corrente muito bom em determinado momento e acontecimentos ou eventos futuros prejudicarem sensivelmente suas finanças, de modo que ela não tenha condições de honrar seus compromissos.

A capacidade de honrar seus pagamentos é dependente também do negócio em que a empresa atua. Se uma empresa, por exemplo, atua no ramo de supermercados, com vendas à vista, é até possível que índices abaixo de 1,00 sejam aceitáveis. Por outro lado, também a título de exemplo, em empresas que têm um ciclo de produção muito longo, em que há necessidade de grandes investimentos em estoques e mesmo em contas a receber de clientes, indicadores acima de 1,00 podem ser considerados insatisfatórios.

De qualquer forma, o parâmetro 1,00 para este indicador tem sido considerado como um bom referencial. Apresentamos a seguir os indicadores de liquidez obtidos com os dados de nosso exemplo numérico.

Liquidez Corrente

Fórmula	Ano X0		Ano X1	
	Dados	Índice	Dados	Índice
Ativo Circulante	5.527.500	2,03	6.911.945	2,01
Passivo Circulante	2.723.500		3.446.209	

Os indicadores de liquidez da empresa objeto do exemplo apresentam-se dentro de condições consideradas boas, uma vez que são bem superiores a 1,00. No caso do Ano X1, significa que, para cada $ 1,00 de contas a pagar, a empresa tinha ativos realizáveis no valor de $ 2,01, ou seja, uma liquidez com folga.

Outro conceito aplicável como parâmetro para este indicador é *"quanto maior, melhor"*. Este conceito também pode ser discutido à luz da teoria de finanças, pois, quanto maior a liquidez, maior a retenção de dinheiro aplicado no capital de giro próprio da empresa. Segundo a teoria de finanças, liquidez desnecessária pode prejudicar a rentabilidade geral da empresa, já que imobiliza recursos que poderiam ser alocados com maior eficiência em outros projetos de investimento. Mas tem sido prática entender que obter bons índices de liquidez é ótimo para a empresa, uma vez que dá segurança e garantia de sua capacidade de pagamento, condição bastante exigida principalmente pelos credores.

Liquidez Seca

Este indicador é um prolongamento do anterior. A base conceitual sobre a qual é estruturado é a maior dificuldade de realização dos estoques em relação aos demais componentes do capital de giro de curto prazo (ativo circulante). Em outras palavras, para que os estoques se realizem (se transformem em dinheiro), há que primeiro vender, produzir e, posteriormente, receber. Esse ciclo temporal é muito mais longo do que os demais ativos levam para se transformar em caixa.

Dessa maneira, calcula-se a liquidez de curto prazo excluindo-se os estoques. Tem-se então uma visão da capacidade de pagamento de curto prazo mais líquida ou mais dura, como dizem alguns autores. Na literatura financeira norte-americana, este indicador é denominado *acid-test ratio*, teste ácido da liquidez. Um refinamento deste índice é também excluir do ativo circulante as despesas do exercício seguinte, que são gastos efetuados antecipadamente ao período de sua utilização.

É importante salientar que a análise deste indicador deve levar em conta, necessariamente, o tipo de empresa. Empresas comerciais tendem a ter estoques mais facilmente realizáveis que as empresas industriais. Portanto, a velocidade com que os estoques do comércio se transformam em dinheiro é maior.

As empresas industriais, além de normalmente terem um ciclo operacional maior, possuem três tipos de estoques: os de materiais e embalagens, de produção em processo ou em elaboração, e os de produtos acabados. Os estoques de produtos acabados das indústrias equivalem ao de mercadorias do comércio e, com eles, a análise pode ser similar à das empresas comerciais, pois o tempo para transformação em numerário é mais rápido. Já os estoques de materiais e os estoques em processo precisam de mais tempo para se transformar em dinheiro. Dessa maneira, a análise deste indicador deve ser diferente, dependendo de a empresa industrial ter mais estoques acabados ou não que as demais.

Em resumo, este indicador mostra a capacidade da empresa de pagar as dívidas a curto prazo, tendo como base os ativos circulantes, menos os estoques e despesas do exercício seguinte. A exclusão dos estoques é para verificar se a empresa tem ou não dependência das vendas para liquidar seus compromissos. Justificamos a exclusão das despesas do exercício seguinte do ativo circulante para calcular esse índice, porque quase sempre não são valores realizáveis em numerário. A fórmula para este indicador é:

$$LS = \frac{\text{Ativo Circulante} - \text{Estoques} - \text{Despesas do Exercício Seguinte}}{\text{Passivo Circulante}}$$

Considerando os dados de nosso exemplo numérico, temos:

Liquidez Seca

Fórmula	Ano X0 Dados	Índice	Ano X1 Dados	Índice
Ativo Circulante − Estoques − DES(1)	2.402.660	0,88	3.607.673	1,05
Passivo Circulante	2.723.500		3.446.209	
Ativo Circulante	5.527.500		6.911.945	
(−) Estoques	(3.124.340)		(3.302.972)	
(−) Despesas do Exercício Seguinte	(500)		(1.300)	
= Ativo Líquido	2.402.660		3.607.673	

(1) Despesas do exercício seguinte.

Não há um parâmetro técnico conclusivo para avaliar se o dado é bom ou ruim. Alguns autores, por experiência prática, entendem que acima de 0,50 é aceitável para o comércio, e acima de 0,70 o é para as indústrias. Pode-se também aplicar o conceito de *quanto maior, melhor* com as restrições de excesso de liquidez já discutidas no tópico anterior.

Liquidez Imediata

De todos os indicadores de capacidade de pagamento, este é o que realmente se caracteriza como de liquidez, uma vez que trabalha com os elementos patrimoniais do ativo circulante que podem ser disponibilizados imediatamente, ou quase, para pagamento de contas, e são agrupados sob o nome de *disponibilidades*.

As disponibilidades, de modo geral, compreendem os valores em caixa, saldos bancários e aplicações financeiras de curto prazo disponíveis para resgate, como normalmente trabalham as empresas nacionais. Confrontando as disponibilidades com todo o passivo de curto prazo, obtém-se o índice de liquidez imediata. A fórmula é a seguinte:

$$LI = \frac{\text{Disponibilidades}}{\text{Passivo Circulante}}$$

Com os dados do nosso exemplo numérico, obtemos os seguintes indicadores:

Liquidez Imediata

Fórmula	Ano X0		Ano X1	
	Dados	Índice	Dados	Índice
Disponibilidades	778.160	0,29	1.597.167	0,46
Passivo Circulante	2.723.500		3.446.209	
Caixa/Bancos	1.000		1.000	
Aplicações Financeiras	777.160		1.596.167	
= Disponibilidades	778.160		1.597.167	

Os dados indicam que, em X1, a empresa tinha $ 0,46 em caixa, bancos e aplicações financeiras para cada $ 1,00 de dívida a pagar de curto prazo.

Também não há parâmetro para este indicador. Situa-se na linha de *quanto maior, melhor*.

Considerando a teoria clássica de finanças, em que o excesso de liquidez prejudica a rentabilidade, não seria normal a empresa manter constantemente elevados indicadores de liquidez imediata. Por outro lado, em nosso país, onde as empresas têm se defrontado há três décadas com muitas dificuldades conjunturais, tem sido considerada natural, e é avaliada favoravelmente pelos analistas financeiros, a manutenção de bons indicadores de liquidez, sobretudo a imediata. Em razão disso, muitas empresas ainda têm o hábito de adotar políticas de proteção de liquidez (*hedge* financeiro), levantando empréstimos e financiamentos para manterem elevado montante em disponibilidades, como forma de garantia adicional de sua capacidade imediata de pagamento. Considerando que, em condições normais, paga-se mais percentualmente pelo custo dos empréstimos do que se obtém com as aplicações, essa política também tende a conduzir para menor rentabilidade final.

Liquidez Geral

Este indicador trabalha com todos os ativos realizáveis e todos os passivos exigíveis, aglutinando os classificados de curto prazo com os de longo prazo. Portanto, é um indicador que mostra a capacidade de pagamento geral da empresa, tomando como numerador os ativos circulantes e realizáveis a longo prazo, e como denominador os passivos totais (circulante e exigível a longo prazo). Esse indicador serve para detectar a saúde financeira (no que se refere à liquidez) de longo prazo da empresa. É expresso pela seguinte fórmula:

$$LG = \frac{\text{Ativo Circulante} + \text{Realizável a Longo Prazo}}{\text{Passivo Circulante} + \text{Passivo Não Circulante}}$$

Nosso exemplo numérico da página 158 apresenta os índices da tabela "Liquidez geral".

Este indicador apresenta muitas dificuldades de avaliação. Não existe nenhum parâmetro referencial, podendo ser até menor do que 1,00. A grande dificuldade em analisá-lo está no fato de que ele soma no denominador e no numerador itens de mesma natureza, porém, completamente diferentes no aspecto de realização (de transformação em dinheiro). Isso se deve à parcela de longo prazo, uma vez que a contabilidade classifica como longo prazo tudo o que excede a um ano da data do balanço. Assim, estão aglutinados valores que podem vencer a pouco mais de um ano, como dois anos, sendo extremamente comuns, no caso do exigível a longo prazo, vencimentos de 5, 10, 15 e 20 anos.

Liquidez Geral

Fórmula	Ano X0		Ano X1	
	Dados	Índice	Dados	Índice
Ativos Realizáveis / Passivos Exigíveis	5.533.500 / 7.523.500	0,74	6.919.945 / 8.284.644	0,84
Ativo Circulante	5.527.500		6.911.945	
Realizável a Longo Prazo	6.000		8.000	
= Ativos Realizáveis	5.533.500		6.919.945	
Passivo Circulante	2.723.500		3.446.209	
Passivo Não Circulante	4.800.000		4.838.435	
= Passivos Exigíveis	7.523.500		8.284.644	

Colocado em uma semântica financeira, os balanços publicados não apresentam o perfil da dívida, ou seja, o seu horizonte temporal de pagamento. Veja que, no nosso exemplo, nos dois anos o indicador é menor que 1,00. Se considerarmos que o exigível a longo prazo desse ano só será devido após dois anos, os valores desse passivo não prejudicarão a liquidez corrente da empresa e, consequentemente, não podem ser considerados ruins. Concluindo, esse indicador só terá alguma validade se o perfil dos elementos de longo prazo for considerado adequadamente.

Em nosso entendimento, é até saudável, na maior parte dos casos, não utilizar este indicador, uma vez que nada acrescenta ao processo de análise. De qualquer forma, analisar isoladamente os dados de uma empresa dentro de uma linha de tendência, considerando muitos períodos, sejam meses ou anos, pode evidenciar uma tendência geral de melhor liquidez ou crescimento do endividamento geral.

5.2 Indicadores de Estrutura e Endividamento

A finalidade básica desses indicadores é transformar em percentuais a participação dos valores dos principais grupos representativos do balanço patrimonial, bem como mensurar percentualmente sua relação com o capital próprio, representado pelo patrimônio líquido. Consegue-se, com isso, uma avaliação relativa que simplifica o entendimento geral desses elementos patrimoniais. De modo geral, esses indicadores mostram a porcentagem dos ativos financiada com capitais de terceiros e próprios ou se a empresa tem dependência de recursos de terceiros.

Imobilização do Capital Próprio

Uma variante da abordagem ortodoxa[1] da teoria de finanças entende ser um princípio de boa política financeira que os bens e direitos adquiridos em caráter de permanência (o antigo permanente) devam ser financiados, com prioridade, por recursos próprios. Esses bens e direitos estão representados no balanço patrimonial no Ativo Não Circulante pelos elementos de Investimentos, Imobilizado e Intangíveis. Denominaremos esse conjunto de elementos patrimoniais, quando necessário nas análises, por ativo fixo ou ativos fixos.

Quanto maior a aplicação de recursos no ativo fixo, maiores serão os custos fixos da empresa (depreciação, seguros e despesas de manutenção), contribuindo para elevar o ponto crítico ou o desequilíbrio da condição financeira da empresa. Quanto mais a empresa investir no ativo fixo, menos recursos próprios sobrarão para o ativo circulante e, em consequência, maior será a dependência de capitais de terceiros para o financiamento do ativo circulante.

A fórmula é a seguinte:

$$ICP = \frac{\text{Ativo Fixo}}{\text{Patrimônio Líquido}}$$

Considerando os dados no nosso exemplo numérico, temos:

Imobilização do Capital Próprio

Fórmula	Ano X0		Ano X1	
	Dados	Índice	Dados	Índice
Ativo Fixo	5.990.000	1,50	5.634.775	1,32
Patrimônio Líquido	4.000.000		4.270.075	

---

[1] Contrapõe-se à abordagem ortodoxa a MM (Modigliani & Miller) quando diz que é irrelevante a estrutura de capital, ou seja, tanto faz a maneira como a empresa é financiada. Assim, seria irrelevante ter mais ou menos capital próprio (patrimônio líquido) ou mais ou menos capital de terceiros (empréstimos). A abordagem ortodoxa, que é a mais utilizada, também privilegia no processo analítico o capital próprio. Consequentemente, é relevante a estrutura de capital e o capital de terceiros deve ser pago, devendo apenas ser utilizado quando da alavancagem financeira, isso é, mais lucro para os proprietários.

Endividamento Geral

O conceito básico que orienta este indicador é verificar qual a possibilidade de que, no futuro, em uma condição teórica de descontinuidade das operações, a empresa tenha condições de garantir todas as suas dívidas com os próprios recursos. Como as dívidas estão contidas no passivo circulante e no exigível a longo prazo, relaciona-se o total dessas exigibilidades com o valor do patrimônio líquido, que representa os recursos próprios da empresa. Portanto, é um indicador que expressa a capacidade de a empresa garantir os capitais de terceiros.

Grande parte das empresas que vão à falência apresenta, durante um período relativamente longo, altos quocientes de capitais de terceiros/capitais próprios. Isso não significa que uma empresa com alto quociente necessariamente irá à falência, mas todas ou quase todas as empresas que vão à falência apresentam este sintoma. A participação de capitais de terceiros será benéfica para a empresa, desde que não determine uma situação de liquidez insustentável durante determinado período.

Este índice é obtido pela seguinte fórmula:

$$EG = \frac{\text{Passivo Circulante + Passivo Não Circulante}}{\text{Patrimônio Líquido}}$$

A tabela a seguir apresenta este indicador obtido pelo nosso exemplo numérico.

Endividamento Geral

Fórmula	Ano X0		Ano X1	
	Dados	Índice	Dados	Índice
Passivos Exigíveis	7.523.500	1,88	8.284.644	1,94
Patrimônio Líquido	4.000.000		4.270.075	
Passivo Circulante	2.723.500		3.446.209	
Passivo Não Circulante	4.800.000		4.838.435	
= Passivos Exigíveis	7.523.500		8.284.644	

Os dados obtidos tendem a ser considerados relativamente altos. Tomando como referência o Ano X1, este indicador expressa que, para cada

$ 1,94 de capital de terceiros, a empresa entrou com apenas $ 1,00 de recursos próprios, para fazer face a todos os investimentos no ativo. Este indicador apresenta as mesmas características do índice de liquidez geral, uma vez que soma passivos de vencimento de curto prazo com os de longo prazo. Portanto, sem o perfil do endividamento, fica difícil uma análise mais conclusiva. Contudo, uma análise de vários períodos pode evidenciar se a tendência deste indicador será positiva ou negativa para a empresa.

Convém relembrar também que, se a empresa tem patrimônio líquido, em tese, todas as exigibilidades estão com garantia. As demonstrações contábeis deixam clara a falta de cobertura das dívidas apenas quando não existe patrimônio líquido, condição em que a empresa tenha patrimônio líquido negativo e em que parte dos passivos não teria, de fato, garantia de cobertura de ressarcimento.

Como já salientamos, indicadores muito elevados de endividamento geral por muito tempo tendem a conduzir a empresa a maiores probabilidades de problemas financeiros. Qualquer oscilação brusca na conjuntura econômica ou no setor de atuação da empresa que reduza seu nível de atividade pode fazer que não tenha condições de curto prazo de cobrir os custos financeiros do endividamento. Dentro dessa linha de raciocínio, o parâmetro básico seria *quanto menor, melhor*.

Endividamento Financeiro

Este indicador utiliza como passivo exigível apenas os valores obtidos de empréstimos e financiamentos, sejam eles de curto ou longo prazo. Este conceito de endividamento é mais coerente com a estrutura do passivo como fonte de financiamentos, fazendo a relação entre capital de terceiros e capital próprio. Portanto, não considera os passivos relacionados com o giro, que compõem a maior parte do passivo circulante. É expresso pela seguinte fórmula:

$$EF = \frac{\text{Empréstimos e Financiamentos (Curto e Longo Prazos)}}{\text{Patrimônio Líquido}}$$

A análise do indicador da página 162 é igual à do endividamento geral. Se se adota uma política financeira conservadora, com financiamento da empresa predominantemente de capital próprio, este indicador será analisado também na linha do *quanto menor, melhor*. Tecnicamente, contudo, desde que a empresa tenha condições de gerar lucratividade operacional suficiente para cobrir os encargos financeiros dos financiamentos e empréstimos, não haveria por que fazer ressalva quanto ao indicador.

Endividamento Financeiro

Fórmula	Ano X0 Dados	Ano X0 Índice	Ano X1 Dados	Ano X1 Índice
$\dfrac{\text{Capital de Terceiros}}{\text{Patrimônio Líquido}}$	6.000.000 4.000.000	1,50	6.487.559 4.270.075	1,52
Empréstimos – Passivo Circulante	1.200.000		1.649.124	
Financiamentos – Passivo Não Circulante	4.800.000		4.838.435	
= Capital de Terceiros	6.000.000		6.487.559	

Em nosso país há uma tendência para empreendimentos com predominância de recursos próprios. Um parâmetro considerado limite para o indicador de endividamento financeiro, de ordem prática, é 1,00. Acima de 1,00, tende a ser entendido como excessivo e olhado com cautela. Também nos mercados internacionais de moeda estável são normais indicadores acima de 1,00 e até 1,50.

Estrutura do Ativo – Formato Contábil

O objetivo desta análise é dar um painel sintético da participação de cada grupo de contas do ativo no ativo total da empresa. Assumindo a base de 100% para o ativo total, calcula-se a participação do ativo circulante, do realizável a longo prazo e do ativo permanente neste total. Esses dados normalmente já são obtidos na análise vertical do balanço patrimonial, que apresentaremos no próximo capítulo. Temos, então, três indicadores:

- Participação do ativo circulante no ativo total (PAC)
- Participação do realizável a longo prazo no ativo total (PRLP)
- Participação do ativo fixo no ativo total (PAF)

As fórmulas são as seguintes:

$$PAC = \frac{\text{Ativo Circulante}}{\text{Ativo Total}} \times 100$$

$$PRLP = \frac{\text{Realizável a Longo Prazo}}{\text{Ativo Total}} \times 100$$

$$PAF = \frac{\text{Ativo Fixo}}{\text{Ativo Total}} \times 100$$

Calculando os indicadores com os dados do nosso exemplo numérico, temos:

Estrutura do Ativo – Formato Contábil

Fórmula	Ano X0 Dados	Ano X0 Índice	Ano X1 Dados	Ano X1 Índice
Ativo Circulante x 100 / Ativo Total	5.527.500 / 11.523.500	48,0%	6.911.945 / 12.554.719	55,1%
Realizável a Longo Prazo x 100 / Ativo Total	6.000 / 11.523.500	0,1%	8.000 / 12.554.719	0,1%
Ativo Fixo x 100 / Ativo Total	5.990.000 / 11.523.500	52,0%	5.634.775 / 12.554.719	44,9%

Esses indicadores devem ser analisados em relação aos períodos anteriores da empresa ou em relação a padrões setoriais, tendo como finalidade básica permitir acompanhar a evolução da estrutura do ativo. Uma oscilação significativa desses indicadores é um sinal de alerta para se tentar melhor explicação das causas para as mudanças ocorridas.

Estrutura do Ativo – Formato Financeiro

Em nosso entendimento, a melhor maneira de analisar a estrutura do ativo é no formato que denominamos *financeiro*, que tem como referência o conceito de *ativo operacional*, já explorado no capítulo de Análise da Rentabilidade. Neste formato, reclassificamos o ativo e o passivo, trazendo para o ativo, com sinal negativo, todas as contas do passivo circulante que têm relação com o ciclo operacional da empresa. Nessa reclassificação, emergem dois grandes grupos de ativos, o capital de giro próprio e o ativo fixo. Esses dados foram apresentados na Tabela 4.10 do capítulo anterior e, com eles, podemos extrair os indicadores a seguir. Estamos considerando os valores do realizável a longo prazo junto com os valores do capital de giro próprio.

- Participação do capital de giro no ativo operacional (PCG)
- Participação do ativo fixo ou permanente no ativo operacional (PAF)

As fórmulas são as seguintes:

$$PCG = \frac{\text{Capital de Giro Próprio}}{\text{Ativo Operacional}} \times 100$$

$$PAF = \frac{\text{Ativo Fixo ou Permanente}}{\text{Ativo Operacional}} \times 100$$

São os seguintes os indicadores apurados em nosso exemplo numérico:

Estrutura do Ativo – Formato Financeiro

Fórmula	Ano X0		Ano X1	
	Dados	Índice	Dados	Índice
Capital de Giro Próprio x 100 / Ativo Operacional	3.230.840 / 9.220.840	35,0%	3.524.692 / 9.159.467	38,5%
Ativo Fixo ou Permanente x 100 / Ativo Operacional	5.990.000 / 9.220.840	65,0%	5.634.775 / 9.159.467	61,5%

Não se pode afirmar que haja uma estrutura de ativo ótima para qualquer empresa ou mesmo uma estrutura padrão por setor de atuação. Assim, esses indicadores devem ser analisados de forma comparativa ao longo do tempo. As variações significativas devem permitir uma possibilidade de aprofundamento de análise, com o intuito de observar as causas das mudanças.

Dentro de um relatório de avaliação, a apresentação desta estrutura em um gráfico em formato de "pizza" mostra-se muito interessante.

Capítulo 5 – Análise por Indicadores

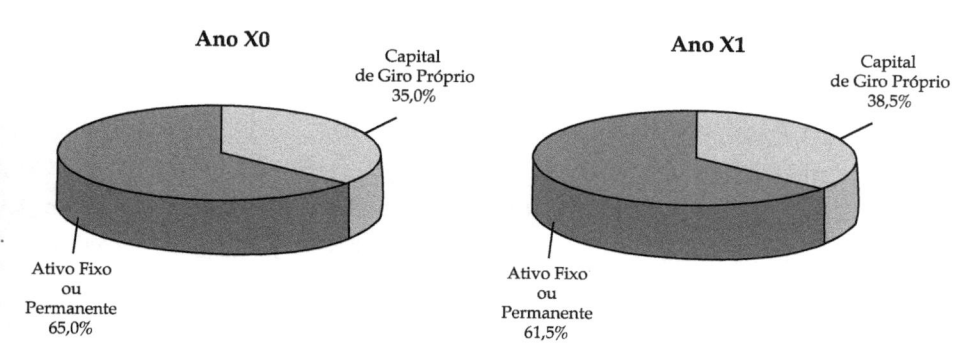

Ano X0
- Capital de Giro Próprio: 35,0%
- Ativo Fixo ou Permanente: 65,0%

Ano X1
- Capital de Giro Próprio: 38,5%
- Ativo Fixo ou Permanente: 61,5%

Estrutura de Passivo – Formato Contábil

Identicamente à estrutura do ativo, o objetivo desses indicadores é dar um painel sintético da participação de cada grupo de contas do passivo no ativo total da empresa. Assumindo a base de 100% para o ativo total, calcula-se a participação do passivo circulante, do passivo não circulante e do patrimônio líquido nesse total. Esses dados normalmente já são obtidos na análise vertical do balanço patrimonial, que apresentaremos no próximo capítulo. Podemos estruturar quatro indicadores:

- Participação do passivo circulante no ativo total (PPC).
- Participação do passivo não circulante no ativo total (PNC).
- Participação do exigível total no ativo total (PET).
- Participação do patrimônio líquido no ativo total (PPL).

As fórmulas são as seguintes:

$$PPC = \frac{Passivo\ Circulante}{Ativo\ Total} \times 100$$

$$PNC = \frac{Passivo\ Não\ Circulante}{Ativo\ Total} \times 100$$

$$PET = \frac{Passivo\ Circulante + Passivo\ Não\ Circulante}{Ativo\ Total} \times 100$$

$$PPL = \frac{Patrimônio\ Líquido}{Ativo\ Total} \times 100$$

Com os dados do nosso exemplo numérico, temos:

Estrutura do Passivo – Formato Contábil

Fórmula	Ano X0		Ano X1	
	Dados	Índice	Dados	Índice
Passivo Circulante x 100 / Ativo Total	2.723.500 / 11.523.500	23,6%	3.446.209 / 12.554.719	27,4%
Passivo Não Circulante x 100 / Ativo Total	4.800.000 / 11.523.500	41,7%	4.838.435 / 12.554.719	38,5%
Passivo Exigível x 100 / Ativo Total	7.523.500 / 11.523.500	65,3%	8.284.644 / 12.554.719	66,0%
Patrimônio Líquido x 100 / Ativo Total	4.000.000 / 11.523.500	34,7%	4.270.075 / 12.554.719	34,0%
Passivo Circulante	2.723.500		3.446.209	
+ Passivo Não Circulante	4.800.000		4.838.435	
= Passivos Exigíveis	7.523.500		8.284.644	

Esses indicadores são medidas de financiamento do ativo. Sua finalidade é medir a estrutura de financiamento da empresa. É um número que evidencia o reflexo das políticas de alavancagem financeira da empresa e financiamento do capital de giro a cada final de período. O primeiro é uma medida que mostra a porcentagem dos ativos totais financiada com os passivos circulantes. O segundo indica a porcentagem dos ativos totais financiada com recursos de terceiros a longo prazo. O terceiro indica a porcentagem do ativo total financiada com capitais de terceiros a curto e longo prazos. O último representa o quanto do ativo foi financiado com capital próprio.

Estrutura do Passivo – Formato Financeiro

A estrutura do passivo é mais bem analisada pela abordagem financeira. Essa abordagem desconsidera os passivos circulantes vinculados ao giro dos negócios, denominados *passivos de funcionamento*, e considera como passivos exigíveis apenas os oriundos dos empréstimos e financiamentos de características iniciais de longo prazo, remunerados por juros. Os passivos circulantes de funcionamento não apresentam explicitamente a cobrança de juros, pois decorrem de prazos normais dados pelos fornecedores e pelo governo para operacionalizar os pagamentos.

Capítulo 5 – Análise por Indicadores

Dessa maneira, a estrutura do passivo no formato financeiro resulta em apenas dois tipos de fontes de recursos, ou de financiamento: os empréstimos e financiamentos, remunerados por juros, que representam o capital de terceiros, diminuídos das aplicações financeiras; o capital social e as reservas do patrimônio líquido, que representam o capital próprio da empresa fornecido pelos sócios ou acionistas. Os indicadores e as fórmulas são as seguintes:

- Participação do capital de terceiros no passivo operacional (PCT);
- Participação do capital próprio no passivo operacional (PCP).

$$PCT = \frac{\text{Empréstimo e Financiamento de Curto e Longo Prazos}}{\text{Passivo Operacional}} \times 100$$

$$PCP = \frac{\text{Patrimônio Líquido}}{\text{Passivo Operacional}} \times 100$$

Com os dados do nosso exemplo numérico extraídos da Tabela 4.10, temos:

Estrutura do Passivo – Formato Financeiro

Fórmula	Ano X0 Dados	Ano X0 Índice	Ano X1 Dados	Ano X1 Índice
Capital de Terceiros x 100 / **Passivo Operacional**	5.220.840 / 9.220.840	56,6%	4.889.392 / 9.159.467	53,4%
Capital Próprio (Patrimônio Líquido) x 100 / **Passivo Operacional**	4.000.000 / 9.220.840	43,4%	4.270.075 / 9.159.467	46,6%
Empréstimos – Passivo Circulante	1.200.000		1.649.124	
Financiamentos – Passivo Não Circulante	4.798.000		4.836.435	
(–) Aplicações Financeiras	(777.160)		(1.596.167)	
= Capital de Terceiros	5.220.840		4.889.392	

Como já tivemos oportunidade de observar, não há um consenso sobre qual deve ser a estrutura ideal de passivo. Em nosso país, em termos práticos, há um entendimento de que deva ser ao redor de 50% de cada tipo de fonte. A participação excessiva de capital de terceiros, tendo em vista as oscilações bruscas que tem sofrido nossa economia, é considerada de maior risco, e os agentes de crédito têm mais restrições na concessão de crédito para empresas com esse tipo de estrutura.

Tendo como referência uma postura de aversão ao risco, o parâmetro *seria quanto mais capital próprio*, melhor. Esse comportamento, contudo, é contrário à abordagem ortodoxa de finanças, que busca alavancar a rentabilidade do capital próprio com o uso intensivo de capital de terceiros. Portanto, há um paradoxo conceitual instalado na avaliação desses indicadores.

Dessa maneira, se não houver teoricamente uma estrutura ideal de capital ou de passivo, esta deve ser analisada em função da capacidade de geração operacional de lucro, que deve ser suficiente para cobrir o custo dos juros do capital de terceiros, em condições normais de operação e em continuidade empresarial. Assim, essa estrutura deve ser analisada pelo menos à luz do indicador de cobertura de juros, que será apresentado a seguir.

Dentro de um relatório de avaliação, a apresentação dessa estrutura em um gráfico de formato de "pizza" mostra-se muito interessante.

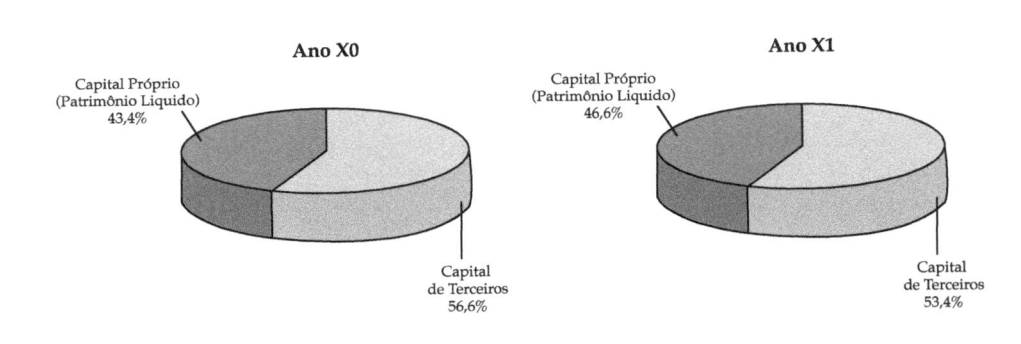

Ano X0
Capital Próprio (Patrimônio Líquido) 43,4%
Capital de Terceiros 56,6%

Ano X1
Capital Próprio (Patrimônio Líquido) 46,6%
Capital de Terceiros 53,4%

5.3 Estática *Versus* Dinâmica dos Indicadores

Os indicadores extraídos unicamente do balanço patrimonial têm por finalidade, basicamente, analisar a estrutura de participação dos diversos elementos do ativo e passivo no seu total, bem como o endividamento e a capacidade de pagamento das dívidas da empresa. A utilização de dados extraídos unicamente do balanço patrimonial dá um caráter estático aos indicadores. Em outras palavras, tendo como exemplo os indicadores de liquidez, só refletem a capacidade de pagamento na data do balanço. Para imprimir alguma visão da dinâmica a esses indicadores, é necessário reanalisá-los dentro de um conceito de tendência e à luz de fluxos futuros de lucros ou de caixa.

Utilização Gerencial dos Indicadores Extraídos do Balanço Patrimonial

Como salientamos, a característica dos indicadores extraídos apenas do balanço patrimonial, que determina um aspecto restritivo como informação efetiva para tomada de decisão, é a sua condição de ser estática. Ela reflete uma condição de visualização da participação, endividamento ou capacidade de pagamento somente na data do balanço patrimonial. Qualquer evento posterior, no momento seguinte, pode alterar completamente a condição das participações e da capacidade de pagamento da empresa, invalidando até uma avaliação positiva feita anteriormente.

Como exemplo significativo, podemos nos remeter ao episódio da desvalorização cambial ocorrido em nosso país em janeiro de 1999. De um dia para o outro, os ativos e os passivos realizáveis em moeda estrangeira tiveram grande aumento decorrente da desvalorização da moeda brasileira, aumentando a expressão monetária em reais dos créditos e débitos vinculados a moedas estrangeiras.

Para a correta utilização gerencial dos indicadores de liquidez, endividamento e estrutura patrimonial, faz-se mister considerar pelo menos dois aspectos metodológicos na sua estruturação e utilização. São eles:

a) avaliação mensal dos indicadores de liquidez de forma gráfico/estatística, de modo que permita indicar uma tendência e sugerir ou inferir pontos para a tomada de decisão e eventuais correções;
b) incorporação dos dados projetados ou orçados para o próximo ou próximos períodos.

A utilização destas duas metodologias permitirá tirar o caráter estático e unilateral dos indicadores, transformando-o ou adicionando-lhe a condição de análise dinâmica, extremamente necessária para avaliar o desempenho de qualquer elemento da estrutura patrimonial da empresa. A seguir, apresentamos um modelo teórico de como poderia ser feita essa análise gerencial dos índices de liquidez.

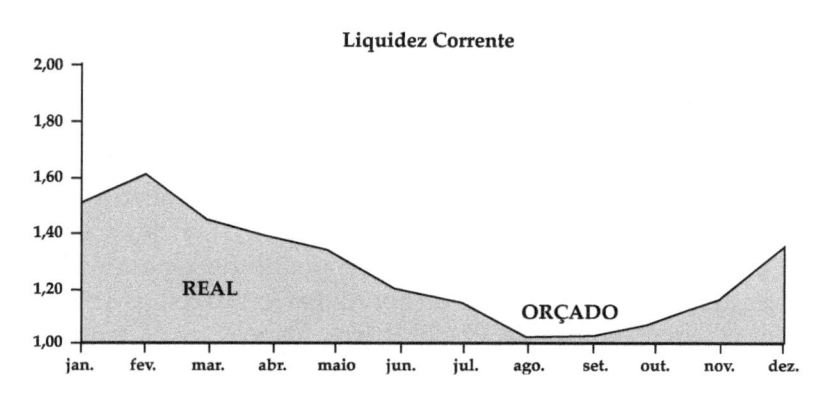

5.4 Indicadores do Ciclo Operacional

Os indicadores de atividade operacional possibilitam a análise do desempenho operacional da empresa e suas necessidades de investimentos no capital de giro. Esses indicadores buscam evidenciar a dinâmica operacional da empresa em seus principais aspectos, refletidos no balanço patrimonial e na demonstração de resultado do exercício.

Os indicadores são calculados inter-relacionando o produto das operações da empresa e o saldo constante ainda no balanço patrimonial, e envolvem os principais elementos formadores do capital de giro próprio da empresa. De modo geral, eles devem refletir as políticas de administração do fluxo de caixa, bem como da capacidade de manter um fluxo contínuo de atividades operacionais.

Gestão Operacional

Podemos caracterizar gestão operacional pela gestão do ciclo de comprar, produzir e vender ou revender produtos e serviços. Caracteriza-se pela gestão do conjunto de atividades do sistema empresa, necessárias para gerar produtos e serviços e entregá-los para sua comunidade de clientes. Significa, então, a gestão da utilização dos recursos necessários para o processo de transformação, a gestão do processo de transformação dos produtos e serviços e, finalmente, a gestão do processo de entrega dos produtos e serviços aos clientes.

A este conjunto denominamos gestão operacional. Em outras palavras, a *gestão operacional* corresponde à gestão dos componentes do capital de giro da empresa, em conjunto com a dos recursos imobilizados.

Responsabilidade pela gestão operacional

A responsabilidade pela gestão operacional de cada atividade cabe aos profissionais responsáveis por essas atividades. Os fluxos econômico, financeiro e patrimonial decorrem do operacional. Portanto, cada gestor operacional é responsável pelos aspectos operacionais, econômicos, financeiros e patrimoniais de suas atividades. Consequentemente, cada gestor é responsável pelo lucro gerado por sua atividade.

A responsabilidade da controladoria na gestão operacional está em apoiar os gestores na busca da eficácia de suas atividades, pelo suporte do seu sistema de informação, com modelos de decisão adequados a cada atividade e aos seus eventos econômicos, em todos os seus aspectos. Cabe também à controladoria monitorar o desempenho de cada atividade, uma vez que ela tem responsabilidade de coordenar o fluxo e os resultados de todas as atividades, em função dos objetivos planejados da empresa como um todo.

5.5 Ciclos Operacional, Econômico e Financeiro

É extremamente importante a compreensão do ciclo completo de cada atividade. Ele pode ser expresso em três conceitos de ciclos: operacional, econômico e financeiro.

O ciclo operacional corresponde a todas as ações necessárias e exercidas para o desempenho de cada atividade. É o processo de gestão de cada atividade e inclui o planejamento, a execução e o controle.

O ciclo econômico evidencia os eventos econômicos no momento em que acontecem, bem como sua mensuração econômica. É no ciclo econômico que se apura o resultado do desempenho das atividades.

O ciclo financeiro corresponde ao processo de efetivação financeira de cada evento econômico em termos de fluxo de caixa.

Os ciclos e o aspecto temporal

Os ciclos são representados pelos momentos de realização dos eventos principais, em termos do transcorrer de tempo. O mais comum é a identificação da duração dos ciclos em quantidade de dias. Obviamente, algumas atividades e tarefas são desempenhadas em horas ou minutos. Porém, é tradicional evidenciar os ciclos em termos de dias.

Quanto maiores os ciclos, ou seja, quanto maior a quantidade de dias para se executar um ciclo operacional completo, maior a necessidade de recursos econômicos necessários para a manutenção das atividades. Dessa maneira, uma gestão fundamental operacional é a do tempo.

Há uma necessidade constante de buscar abreviar o tempo de execução das tarefas e atividades, objetivando maior produtividade dos recursos (o conceito de maior giro dos ativos), bem como sua otimização econômica, consumindo menor quantidade de recursos econômicos e, consequentemente, tendo menor necessidade de capital e dos custos financeiros envolvidos para obtenção desse capital.

Podemos evidenciar os três ciclos graficamente, em seus aspectos principais, conforme mostra a Figura 5.1, considerando uma empresa industrial.

Ciclo Operacional

Pode ser definido como todas as fases operacionais existentes no interior da empresa, que vão desde a aquisição de matérias-primas para a produção até o recebimento das vendas realizadas. A Figura 5.2 ilustra o ciclo operacional de uma empresa do ramo industrial.[2]

---

[2] ASSAF NETO, Alexandre. *Estrutura e análise de balanços*. 4. ed. São Paulo: Atlas, 1998, p. 178-187.

Análise das Demonstrações Financeiras

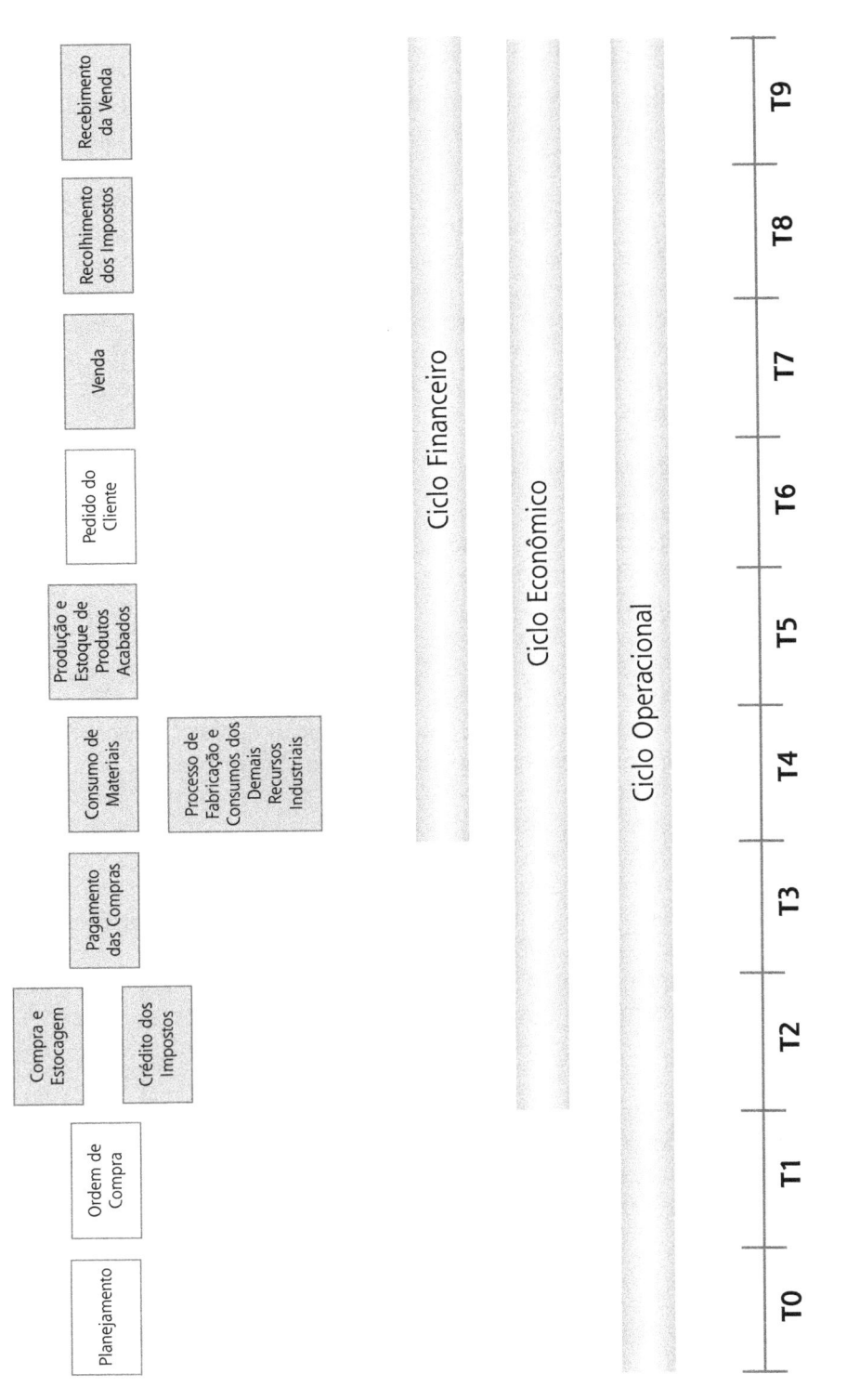

Figura 5.1 Ciclos operacional, econômico e financeiro.

Eventos (em ordem temporal T0 a T9):
- T0: Planejamento
- T1: Ordem de Compra
- T2: Compra e Estocagem / Crédito dos Impostos
- T3: Pagamento das Compras
- T4: Consumo de Materiais / Processo de Fabricação e Consumos dos Demais Recursos Industriais
- T5: Produção e Estoque de Produtos Acabados
- T6: Pedido do Cliente
- T7: Venda
- T8: Recolhimento dos Impostos
- T9: Recebimento da Venda

Ciclos:
- Ciclo Operacional: de T2 (Compra e Estocagem) a T9 (Recebimento da Venda)
- Ciclo Econômico: de T2 (Compra e Estocagem) a T7 (Venda)
- Ciclo Financeiro: de T3 (Pagamento das Compras) a T9 (Recebimento da Venda)

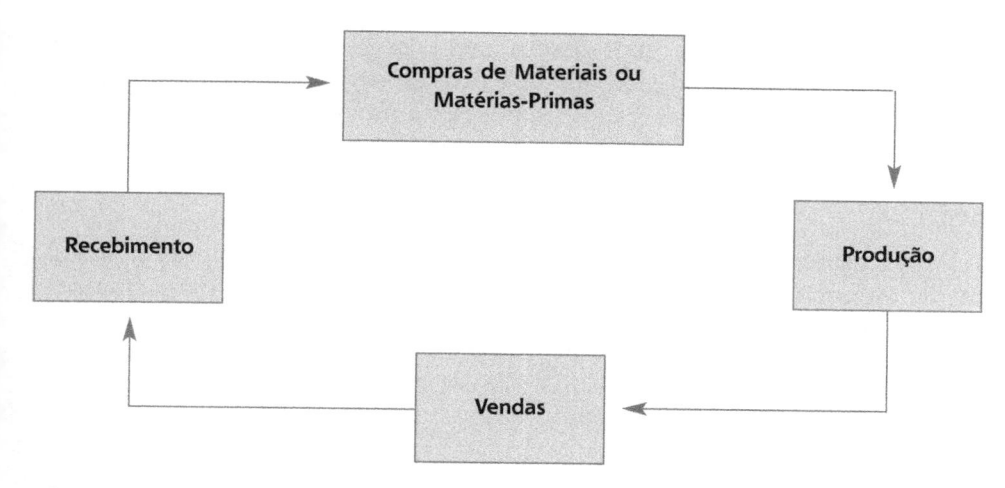

Figura 5.2 Ciclo operacional de compras e vendas.

Compreende todas as ações necessárias para a gestão da atividade. Conforme evidenciado na Figura 5.1, abrange desde o momento do planejamento da produção, recebimento da ordem de compra, até a gestão dos pedidos de venda, entrega do produto ou serviço e recebimento da venda. Envolve desde o momento T0 até o T9.

Ciclo econômico

Caracteriza-se pelo processo de consumo de recursos, produção e entrega do produto ou serviço. Em cada um dos momentos do ciclo econômico há possibilidade e necessidade de mensuração dos eventos. Assim, há a necessidade de mensuração do custo do consumo e estocagem dos recursos, do evento da produção e estocagem dos produtos finais, bem como do valor da venda. Compreende desde o momento T2 até o T7.

Ciclo financeiro

O ciclo financeiro normalmente é diferente do econômico, pois os momentos de pagamentos e recebimentos dos valores dos eventos econômicos são normalmente prolongados por prazos de pagamento e recebimento. Estes prazos, além das condições normais de crédito oferecidas pelas empresas, são utilizados pela necessidade física de se operacionalizar a efetivação financeira das transações. As empresas necessitam de um tempo mínimo para, após o recebimento do produto ou serviço, providenciarem o seu pagamento. O ciclo financeiro corresponde ao intervalo entre os momentos T3 e T9.

Apesar de o evento *crédito dos impostos* sobre as compras ser um componente do ciclo financeiro, seu pagamento é efetivado ao fornecedor, que recolhe os impostos aos órgãos governamentais. Os impostos creditados são então contabilizados e deduzidos dos impostos gerados sobre a venda e recolhidos nos prazos determinados pelo governo, os quais não têm correlação com o prazo dado pela empresa a seus clientes.

Redução dos dias do ciclo: uma atividade fundamental

A gestão do tempo do ciclo operacional é contínua e ininterrupta na procura do menor tempo possível para todas as atividades. Todos os tempos exemplificados anteriormente devem ser objeto de políticas específicas para obter sua redução, pelo seu contínuo monitoramento e busca de novas alternativas e técnicas de gestão.

Mensuração contábil do ciclo econômico e financeiro: indicadores de atividade operacional

A mensuração contábil do ciclo econômico e financeiro da empresa é feita por meio dos dados das demonstrações contábeis, do balanço patrimonial e da demonstração de resultados, transformando os dados dos elementos do giro inter-relacionados em indicadores de atividades ou prazos médios, indicados em dias ou em número de giros (rotação).

Tomando como base os dados constantes das demonstrações contábeis do nosso exemplo numérico, temos (utilizamos os dados do formato gerencial, no qual os valores dos estoques estão detalhados):

Estocagem de Materiais

$$\text{Giro do Estoque (GE)} = \frac{\text{Consumo de Materiais}}{\text{Estoque de Materiais}}$$

$$GE = \frac{\$\ 10.025.476 (1)}{\$\ 1.788.347} = 5,61 \text{ vezes}$$

(1) $ 9.901.289 (Industrial) + $ 66.009 (Administrativos) + $ 58.178 (Comerciais)

$$\text{Dias em Estoque} = \frac{\text{Estoque de Materiais} \times 360 \text{ dias}}{\text{Consumo de Materiais}}$$

Capítulo 5 – Análise por Indicadores

$$\text{Dias em Estoque} = \frac{\$\ 1.788.347 \times 360}{\$\ 10.025.476} = 64,21 \text{ dias (64 dias)}$$

Esses indicadores dizem que o estoque de materiais gira 5,61 vezes no ano e que, em média, tem valores estocados que correspondem a 64 dias do consumo médio de materiais de um ano de produção.

Pagamento de Fornecedores

$$\text{Prazo Médio de Pagamento} = \frac{\text{Fornecedores (Duplicatas a Pagar)} \times 360 \text{ dias}}{\text{Compras de Materiais (Bruto)(1)}}$$

$$\text{Prazo Médio de Pagamento} = \frac{\$\ 679.377 \times 360}{\$\ 11.816.311} = 20,70 \text{ dias (21 dias)}$$

Este indicador nos mostra que o prazo médio de pagamento da empresa é de 21 dias, ou seja, os fornecedores, em média, dão um prazo de 21 dias para a empresa pagar suas compras de materiais.

(1) Normalmente esta informação não está disponível nas demonstrações contábeis publicadas. Como nosso foco é a gestão interna, ela deverá ser gerada normalmente pelo sistema contábil. De qualquer forma, pode ser estimada pelas fórmulas de inter-relacionamento entre as contas dos elementos contábeis envolvidos, mais uma estimativa de impostos médios das compras, já que o consumo de materiais é líquido dos impostos. Vejamos como isso é feito:

	$
Consumo de Materiais	10.025.476
(+) Estoque Final de Materiais	1.788.347
(−) Estoque Inicial de Materiais	(1.800.000)
= Compras de Materiais Líquido	10.013.823
(+) Impostos sobre Compras (18%)	1.802.488
= Compras Brutas	11.816.311

Estocagem de Produtos em Processo

$$\text{Giro do Estoque (GE)} = \frac{\text{Custo dos Produtos Vendidos}}{\text{Estoque de Produtos em Processo}}$$

$$GE = \frac{\$\ 15.128.185}{\$\ 839.145} = 18{,}02 \text{ vezes}$$

$$\text{Dias em Estoque} = \frac{\text{Estoque de Produtos em Processo} \times 360 \text{ dias}}{\text{Custo dos Produtos Vendidos}}$$

$$\text{Dias em Estoque} = \frac{\$\ 839.145 \times 360}{\$\ 15.128.185} = 19{,}97 \text{ dias (20 dias)}$$

Esses indicadores evidenciam que a fábrica consegue produzir 18 ciclos de fabricação, ou seja, consegue, ao longo do ano, fabricar 18 vezes a linha de produtos. Em outras palavras, o ciclo produtivo da empresa, do consumo de materiais até a produção final, leva apenas 20 dias.

Estocagem de Produtos Acabados

$$\text{Giro do Estoque (GE)} = \frac{\text{Custo dos Produtos Vendidos}}{\text{Estoque de Produtos Acabados}}$$

$$GE = \frac{\$\ 15.122.190}{\$\ 672.679} = 22{,}48 \text{ vezes}$$

$$\text{Dias em Estoque} = \frac{\text{Estoque de Produtos Acabados} \times 360 \text{ dias}}{\text{Custo dos Produtos Vendidos}}$$

$$\text{Dias em Estoque} = \frac{\$\ 672.679 \times 360}{\$\ 15.122.190} = 16{,}01 \text{ dias (16 dias)}$$

Recebimento de Clientes

$$\text{Prazo Médio de Recebimento} = \frac{\text{Clientes (Duplicatas a Receber)} \times 360 \text{ dias}}{\text{Vendas (Receita Operacional Bruta)}}$$

$$\text{Prazo Médio de Recebimento} = \frac{\$\ 2.048.604 \times 360}{\$\ 23.883.989} = 30,88 \text{ (31 dias)}$$

O dado obtido indica que a empresa demora, em média, 31 dias para receber o valor das vendas. Em outras palavras, a carteira de clientes a receber representa 31 dias de vendas médias diárias.

Na tabela a seguir apresentamos os indicadores de atividade em dias para os dois exercícios constantes do nosso exemplo numérico.

Indicadores de Atividade Operacional – Em Dias

Fórmula	Ano X0 Dados	Índice	Ano X1 Dados	Índice
Prazo Médio de Estocagem – Materiais (1)				
Estoque de Materiais x 360	1.800.000 x 360	65,1	1.788.347 x 360	65,0
Consumo de Materiais	9.950.000		9.901.289	
Prazo Médio de Estocagem Produtos em Processo				
Estoque de Produtos em Processo x 360	625.940 x 360	15,3	839.145 x 360	20,0
Custo dos Produtos Vendidos	14.707.102		15.122.900	
Prazo Médio de Estocagem – Produtos Acabados				
Estoque de Produtos Acabados x 360	696.000 x 360	17,0	672.679 x 360	16,0
Custo dos Produtos Vendidos	14.707.102		15.122.900	
Prazo Médio de Pagamento				
Fornecedores x 360	460.000 x 360	16,6	679.377 x 360	24,7
Compras Brutas (2)	9.950.000		9.901.289	
Prazo Médio de Recebimento				
Clientes x 360	1.620.000 x 360	24,5	2.004.705 x 360	30,2
Vendas Brutas	23.787.210		23.883.989	

(1) Esta mesma fórmula deve ser utilizada para o comércio, substituindo-se o conceito de materiais pelo de mercadorias. O indicador será, então, o prazo médio de estocagem de mercadorias, obtido com os dados de estoques de mercadorias e o custo das mercadorias vendidas.

(2) Estamos utilizando o consumo de materiais, uma vez que, nas demonstrações contábeis, não é possível obter o valor correto das compras brutas.

Tomando como base os dados obtidos pelos indicadores em quantidade de dias, podemos determinar os ciclos econômico e financeiro completos nessa unidade de medida, obtida pelos dados contábeis.

Ciclo Econômico e Financeiro – Em Dias

Prazos Médios	Ano X1	Ano X2
Estoques de Materiais	65,1 dias	65,0 dias
Estoques de Produtos em Processo	15,3 dias	20,0 dias
Estoques de Produtos Acabados	17,0 dias	16,0 dias
Subtotal – Estocagem	97,5 dias	101,0 dias
Prazo Médio de Recebimento	24,5 dias	30,2 dias
= Ciclo Econômico	**122,0 dias**	**131,2 dias**
(–) Prazo Médio de Pagamento	(16,6) dias	(24,7) dias
= Ciclo Financeiro	**105,4 dias**	**106,5 dias**

A leitura desses dados evidencia que essa empresa necessita de 122 a 131 dias para executar o processo de compra, estocagem e venda, em termos de valor, e é aliviada de 16 a 24 dias pelo financiamento obtido junto aos fornecedores de materiais, redundando na necessidade de um capital de giro ou ciclo financeiro correspondente a 105/106 dias de operação, medida em termos econômicos.

É importante ressalvar que são medidas contábeis, de valor. O processo operacional tem seu andamento físico em quantidade de dias que pode ser diferente. Essas medidas são importantes para gerenciar o capital de giro e a sua necessidade como investimento no ativo. Além disso, o acompanhamento rotineiro desses indicadores permite uma visão muito expressiva do andamento das operações da empresa e o seu impacto financeiro e patrimonial.

5.6 Indicadores de Rentabilidade e Crescimento

O Capítulo 4 foi destinado a explorar a análise da rentabilidade, uma vez que a julgamos a mais importante do conjunto de análise financeira e de balanço. Os indicadores de rentabilidade decorrem, como vimos, da produtividade do ativo (o giro), das margens de lucro sobre venda (a lucratividade) e da estrutura de capital (mais ou menos participação do capital próprio no passivo total).

Como complemento da análise da rentabilidade, incluiremos dois indicadores: o grau de alavancagem financeira e o índice de cobertura de juros.

Os indicadores de crescimento são obtidos basicamente pela análise horizontal, apresentada no próximo capítulo, quando se verifica a variação relativa entre o dado de um exercício em comparação com o mesmo dado do exercício anterior. Também se podem desenvolver alternativas de análise de crescimento. Os indicadores mais utilizados são o índice de crescimento sustentável e a taxa anual composta de crescimento.

Grau de Alavancagem Financeira

Este indicador mostra a eficiência com que os administradores aplicaram os recursos de terceiros como forma de melhorar o resultado para os sócios e acionistas. O conceito de alavancagem parte da física, como um instrumento para se obter um resultado maior do que o esforço utilizado. Dessa maneira, caracteriza-se alavancagem financeira quando a empresa utiliza recursos de terceiros (empréstimos e financiamentos) como elemento para melhorar a rentabilidade final do capital próprio.

Para evidenciar o resultado da alavancagem financeira, toma-se a rentabilidade final do capital próprio em relação à rentabilidade geral da empresa.

$$GAF = \frac{RSPL}{RSA}$$

onde:

RSPL = Retorno sobre o patrimônio líquido
RSA = Retorno sobre o ativo

$$RSPL = \frac{LLE}{PL} \times 100$$

$$RSA = \frac{\text{Lucro antes das Despesas Financeiras (1)}}{\text{Ativo Operacional}} \times 100$$

(1) Deve ser deduzido dos impostos sobre o lucro.

onde:

RSPL maior que RSA = Grau de alavancagem financeira positivo = > 1
RSA maior que RSPL = Grau de alavancagem financeira negativo = < 1

Se o GAF for positivo, significa que a utilização de capital de terceiros foi válida para aquele período, uma vez que o retorno para o acionista foi maior do que o retorno geral da empresa, decorrente da alavancagem financeira. Se for negativo, o efeito alavancagem não deu resultado. Isso quer dizer, em linhas gerais, que o custo dos empréstimos e financiamentos foi superior à rentabilidade obtida nas operações e o resultado final para o acionista ou sócio foi prejudicado.

Os dados para calcular a alavancagem financeira constam da Tabela 4.14 do capítulo anterior, que apresentamos a seguir:

Grau de Alavancagem Financeira

Fórmula	Ano X0 Dados	Ano X0 Índice	Ano X1 Dados	Ano X1 Índice
Rentabilidade do Patrimônio Líquido	18,49%	1,56	10,54%	1,29
Rentabilidade do Ativo Operacional	11,86%		8,15%	

Pelos dados analisados, a empresa obteve sucesso com o fenômeno alavancagem nos dois períodos, uma vez que ambos os indicadores são maiores que 1. Pode-se ressaltar que, no Ano X1, o GAF reduziu significativamente, podendo indicar problemas para os próximos exercícios.

Indicador de Cobertura das Exigibilidades e dos Juros

Este indicador mostra o número de vezes que os resultados operacionais da empresa cobrem a remuneração devida ao capital de terceiros. Também indica o número de vezes que o lucro da empresa pode diminuir sem afetar a remuneração devida aos recursos de terceiros.

$$\text{Cobertura de Juros} = \frac{\text{Lucro antes das Despesas Financeiras}}{\text{Despesas Financeiras}}$$

Com os dados do exemplo numérico, obtemos os seguintes indicadores:

Índice de Cobertura de Juros

Fórmula	Ano X0		Ano X1	
	Dados	Índice	Dados	Índice
Lucro Operacional	1.669.499	3,02	1.145.610	1,94
Despesas Financeiras	552.999		590.230	

As despesas financeiras que devem constar no denominador da equação são exclusivamente os juros e encargos financeiros com os empréstimos e financiamentos do capital de terceiros. Despesas bancárias, encargos financeiros com clientes e fornecedores decorrem das atividades operacionais e não são considerados encargos financeiros de capital de terceiros.

Os indicadores obtidos no exemplo mostram que houve uma queda significativa na cobertura de juros, mesmo que ainda se apresente como positivo. Este indicador tem como referência, então, verificar a capacidade da empresa de saldar seus encargos de juros com o capital de terceiros. Deve ser analisado em conjunto com o grau de endividamento, a estrutura do passivo e o grau de alavancagem financeira.

Indicador de Crescimento Sustentável

Tem por objetivo verificar a relação direta entre o crescimento da receita e o do patrimônio líquido. O crescimento da receita é considerado pelos investidores um dos melhores indicadores para avaliar o desempenho da empresa ao longo do tempo. A premissa é que, se as vendas/receitas crescem, os lucros também devem crescer e, consequentemente, o valor da empresa no mercado de capitais. A relação do crescimento das vendas com o crescimento do patrimônio líquido, ou seja, o crescimento do capital próprio, indica que a empresa utiliza mais ou menos recursos próprios para alavancar o crescimento das vendas, em detrimento da utilização de capital de terceiros. Este indicador pode caracterizar-se como conservador, uma vez que privilegia o uso maior de capital próprio ou a retenção de lucros, em detrimento do uso de capital de terceiros e da distribuição de lucros ou dividendos aos sócios e acionistas. A fórmula é a seguinte:

$$\text{Indicador de Crescimento Sustentável} = \frac{\text{Percentual de Aumento da Receita Líquida}}{\text{Percentual de Aumento do Patrimônio Líquido Ajustado (1)}}$$

(1) Patrimônio líquido excluindo reservas de reavaliações.

Com o nosso exemplo numérico, podemos calcular este indicador para o ano X1.

Fórmula	Ano X1	Ano X0	Variação	Índice
Crescimento das Vendas	18.713.105	18.637.279	0,41%	0,06
Crescimento do Patrimônio Líquido	4.270.075	4.000.000	6,75%	

Como parâmetro para este indicador, quanto mais perto de 1, melhor é o quociente de crescimento sustentável. Outra premissa subjacente neste indicador é que deve haver um balanceamento entre o crescimento da receita e o crescimento do capital próprio, o que não necessariamente pode ser uma alternativa adequada.

CAGR – *Compound Annual Growth Rate* – Taxa Anual Composta de Crescimento

Este indicador é também muito utilizado pelos investidores para uma avaliação da média anual de crescimento dos principais elementos da demonstração de resultados. É a taxa de crescimento composta de uma variação entre vários anos. O mais usual tem sido utilizar um período de cinco anos para observar as tendências de longo prazo. Este indicador de crescimento é aplicado principalmente para a receita de vendas, o lucro operacional, o EBITDA e o lucro líquido.

A fórmula de cálculo é a mesma utilizada na matemática financeira para decompor uma taxa final em uma taxa composta para períodos menores desejados. Para fins de análise dos elementos das demonstrações financeiras, ela pode ser formatada da seguinte maneira:

$$CAGR = \left(\frac{\text{Valor do Período Final N}}{\text{Valor do Período Inicial}}\right)^{\left(\frac{1}{N-1}\right)} - 1$$

Nosso exemplo básico não contempla dados de cinco anos. Assim, nos exemplos dados a seguir, foram assumidos valores para cinco anos de maneira aleatória. O primeiro apresenta uma evolução do valor da receita operacional líquida do Ano 1 ao Ano 5, com as variações percentuais de um ano para outro apresentadas na coluna ao lado. Verifica-se que as variações de crescimento de cada ano são bastante diferentes. A finalidade do indicador CAGR é transformar a variação acumulada do valor do elemento analisado (neste caso, a receita operacional líquida), partindo de um ano-base (no exemplo, o Ano 1), tendo como referência o último período (neste caso, o Ano 5).

O cálculo do CAGR é o seguinte:

$$CAGR = \frac{\$\ 545.000}{\$\ 236.000} = 2,3093 \text{ ou } 130,93\%$$
$$= (2,3093)^{1/4} - 1 = 23,27\%$$

Receita Operacional Líquida	Valor – $	Variação Anual	CAGR
Ano 1	236.000	0	0
Ano 2	332.000	40,68%	23,27%
Ano 3	445.000	34,04%	23,27%
Ano 4	508.000	14,16%	23,27%
Ano 5	545.000	7,28%	23,27%
Acumulado		130,93%	130,93%

O cálculo da variação acumulada dos quatro anos que se seguem ao Ano 1 indica que o valor da receita operacional líquida do Ano 5, de $ 545.000, é superior à receita operacional líquida do Ano 1, de $ 236.000, em 130,93%. Aplicando a fórmula, temos uma taxa anual composta de crescimento de 23,27%. Ou seja, em média, nos períodos considerados, houve um crescimento médio anual da receita operacional líquida de 23,27%. O CAGR é a radiciação de quatro períodos de 130,93%. Assim, em vez de trabalhar com as quatro variações anuais (40,68% do Ano 2 sobre o 34,04% do Ano 3 sobre o 2; 14,16% do Ano 4 sobre o 3; e 7,28% do Ano 5 sobre o 4), trabalha-se com a média composta de 23,27%.

Normalmente compara-se o CAGR da receita operacional líquida com o valor dos diversos lucros obtidos nos mesmos períodos. Nosso exemplo apresenta números aleatórios para o lucro líquido, no qual verifica-se que há um crescimento anual composto do lucro líquido de 22,70%, muito próximo ao crescimento composto da receita operacional líquida, evidenciando comportamentos similares. Como regra geral, espera-se que o crescimento do lucro seja superior, ou pelo menos igual, ao da receita líquida.

Lucro Líquido	Valor – $	Variação Anual	CAGR
Ano 1	45.000	0	0
Ano 2	59.000	31,11%	22,70%
Ano 3	90.000	52,54%	22,70%
Ano 4	95.000	5,56%	22,70%
Ano 5	102.000	7,37%	22,70%
		126,67%	126,67%

Além da comparação entre os diversos elementos da demonstração de resultados da empresa nos períodos considerados, este indicador de crescimento é extremamente útil para análises comparativas com outras empresas, principalmente do setor ou concorrentes, e com períodos antecedentes da própria empresa. Uma outra comparação muito válida é aquela com o desempenho geral da economia do país, medido pela variação percentual do PIB (Produto Interno Bruto), seja do PIB geral, da indústria, de serviços ou agrícola.

PIB – Produto Interno Bruto	Crescimento	Inflação	Total	CAGR
Ano 2	0,54%	9,30%	9,89%	9,23%
Ano 3	4,90%	7,60%	12,87%	9,23%
Ano 4	2,30%	5,69%	8,12%	9,23%
Ano 5	2,90%	3,14%	6,13%	9,23%
Acumulado	11,02%	28,20%	42,33%	42,33%

Se levarmos em conta a variação de crescimento anual dos dados da empresa sem desconsiderar a inflação (o que tem sido o mais comum dentro de uma economia com estabilidade monetária), devemos adicionar ao crescimento do PIB o índice de inflação considerado pelo governo. No nosso exemplo, a média de crescimento da economia do país nos mesmos anos foi de 9,23%, mostrando que o crescimento da receita e o lucro da empresa foram bastante superiores à média da economia como um todo.

5.7 Indicadores de Preço e Retorno da Ação

Para as empresas constituídas juridicamente como sociedade por ações, é possível construir alguns indicadores de avaliação do preço das ações e de sua rentabilidade. De modo geral, essa análise é aplicada para as ações de sociedades anônimas de capital aberto, ou seja, aquelas que têm suas ações negociadas nas bolsas de valores do país ou do exterior.

A aplicação dessa análise para as sociedades por ações de capital fechado e para as sociedades limitadas (onde se conhecem todos os acionistas) tem sua utilização restrita. A análise do preço e retorno das ações é justificada para as sociedades de capital aberto porque a possibilidade de venda das ações é um evento considerado a todo instante na avaliação de ficar ou não com elas. Nas demais empresas, nas quais as possibilidades de alienação são mais reduzidas, a análise da rentabilidade desenvolvida no Capítulo 4 tende a suprir as necessidades de avaliação da rentabilidade. Para essas empresas, os conceitos de avaliação de empresa, pelos preços de mercado ou pelo valor econômico, têm mais utilidade do que a análise de preço das cotas ou ações.

Valor Patrimonial da Ação

Este indicador tem por objetivo atribuir um valor para cada ação. O valor é representado por uma avaliação a valores contábeis. O valor da empresa no sistema contábil é expresso pelo total do patrimônio líquido, que inclui o capital social, as reservas e os lucros acumulados (lucros não distribuídos). A fórmula é a seguinte:

$$VPA = \frac{\text{Patrimônio Líquido}}{\text{Número de Ações em Circulação}}$$

Para o nosso exemplo numérico, vamos admitir que a empresa tenha emitido uma quantidade de 2 milhões de ações, todas em circulação.

Valor Patrimonial por Ação

Fórmula	Ano X0		Ano X1	
	Dados	$	Dados	$
Patrimônio Líquido	4.000.000	2,00	4.270.075	2,14
Quantidade de Ações em Circulação	2.000.000		2.000.000	

Valor de Mercado da Ação e Análise Comparativa

É fundamental, na avaliação do valor da ação, a comparação com o seu valor de mercado. Como estamos falando de empresas de capital aberto, com ações cotadas em bolsa, o que prevalece para o mercado e para os investidores não é o valor patrimonial, o valor contábil, mas, sim, o valor de mercado, o valor de cotação da ação nas bolsas de valores.

O fator básico que permite a diferença entre os dois valores está no enfoque de avaliação. Enquanto a contabilidade avalia a empresa pelos princípios contábeis geralmente aceitos, em que prevalecem os valores históricos e o conceito de custo como base de valor, o mercado avalia a empresa em função das expectativas futuras de lucros, caixa e dividendos. Dessa maneira, o valor patrimonial pode estar acima ou abaixo do de mercado. Em nosso país, nos últimos anos, têm prevalecido valores de mercado da ação inferiores aos valores patrimoniais. Mas isto é uma questão conjuntural que pode não se repetir.

A análise comparativa desses dois valores é importante para que a empresa questione os motivos da diferença. Se o mercado avalia o preço da ação muito abaixo do valor patrimonial, há indícios de que, por exemplo, ou os valores dos ativos estão superavaliados ou as expectativas dos investidores são de que a geração de lucros e dividendos futuros será baixa, pondo em dúvida a gestão da companhia.

O inverso também pode ser verificado: se a ação está sendo avaliada pelo mercado em valor superior ao patrimonial, há indícios de que os ativos estão subavaliados ou o mercado enxerga a empresa com maior potencial do que sua própria administração. Nesta situação, encaixam-se as visões de que a empresa pode ter ativos intangíveis de valor, não contabilizados, como *goodwill*, marca, capital intelectual etc.

Uma análise interessante é fazer a comparação mensalmente. Além de se verificar a distância entre os dois valores, o acompanhamento sistemático pode mostrar uma tendência que permite análises mais sistemáticas e de curto prazo. Apresentamos um exemplo de quadro de análise comparativa, com gráfico, a seguir. Os valores de mercado da ação são arbitrários.

Análise Comparativa – Valor de Mercado Versus Valor Patrimonial da Ação

Mês	Valor Patrimonial (A)				Valor de Mercado (B)				Relação % (B : A)
	Patrimônio Líquido	Quantidade de Ações		Valor por Ação Patrimonial	Unitário			Valor Total	
		Ordinárias	Preferenciais		Ordinárias	Preferenciais	Médio		
Dezembro/X0	4.000.000	800.000	1.200.000	2,00	1,20	1,60	1,44	2.880.000	72%
Janeiro/X1	4.020.000	800.000	1.200.000	2,01	1,22	1,66	1,48	2.968.000	74%
Fevereiro/X1	4.050.000	800.000	1.200.000	2,03	1,25	1,65	1,49	2.980.000	74%
Março/X1	4.070.000	800.000	1.200.000	2,04	1,30	1,70	1,54	3.080.000	76%
Abril/X1	4.100.000	800.000	1.200.000	2,05	1,40	1,80	1,64	3.280.000	80%
Maio/X1	4.120.000	800.000	1.200.000	2,06	1,40	1,75	1,61	3.220.000	78%
Junho/X1	4.150.000	800.000	1.200.000	2,08	1,40	1,85	1,67	3.340.000	80%
Julho/X1	4.170.000	800.000	1.200.000	2,09	1,41	1,90	1,70	3.408.000	82%
Agosto/X1	4.200.000	800.000	1.200.000	2,10	1,35	1,80	1,62	3.240.000	77%
Setembro/X1	4.220.000	800.000	1.200.000	2,11	1,35	1,70	1,56	3.120.000	74%
Outubro/X1	4.240.000	800.000	1.200.000	2,12	1,25	1,65	1,49	2.980.000	70%
Novembro/X1	4.260.000	800.000	1.200.000	2,13	1,20	1,50	1,38	2.760.000	65%

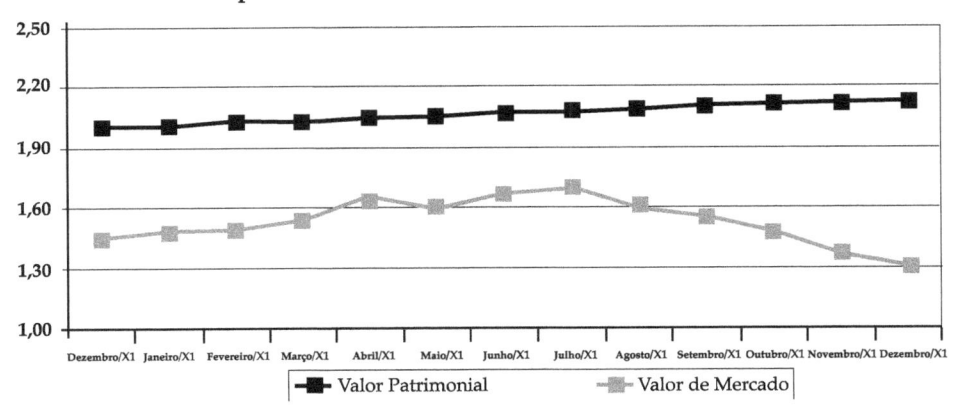

Análise Comparativa – Valor de Mercado *Versus* Valor Patrimonial da Ação

Lucro por Ação

Mostra quanto cada ação obteve de lucro no exercício analisado. Em termos de rentabilidade, o lucro por ação avaliado percentualmente tem o mesmo significado que a rentabilidade do capital próprio. A fórmula é a seguinte:

$$LPA = \frac{\text{Lucro Líquido do Exercício}}{\text{Número de Ações}}$$

Com os dados do nosso exemplo numérico, temos:

Lucro por Ação

Fórmula	Ano X0		Ano X1	
	Dados	$	Dados	$
Lucro Líquido do Exercício	739.410	0,37	450.126	0,23
Quantidade de Ações em Circulação	2.000.000		2.000.000	

O lucro por ação analisado individualmente não diz praticamente nada. Não é possível uma análise comparativa com outras empresas, uma vez que a quantidade de ações que cada empresa emite e tem em circulação é variada e a determinação da quantidade de ações do capital social é arbitrária. A análise do indicador individual só tem sentido em comparação com outros períodos da empresa, tanto do passado como do futuro. Este indicador, contudo, é importante para a análise conjunta com o indicador preço/lucro, que abordaremos a seguir.

Índice de P/L – Relação Preço/Lucro

Este indicador representa teoricamente o tempo do retorno do investimento feito em ações, considerando a última informação de lucro obtido por ação. Pode ser calculado tanto com o valor patrimonial como com o valor de mercado. O mais utilizado é o valor de mercado, que estamos adotando. A fórmula é a seguinte:

$$P/L = \frac{\text{Valor de Mercado da Ação}}{\text{Lucro por Ação (LPA)}}$$

Com os dados atribuídos em nosso exemplo numérico, temos:

Índice P/L – Preço/Lucro

Fórmula	Ano X0 Dados	Ano X0 Índice	Ano X1 Dados	Ano X1 Índice
Valor de Mercado da Ação (Médio)	1,44	3,89	1,32	5,87
Lucro por Ação	0,37		0,23	

O indicador do ano X0 diz que, pagando $ 1,44 por ação e a empresa tendo em média $ 0,37 de lucro por ano, em 3,89 anos o investimento retornará para o investidor. No Ano X1, apesar de o valor de mercado ter diminuído, o lucro por ação também diminuiu e o tempo estimado de retorno do investimento subiu para 5,87 anos.

O parâmetro básico de avaliação, sempre pela ótica do investidor, é *quanto menor, melhor*. Isso porque o investidor quer sempre que o valor investido retorne o mais rápido possível às suas mãos. Uma avaliação prática de mercado situa que P/L entre 5 e 8 anos é considerado bom. Menores que isso são excelentes, e maiores desinteressantes, do ponto de vista de retorno de investimento.

5.8 Indicadores da Bolsa de Valores

As bolsas de valores desenvolvem diversos indicadores para avaliar as ações negociadas sob diversos aspectos, bem como para fornecer elementos adicionais aos investidores. Destacaremos a seguir alguns indicadores desenvolvidos pela Bovespa (Bolsa de Valores de São Paulo).

Ibovespa

É o principal indicador do desempenho das ações listadas na Bovespa. Reflete o desempenho médio de uma carteira teórica de ações, o qual busca representar a variação diária ocorrida com essa carteira. Este indicador é mostrado cumulativamente em pontos, decorrente de uma base assumida em 1968.

Comparando o indicador de determinado dia com esse mesmo indicador de outro dia anterior, tem-se a variação percentual ocorrida no período considerado. Por exemplo, se o Ibovespa ao final do dia 27 de abril for de 49.674 pontos e o Ibovespa do dia anterior tiver sido 49.066, isso significa que houve uma variação positiva (alta das ações) média da carteira do Ibovespa de 1,24%.

Com base neste indicador, podem-se fazer diversas análises comparativas entre as diversas ações listadas na bolsa de valores, nos diversos períodos em que se queira fazê-las.

Índice de Negociabilidade da Ação

O objetivo deste indicador é mensurar a liquidez média das ações de determinada empresa. A liquidez de uma ação é, junto com seu preço, a variável mais importante para análise no processo de tomada de investimento nesse título mobiliário. Empresas com bons fundamentos econômicos, mas cujas ações tenham pouca liquidez na bolsa de valores, apresentam dificuldades de crescimento de seu valor de mercado. Há uma relação muito estreita entre a liquidez e o preço da ação no mercado.

A liquidez é a condição que o título tem de ser negociável permanentemente no mercado. Quanto mais uma ação é negociada, mais ela é líquida, e mais ela tem atrativos. A liquidez da ação dá tranquilidade ao investidor, garantindo-lhe que, quando desejar sair do mercado, fará uma oferta de venda e terá comprador no dia, ao preço do mercado.

O índice de negociabilidade (IN) da ação é calculado pelo Ibovespa, considerando os últimos 12 meses de movimentação, pela seguinte fórmula:

$$IN = \sqrt{\frac{ni}{N} * \frac{vi}{V}}$$

onde:

ni = número de negócios com a ação "i"
N = número total de negócios no mercado à vista da Bovespa
vi = volume financeiro gerado pelos negócios com a ação "i"
V = volume financeiro total do mercado à vista da Bovespa

Caso se deseje, pode-se aplicar a fórmula e obter o índice de negociabilidade para períodos inferiores a 12 meses.

Na tabela apresentada a seguir, identificamos a movimentação de um dia da Bovespa, como meio de evidenciar o cálculo da fórmula. Tomamos como referência a movimentação das ações da Petrobras, que é uma das empresas mais negociadas em bolsa, e de mais duas, uma representando uma ação de média liquidez (Empresa X) e outra, uma ação de baixa liquidez (Empresa Y).

Índice de Negociabilidade

Período X (dia/semana/mês/ano)	Número de Negócios	Volume Financeiro – $ mil	Índice de Negociabilidade
Bolsa de Valores	75.749	3.517.623	
Petrobras	5.778	449.003	9,87%
Empresa X	749	20.487	0,76%
Empresa Y	150	1.840	0,10%

Este indicador deve ser analisado de forma comparativa entre as empresas listadas na bolsa de valores. Quanto maior o índice de negociabilidade, melhor.

Índice de Sustentabilidade Empresarial – ISE

Conforme o site da Bovespa, há uma tendência mundial de os investidores procurarem empresas socialmente responsáveis, sustentáveis e rentáveis para aplicar seus recursos. Tais aplicações são denominadas investimentos sociais responsáveis. A Bovespa, em conjunto com várias outras instituições, criou um indicador de ações para ser um referencial para esses investimentos, denominado Índice de Sustentabilidade Empresarial – ISE.

O ISE tem por objetivos refletir o retorno de uma carteira composta por ações com reconhecido comprometimento com a responsabilidade social e a sustentabilidade empresarial, e também atuar como promotor das boas práticas no meio empresarial brasileiro. Participam deste índice apenas as empresas escolhidas, que, na avaliação da instituição, têm claramente este perfil.

O ISE pode ser comparado com o próprio Ibovespa, aferindo se os investidores dão preferência maior ou menor para as empresas listadas no ISE em relação às demais empresas.

5.9 Outros Indicadores

As possibilidades de criar indicadores são muito grandes. Cada empresa pode ter características próprias que indiquem a necessidade de criar um ou outro indicador específico, para complementar a análise por meio de índices. A recomendação é a mesma feita inicialmente: o painel de indicadores deve ser montado cuidadosamente e os indicadores escolhidos devem ser os que, de fato, permitam compreender todos os aspectos da empresa analisada. Excesso de indicadores mais prejudica do que auxilia a análise financeira.

Questões e Exercícios

1. O *controller* da Cia. Norte S.A., ao elaborar a análise das demonstrações contábeis da empresa, percebeu que o índice de composição do endividamento (CE = passivo circulante/capital de terceiros) alcançava um resultado igual a 0,90. Em vista disso, concluiu que:

   a) a empresa está comprometendo quase a totalidade de seu capital próprio com obrigações para com terceiros;

   b) a empresa não terá como pagar seus compromissos de curto prazo;

   c) o endividamento da empresa está concentrado no curto prazo;

   d) o risco de insolvência da empresa é altíssimo;

   e) a cada R$ 100,00 de ativo circulante, correspondem R$ 90,00 de passivo circulante.

2. Em um determinado exercício social, a empresa de louças e vidros apresentou os seguintes dados e informações, referentes a esse mesmo exercício social:

Índice de liquidez corrente (ILC)		1,2500
Índice de liquidez seca (ILS)		1,0000
Realizável a longo prazo	R$	1.900.000,00
Mercadorias	R$	414.000,00
Passivo exigível a longo prazo	R$	2.125.000,00

   Analisando os dados e as informações disponibilizados pela empresa, conclui-se que seu índice de liquidez geral, no mesmo exercício, é:

   a) 0,8941;

   b) 0,9701;

   c) 1,0308;

d) 1,0500;
e) 1,1184.

3. A Cia. Comercial S.A., ao final de um determinado período, apresentou as seguintes informações, em reais:

Dividendos a distribuir	250.000,00
Duplicatas a pagar	1.755.000,00
Duplicatas a receber	3.795.800,00
Duplicatas descontadas	1.200.000,00
Empréstimos a diretores da companhia	500.000,00
Provisão para créditos de difícil liquidação	205.500,00

Considerando exclusivamente as informações parciais apresentadas pela Cia. Comercial S.A., as determinações da legislação societária, dos princípios fundamentais de contabilidade e a boa técnica contábil, bem como os procedimentos usuais da análise de balanço, suas técnicas e padronização das demonstrações, o índice de liquidez corrente desta companhia é igual a:

a) 1,1130;
b) 1,1202;
c) 1,2502;
d) 1,2762;
e) 1,4415.

4. A Indústria Ltda. vem girando 12 vezes, em média, suas duplicatas a receber e 24 vezes seus fornecedores, considerando um ano com 360 dias. As matérias-primas permanecem, normalmente, 40 dias estocadas, antes de ser consumidas no processo produtivo; os produtos acabados demandam 60 dias para ser vendidos e são despendidos ainda 45 dias na fabricação dos produtos.

Supondo que a empresa pudesse reduzir a estocagem de matérias-primas em 10 dias, o período de fabricação em 5 dias e a estocagem de produtos acabados em 15 dias, e mantendo-se o mesmo ciclo financeiro anterior, o prazo adicional que poderia ser concedido aos seus clientes seria de:

a) 15 dias;
b) 30 dias;
c) 45 dias;
d) 60 dias;
e) 90 dias.

5. A companhia da qual você é contador apresentou-lhe as seguintes informações, em milhares de reais:

   Capital circulante líquido 3.080
   Capital total à disposição da empresa 12.000
   Capital próprio 7.000
   Passivo exigível a longo prazo 1.280
   Índice de liquidez geral (ILG) 1,6

   a) Elabore o balanço patrimonial da companhia.
   b) Calcule os indicadores a seguir, explicando o que cada um representa e a situação da empresa em relação a eles:

   - Capital circulante próprio;
   - Liquidez corrente;
   - Participação do capital de terceiros;
   - Composição do passivo.

6. Discorra resumidamente sobre as técnicas de análise financeira de balanços (análise vertical, análise horizontal, indicadores), sua utilidade, objetivos, problemas.

7. Escolha três ou quatro indicadores que você considera essenciais para a análise de balanço. Justifique sua escolha.

8. Considerando:
   a) que uma empresa vendeu $ 120.000 em um período e obteve lucro de $ 11.000;
   b) que ela tem um giro do ativo de 1,25;
   c) que a participação do capital próprio no ativo total é igual a 60%;
   d) que o restante do passivo está dividido em 70% de circulante e 30% de exigível a longo prazo;
   e) que essa empresa tem um índice de liquidez corrente de 1,5 e não tem realizável a longo prazo.

   Pede-se:

   a) determine o valor do seu ativo fixo;
   b) calcule, analise e interprete a rentabilidade.

9. Considerando os seguintes dados de uma empresa:
   a) um ativo total de $ 320.000;
   b) um giro do ativo de 0,80;
   c) custos e despesas totais do período de $ 247.000;

d) um ativo fixo de 72% do ativo total;

e) um exigível a longo prazo de $ 10.000 (não tem realizável a longo prazo);

f) um capital próprio representando 65% do ativo.

Pede-se:

a) calcule o índice de liquidez corrente;

b) calcule, analise e interprete a rentabilidade.

10. Uma empresa apresentou os seguintes dados após o encerramento do exercício:

Patrimônio líquido	$ 40.000.000
Lucro líquido após impostos	$ 6.000.000
Dividendos propostos	$ 3.600.000
Cotação da ação ao final do período	$ 140,00
Quantidade de ações do capital social	250.000 ações

Pede-se: faça a análise do preço e rentabilidade das ações.

11. Considerando os seguintes dados financeiros:

Duplicatas a Receber	$ 3.000	Duplicatas a Pagar	$ 900	Vendas Anuais	$ 16.800
Estoques	$ 6.000	Financiamentos	$ 5.500	(–) Custo Vendas	$ 13.000
Imobilizado	$ 7.000	Patrimônio Líquido	$ 9.600	(–) Despesas	$ 1.800
Ativo Total	$ 16.000	Passivo Total	$ 16.000	Lucro	$ 2.000

Calcule:

a) prazos médios de recebimento, estocagem e pagamento;

b) dias do ciclo econômico e ciclo financeiro.

12. Com os demonstrativos apresentados a seguir, faça uma análise de balanço, elaborando:

a) a construção dos indicadores;

b) o ciclo econômico e financeiro em dias;

c) a avaliação final sobre a empresa, em termos de estrutura financeira, patrimonial e rentabilidade.

BALANÇO PATRIMONIAL	Ano 1	Ano 2
Ativo Circulante	120.000	132.700
Aplicações Financeiras	25.000	23.200
Contas a Receber de Clientes	43.000	61.200
Estoques	50.000	45.500
Outros Valores a Realizar	2.000	2.800
Realizável a Longo Prazo	2.000	2.400
Depósitos Judiciais	2.000	2.400
Investimentos e Imobilizado	88.000	81.900
Investimentos em Controladas	18.000	19.200
Imobilizados	150.000	162.000
(–) Depreciação Acumulada	(80.000)	(99.300)
TOTAL	210.000	217.000
Passivo Circulante	85.300	85.600
Fornecedores	10.000	11.000
Contas a Pagar	7.800	8.300
Impostos a Recolher	4.500	5.800
Dividendos a Pagar	8.000	4.000
Empréstimos	55.000	56.500
Passivo Não Circulante	34.700	37.400
Financiamentos	34.700	37.400
Patrimônio Líquido	90.000	94.000
Capital Social	68.000	68.000
Reservas	16.400	22.000
Lucros Acumulados	5.600	4.000
TOTAL	210.000	217.000
DEMONSTRAÇÃO DE RESULTADOS	Ano 1	Ano 2
Receita Operacional Bruta	320.000	347.000
(–) Impostos sobre Vendas	(35.000)	(38.000)
Receita Operacional Líquida	285.000	309.000
Custo dos Produtos Vendidos	187.400	205.800
Materiais Consumos	104.000	114.000
Depreciação	18.400	19.300
Outros Custos de Fabricação	65.000	72.500
Lucro Bruto	97.600	103.200

BALANÇO PATRIMONIAL (continuação)	Ano 1	Ano 2
(–) Despesas Operacionais	67.500	76.700
Com Vendas	38.400	41.700
Administrativas	29.100	35.000
Lucro Operacional I	30.100	26.500
Receitas Financeiras	2.800	2.500
Despesas Financeiras	(13.050)	(18.000)
Equivalência Patrimonial	800	1.200
Lucro Operacional II	20.650	12.200
Impostos sobre o Lucro	(7.021)	(4.148)
Lucro Líquido do Exercício	13.629	8.052

Capítulo 6 – Análise Vertical e Horizontal e Avaliação Geral

Além dos indicadores, a transformação dos valores das demonstrações financeiras em números relativos ou percentuais é de grande valia para a análise financeira, cujo objetivo é melhorar sua visibilidade e possibilitar a identificação de pontos positivos ou negativos. Este instrumental básico tem sido denominado *análise vertical e horizontal*. A primeira caracteriza-se como uma análise de estrutura ou participação, e a segunda consiste em uma mensuração da variação de crescimento ou decréscimo do valor dos elementos constantes das demonstrações financeiras.

6.1 Análise Vertical (AV)

Denominamos *análise vertical* o estudo de participação percentual ou de estrutura dos elementos das demonstrações contábeis. Assume-se como 100% um determinado elemento patrimonial que, em princípio, deve ser o mais importante, e faz-se uma relação percentual de todos os demais elementos sobre ele.

Para o balanço patrimonial, convencionou-se adotar como 100% o total do ativo e do passivo. Para a demonstração de resultados, estabeleceu-se adotar como 100% o valor do total da receita de vendas, líquida dos impostos, denominada legalmente *receita operacional líquida*.

A análise vertical da demonstração de resultados é muito mais significativa do que a do balanço patrimonial, pois, pelo fato de atribuir 100% à receita operacional, permite uma visão da estrutura de custos e despesas da empresa, em termos de média sobre as vendas. Essa análise deve ser explorada ao máximo, pois permite extrair informações muito úteis.

No exemplo com demonstrações financeiras com dados teóricos e resumidas, apresentamos a metodologia de cálculo da análise vertical.

Balanço Patrimonial – 31.12.XX

ATIVO CIRCULANTE		PASSIVO CIRCULANTE	
Estoques	27.000	Fornecedores	21.000
ATIVO NÃO CIRCULANTE		**PATRIMÔNIO LÍQUIDO**	
Imobilizado	33.000	Capital Social	39.000
TOTAL GERAL	60.000	**TOTAL GERAL**	60.000

Demonstração de Resultados – 01.01.XX a 31.12.XX

Vendas	**80.000**
(–) Custo das Vendas	(46.400)
(–) Despesas	(24.000)
Lucro	9.600

A *análise vertical do balanço patrimonial* é feita assumindo como 100% o total geral do ativo e do passivo, calculando-se quanto representa cada elemento patrimonial em relação ao total, obtendo-se, assim, a estrutura de participação dos elementos no ativo total. A fórmula de cálculo da análise vertical do balanço patrimonial (AVBP) é então:

$$AVBP = \frac{\text{Elemento Patrimonial do Ativo ou Passivo}}{\text{Ativo (Passivo) Total}} \times 100$$

Tomando o dado do estoque, temos:

$$AV - \text{Estoque} = \frac{\$\ 27.000}{\$\ 60.000} \times 100 = 45\%$$

A interpretação linear é simples: os estoques em 31.12.XX representam 45% do total do ativo da empresa.

Com o dado de fornecedores, temos:

$$AV - \text{Fornecedores} = \frac{\$\ 21.000}{\$\ 60.000} \times 100 = 35\%$$

A interpretação linear é simples: a dívida com fornecedores em 31.12.XX representa 35% do total do passivo da empresa.

A *análise vertical da demonstração de resultados* (AVDR) toma como referência a receita de vendas líquidas dos impostos, que passa a representar 100%. A partir daí, calcula-se a relação percentual de todos os demais elementos dessa demonstração para verificar sua representatividade em relação às vendas líquidas. As relações obtidas traduzem-se na verificação da estrutura de custos e despesas da empresa e da mensuração das *margens ou lucratividade das vendas*. A fórmula é a seguinte:

$$AVDR = \frac{\text{Elemento de Despesa, Receita ou Resultado da Demonstração de Resultados}}{\text{Receita Operacional Líquida}} \times 100$$

Tomando o dado do custo das vendas, temos:

$$AV - \text{Custo das Vendas} = \frac{\$\ 46.400}{\$\ 80.000} \times 100 = 58\%$$

A interpretação também é simples. Significa que, de cada $ 1 de valor de venda, a empresa tem um custo médio dessa venda de 58%.

A seguir, apresentamos as mesmas demonstrações com todos os cálculos de análise vertical.

Análise Vertical do Balanço Patrimonial – 31.12.XX

ATIVO CIRCULANTE	$	AV – %	PASSIVO CIRCULANTE	$	AV – %
Estoques	27.000	45%	Fornecedores	21.000	35%
ATIVO NÃO CIRCULANTE			**PATRIMÔNIO LÍQUIDO**		
Imobilizado	33.000	55%	Capital Social	39.000	65%
TOTAL GERAL	60.000	100%	**TOTAL GERAL**	60.000	100%

Análise Vertical da Demonstração de Resultados – 1º.01.XX a 31.12.XX

	$	AV – %
Vendas	80.000	100%
(–) Custo das Vendas	(46.400)	–58%
(–) Despesas	(24.000)	–30%
Lucro	9.600	12%

O ativo é representado por 45% de estoques e 55% de imobilizados. No passivo, a participação do capital social é de 65%, enquanto fornecedores representam 35%. Na demonstração de resultados, o custo das vendas equivale a 58%, enquanto as despesas representam, em média, 30% do faturamento líquido. A lucratividade, representada pela margem de lucro, é de 12%, em média, para cada venda.

Utilização da AV e Estruturas Ótimas

Como a maior parte do ferramental da análise financeira, a utilização da *análise vertical do balanço patrimonial* presta-se a análises comparativas com os dados da própria empresa de outros períodos, sejam passados ou futuros. Pela identificação das mudanças significativas nos percentuais da estrutura de participação, tem-se a possibilidade de identificar as causas que levaram a essas variações.

A análise comparativa com empresas do mesmo ramo, eventualmente, pode ser válida. Contudo, as decisões de investimentos de empresas concorrentes do mesmo ramo não foram tomadas necessariamente de forma que as atividades desenvolvidas sejam as mesmas. Assim, o concorrente da empresa pode trabalhar com mais ou menos terceirizações, fazendo que a estrutura do ativo seja naturalmente diferente.

O mesmo sucede com a estrutura do passivo. Cada empresa adota um posicionamento de aversão ao risco e, consequentemente, de grau de alavancagem financeira. Mais uma vez, a análise comparativa com outras empresas pode ficar restrita.

Essas duas últimas colocações indicam que dificilmente se encontrarão estruturas ótimas de ativo e passivo que possam servir como padrões externos de comparação.

Com relação à *análise vertical da demonstração de resultados*, os resultados da participação percentual por si só são representativos para a própria empresa. Mais do que a comparabilidade, mensuram a estrutura de custos em relação às receitas, bem como as margens de lucratividade (margens bruta, operacional, líquida). Além disso, a comparabilidade também se torna significativa, já que as variações entre um período e outro evidenciam o andamento das operações.

Com relação à estrutura ótima, as mesmas considerações que fizemos para a análise vertical do balanço patrimonial valem para a da demonstração de resultados. Não há condições de dizer que há um padrão de estrutura de custos e de margem, mesmo entre empresas do mesmo setor. Como já salientamos no Capítulo 4, o que realmente importa é o retorno do investimento, ou seja, qual o percentual de lucro sobre os investimentos. O percentual de lucro sobre as vendas é um dos dois elementos para a rentabilidade e só pode ser analisado em conjunto com o giro do ativo.

Fatores que Enviesam a AV

A análise vertical pode ser sensivelmente prejudicada quando há uma alteração de grande relevância no valor de um ou mais elementos patrimoniais. Esse tipo de acontecimento é mais comum no balanço patrimonial do que na demonstração de resultados, em que alterações de grande monta são mais difíceis de ocorrer em períodos curtos de tempo.

Como exemplo, podemos citar uma reavaliação de ativos. A legislação fiscal e societária brasileira permite que as empresas façam uma nova avaliação do imobilizado, de tempos em tempos, caso desejem trazer o valor desses bens a preços de mercado, desde que não interfira na carga tributária. Tomando o nosso balanço do exemplo numérico a seguir, vamos imaginar que o valor a ser adicionado ao imobilizado para atualizá-lo a valor de mercado seja $ 20.000.

Nessa nova AV, a participação do imobilizado, que era de 55%, passou para 66%. As dívidas com fornecedores, que representavam 35% do passivo, passaram a representar apenas 26%. Esse exemplo mostra os cuidados que se deve ter com a análise vertical. Ressalte-se mais uma vez que o instrumental é extremamente útil, mas deve-se sempre manter um posicionamento adequado de interpretação dos dados.

Análise Vertical do Balanço Patrimonial – 31.12.XX

ATIVO CIRCULANTE	$	AV – %	PASSIVO CIRCULANTE	$	AV – %
Estoques	27.000	34%	Fornecedores	21.000	26%
ATIVO NÃO CIRCULANTE			**PATRIMÔNIO LÍQUIDO**		
Imobilizado + Reavaliação	53.000	66%	Capital Social	39.000	49%
			Reserva de Reavaliação	20.000	25%
TOTAL GERAL	80.000	100%	**TOTAL GERAL**	80.000	100%

Na demonstração de resultados, o que pode provocar modificações na estrutura de participação, que podem enviesar a análise, é uma alteração significativa da receita. Isso pode acontecer em períodos curtos, como, por exemplo, em empresas em que as vendas têm oscilações fortes por conta de sazonalidade de consumo. De modo geral, em períodos anuais, esses eventos não têm tanta expressão, salvo alterações bruscas, fruto da conjuntura econômica.

6.2 Análise Horizontal (AH)

A análise horizontal é uma averiguação da evolução, crescimento ou diminuição, que permite identificar a variação positiva ou negativa de um período em relação ao anterior. Toma-se como 100% todas as contas de um determinado período e faz-se uma relação percentual em cima dos dados desse período. O novo número relativo indica quanto o período subsequente é maior ou menor que o período anterior. Como é comum utilizar vários períodos, a variação sequencial e consecutiva acaba indicando uma tendência de crescimento (ou diminuição).

A análise horizontal considerando a moeda corrente do país, sem expurgo dos efeitos inflacionários, é denominada *análise horizontal nominal*. Introduzindo-se um índice de inflação para retirar os efeitos inflacionários, obtém-se a análise horizontal real.

Tomando como base o exemplo numérico resumido que introduzimos neste capítulo, vamos adotar números para um novo período, para procedermos ao entendimento, e fórmulas da análise horizontal. Consideraremos que o ano XY é aquele que sucedeu o exercício XX.

Balanço Patrimonial

ATIVO	31.12.XX	31.12.XY
ATIVO CIRCULANTE		
Estoques	27.000	31.050
ATIVO NÃO CIRCULANTE		
Imobilizado	33.000	30.000
TOTAL GERAL	60.000	61.050

PASSIVO	31.12.XX	31.12.XY
PASSIVO CIRCULANTE		
Fornecedores	21.000	22.050
PATRIMÔNIO LÍQUIDO		
Capital Social	39.000	39.000
TOTAL GERAL	60.000	61.050

Demonstração de Resultados – 1º.01 a 31.12

	19XX	19XY
Vendas	80.000	87.200
(–) Custo das Vendas	(46.400)	(49.648)
(–) Despesas	(24.000)	(30.000)
Lucro	9.600	7.552

Há várias formas de apresentação da AH, que exploraremos em seguida. A fórmula mais utilizada é apresentar a variação de um ano em relação ao anterior, em termos percentuais, de aumento ou diminuição.

Assim, esta fórmula da AH é:

$$AH = \left(\left(\frac{\text{Valor do Período Atual}}{\text{Valor do Período Anterior}}\right) - 1\right) \times 100$$

Tomando o dado de fornecedores, temos:

$$AH - \text{Fornecedores} = \left(\left(\frac{\$\ 22.050}{\$\ 21.000}\right) - 1\right) \times 100\% =$$

AH – Fornecedores = ((1,05) – 1) x 100% =
AH – Fornecedores = 0,05 x 100% = 5%

A interpretação é literal e simples: a conta de fornecedores cresceu 5% em relação ao período anterior, provavelmente porque os estoques também aumentaram.

O lucro de XY foi inferior ao do ano anterior. Vejamos como é a variação percentual.

$$AH - \text{Lucro do Período} = \left(\left(\frac{\$\ 7.552}{\$\ 9.600}\right) - 1\right) \times 100\% =$$

AH – Lucro do Período = ((0,787) – 1) x 100% =
AH – Lucro do Período = – 0,213 x 100% = – 21,3%

Com base na tabela a seguir, o valor do imobilizado reduziu 9,1%, provavelmente porque as depreciações contabilizadas como despesas foram de valor superior ao das novas aquisições de imobilizados.

A seguir, apresentamos as demonstrações resumidas, já com todas as suas variações calculadas.

Balanço Patrimonial

ATIVO	31.12.XX		31.12.XY	
ATIVO CIRCULANTE	$	AH	$	AH
Estoques	27.000	–	31.050	15,0%
ATIVO NÃO CIRCULANTE				
Imobilizado	33.000	–	30.000	–9,1%
TOTAL GERAL	60.000	–	61.050	1,8%

PASSIVO	31.12.XX		31.12.XY	
PASSIVO CIRCULANTE	$	AH	$	AH
Fornecedores	21.000	–	22.050	5,0%
PATRIMÔNIO LÍQUIDO				
Capital Social	39.000	–	39.000	0,0%
TOTAL GERAL	60.000	–	61.050	1,8%

Demonstração de Resultados – 1º.01 a 31.12

	19XX		19XY	
	$	AH	$	AH
Vendas	80.000	–	87.200	9,0%
(–) Custo das Vendas	(46.400)	–	(49.648)	7,0%
(–) Despesas	(24.000)	–	(30.000)	25,0%
Lucro	9.600	–	7.552	–21,3%

Apresentações da AH

Além da variação percentual, pode-se apresentar a AH como percentual direto sobre o período anterior, bem como apenas com os números obtidos pela divisão. Tomaremos como exemplo o valor dos estoques.

$$AH - \text{Percentual sobre o Período Anterior} = \frac{\$\ 31.050}{\$\ 27.000} \times 100\% = 115\%$$

O valor atual dos estoques equivale a 115% do valor anterior, ou seja, houve um aumento de 15% (115% − 100%).

Outra maneira é manter apenas o número matemático obtido diretamente pela divisão, sem transformação em percentual.

$$AH - \text{Numerador sobre o Período Anterior} = \frac{\$\ 31.050}{\$\ 27.000} = 1,15$$

O valor atual dos estoques representa 1,15 vezes o valor do período anterior. O que excede a 1,00, que é 0,15, multiplicado por 100% transforma-se em variação positiva de 15%. Essa última forma de apresentação é muito utilizada quando se tem muitos períodos em vez de apenas dois.

Análise Horizontal Real (AHR)

Como os dados das demonstrações contábeis são expressos em moeda (normalmente moeda corrente do país), há a possibilidade de se utilizar uma alternativa de identificar o crescimento ou variação de período a período, levando-se em conta a inflação da moeda de cada período.

Assim, a AHR é a análise horizontal nominal menos a inflação considerada para cada um dos períodos subsequentes. Recomenda-se a utilização de um índice de inflação geral da economia ou o utilizado pelo governo (IPCA, INPC), mais ligados aos preços ao consumidor final. Deve-se descartar indicadores específicos de inflação, bem como indicadores de preços por atacado, que podem apresentar oscilações muito bruscas entre os vários períodos.

Esta técnica é totalmente recomendável quando se utilizam mais de dois períodos ou sempre em caso de ambiente conjuntural com altas taxas de inflação permanentemente. A fórmula para calcular a variação real, sem inflação, é a seguinte:

$$AHR = \left(\left(\frac{\text{Análise Horizontal Nominal}}{\text{Índice de Inflação do Período}}\right) - 1\right) \times 100$$

Supondo que a inflação no período tenha sido 6%, podemos calcular a variação real do aumento dos estoques com os dados do nosso exemplo. O percentual de 6% tem de ser transformado em expressão numérica. Se houve inflação de 6%, significa que, numericamente, o índice é 1,06, ou seja, a base anterior de 1,00 foi acrescida de 0,06, percentualmente 6%.

$$AHR - Estoques = \left(\left(\frac{1,15}{1,06}\right) - 1\right) \times 100\% =$$

AHR – Estoques = ((1,085) – 1) x 100% =
AHR – Estoques = 0,085 x 100% = 8,5%

Entende-se que o aumento nominal do valor dos estoques de 15%, descontado da inflação média do período de 6%, representa aumento do valor real dos estoques de 8,5%.

Análise Horizontal Sequencial

Quando se tem dados de mais de dois períodos, pode-se fazer uma análise horizontal mantendo-se apenas uma base de cálculo, e verificar a variação acumulada de cada período em relação ao período base. É a denominada *análise horizontal sequencial*. Para esta análise, recomenda-se o formato de números índices, ou seja, aqueles obtidos pela divisão direta de cada valor analisado.

A título de exemplo, vamos supor mais dois anos subsequentes, XW e XZ, e atribuir valores aos estoques e imobilizados. Todos os valores dos anos subsequentes ao ano XX serão confrontados com esse primeiro ano e o número obtido representa a análise horizontal sequencial. Vejamos o quadro com os cálculos já efetuados.

Análise Horizontal Sequencial

ATIVO	31.12.XX		31.12.XY		31.12.XW		31.12.XZ	
	$	Índice	$	Índice	$	Índice	$	Índice
Estoques	27.000	1,00	31.050	1,15	26.000	0,96	29.600	1,10
Imobilizados	33.000	1,00	30.000	0,91	34.300	1,04	31.300	0,95
Total	60.000	1,00	61.050	1,02	60.300	1,01	60.900	1,02

No ano XW, os estoques representam 96% do valor do primeiro ano; portanto, houve uma redução do valor de 4% ($ 26.000/ $ 27.000 = 0,96). No mesmo ano, os imobilizados apresentam o indicador de análise horizontal sequencial de 1,04 ($ 34.300/ $ 33.000 = 1,04), significando 4% a mais que o valor inicial de XX, que era de $ 33.000.

AH e Análise das Inter-relações

A AH deve ser enriquecida com a análise inter-relacionada das variações entre os elementos do balanço patrimonial que se integram com os elementos da demonstração de resultados. As principais inter-relações são:

Elementos da Demonstração de Resultados	Elementos do Balanço Patrimonial
Receita Operacional Bruta	Contas a Receber de Clientes Impostos a Recolher
Custo dos Produtos Vendidos	Produção em Andamento e Produtos Acabados
Consumo de Materiais	Estoques de Materiais Contas a Pagar a Fornecedores
Despesas de Pessoal	Salários e Encargos a Pagar
Despesas Gerais	Contas a Pagar
Depreciação	Imobilizado
Despesas Financeiras	Empréstimos e Financiamentos
Receitas Financeiras	Aplicações Financeiras

Assim, caso ocorra um aumento de vendas de 10%, será admissível que as contas a receber também aumentem 10%. Uma redução do consumo de materiais de 5% deveria promover uma redução do estoque de materiais na mesma magnitude, e assim sucessivamente.

Obviamente, outros fatores podem afetar essa relação direta. Por exemplo: no caso de aumento de vendas, é possível que este tenha sido conseguido com uma alteração da política de crédito, com mais prazo para pagamento. Neste caso, as contas a receber de clientes provavelmente terão um aumento percentual maior que o da receita.

Outro motivo que causa aumento da carteira de clientes, diferente do aumento de vendas, é o aumento da inadimplência. Assim, caso a empresa tenha maiores problemas com duplicatas em atraso, a carteira de clientes pode aumentar mais do que o aumento de vendas.

Na área de compras de materiais e custo dos produtos vendidos, a situação é semelhante. A redução do prazo médio de pagamento pode diminuir a conta de fornecedores, mesmo que o consumo de materiais aumente. O inverso, um aumento do prazo de pagamento, aumentará a conta de fornecedores em percentual maior do que o consumo de materiais.

6.3 Exemplo Numérico − Análise Vertical e Horizontal

Nas tabelas 6.1 e 6.2 a seguir, apresentamos um exemplo de análise horizontal e vertical do balanço patrimonial e da demonstração de resultados com o exemplo mais completo que temos utilizado desde o Capítulo 4. Nesse exemplo, não estamos desenvolvendo a análise horizontal real (descontada da inflação do nível geral de preços), uma vez que nosso exemplo é coerente com uma economia de moeda estável.

É importante ressaltar que *a análise vertical e horizontal deve ser feita em conjunto*. Apesar de terem objetivos específicos, as inter-relações entre os elementos patrimoniais e a significância ou não dos valores devem ser levados sempre em conta. Por exemplo: um elemento patrimonial pode ter tido uma variação de crescimento ou diminuição extraordinária, mas se a sua representatividade, considerando os demais elementos, é pequena, de nada adianta ressaltar essa variação.

Tabela 6.1 Análise vertical e horizontal do balanço patrimonial

	31.12.X0	AV	31.12.X1	AV	AH
ATIVO CIRCULANTE	5.527.500	48,0%	6.911.945	55,1%	25,0%
Caixa/Bancos	1.000	0,0%	1.000	0,0%	0,0%
Aplicações Financeiras	777.160	6,7%	1.596.167	12,7%	105,4%
Contas a Receber de Clientes	1.650.000	14,3%	2.048.604	16,3%	24,2%
(–) Provisão Devedores Duvidosos	(30.000)	–0,3%	(43.899)	–0,3%	46,3%
(–) Títulos Descontados	0	0,0%	0	0,0%	0,0%
. Contas a Receber – Líquido	1.620.000	14,1%	2.004.705	16,0%	23,7%
Estoques	3.124.340	27,1%	3.302.972	26,3%	5,7%
. De Materiais – Bruto	1.800.000	15,6%	1.788.347	14,2%	–0,6%
. (–) Provisão Retificadora	0	0,0%	0	0,0%	0,0%
. De Materiais – Líquido	1.800.000	15,6%	1.788.347	14,2%	–0,6%
. Em Processo	625.940	5,4%	839.145	6,7%	34,1%
. Acabados	696.000	6,0%	672.679	5,4%	–3,4%
. Adiantamentos a Fornecedores	2.400	0,0%	2.800	0,0%	16,7%
Impostos a Recuperar	4.500	0,0%	5.800	0,0%	28,9%
Despesas do Exercício Seguinte	500	0,0%	1.300	0,0%	160,0%
ATIVO NÃO CIRCULANTE					
Realizável a Longo Prazo	6.000	0,1%	8.000	0,1%	33,3%
Depósitos Judiciais	5.000	0,0%	7.000	0,1%	40,0%
Incentivos Fiscais	1.000	0,0%	1.000	0,0%	0,0%
INVESTIMENTOS, IMOBILIZADO E INTANGÍVEL	5.990.000	52,0%	5.634.775	44,9%	–5,9%
Investimentos em Controladas	200.000	1,7%	230.000	1,8%	15,0%
. Imobilizado Bruto	0	0,0%	0	0,0%	0,0%
. Terrenos	0	0,0%	0	0,0%	0,0%
. Reavaliação de Terrenos	0	0,0%	0	0,0%	0,0%
. Outros Imobilizados	8.290.000	71,9%	8.987.000	71,6%	8,4%
. (–) Depreciação Acumulada	(2.500.000)	–21,7%	(3.582.225)	–28,5%	43,3%
Imobilizado Líquido	5.790.000	50,2%	5.404.775	43,0%	–6,7%
Intangível	0	0,0%	0	0,0%	0,0%
ATIVO TOTAL	**11.523.500**	**100,0%**	**12.554.719**	**100,0%**	**8,9%**

(continua)

Tabela 6.1 Análise vertical e horizontal do balanço patrimonial (continuação)

	31.12.X0	AV	31.12.X1	AV	AH
PASSIVO CIRCULANTE	2.723.500	23,6%	3.446.209	27,4%	26,5%
Fornecedores	460.000	4,0%	679.377	5,4%	47,7%
Salários e Encargos a Pagar	200.000	1,7%	264.981	2,1%	32,5%
Contas a Pagar	100.000	0,9%	120.446	1,0%	20,4%
Impostos a Recolher – sobre Mercadorias	460.000	4,0%	475.203	3,8%	3,3%
Impostos a Recolher – sobre Lucros	100.000	0,9%	72.028	0,6%	–28,0%
Adiantamento de Clientes	3.500	0,0%	5.000	0,0%	42,9%
Empréstimos	1.200.000	10,4%	1.649.124	13,1%	37,4%
Dividendos a Pagar	200.000	1,7%	180.050	1,4%	–10,0%
PASSIVO NÃO CIRCULANTE	4.800.000	41,7%	4.838.435	38,5%	0,8%
Financiamentos	4.800.000	41,7%	4.838.435	38,5%	0,8%
PATRIMÔNIO LÍQUIDO	4.000.000	34,7%	4.270.075	34,0%	6,8%
Capital Social	4.000.000	34,7%	4.000.000	31,9%	0,0%
Reservas de Capital	0	0,0%	0	0,0%	0,0%
Ajustes de Avaliação Patrimonial	0	0,0%	0	0,0%	0,0%
Reservas de Lucros/Lucros Acumulados	0	0,0%	0	0,0%	0,0%
Lucro do Período	0	0,0%	270.075	2,2%	0,0%
PASSIVO TOTAL	11.523.500	100,0%	12.554.719	100,0%	8,9%

Tabela 6.2 Análise vertical e horizontal da demonstração de resultados

	31.12.X0	AV	31.12.X1	AV	AH
RECEITA OPERACIONAL BRUTA II	23.787.210	127,6%	23.883.989	127,6%	0,4%
(–) Impostos sobre Vendas IPI – ISS	0	0,0%	0	0,0%	0,0%
RECEITA OPERACIONAL BRUTA I	23.787.210	127,6%	23.883.989	127,6%	0,4%
(–) Impostos nas Vendas – ICMS – PIS – Cofins	(5.149.931)	–27,6%	(5.170.884)	–27,6%	0,4%
RECEITA OPERACIONAL LÍQUIDA	18.637.279	100,0%	18.713.105	100,0%	0,4%
CUSTO DOS PRODUTOS VENDIDOS	14.707.102	78,9%	15.122.900	80,8%	2,8%
. Materiais Diretos	9.152.000	49,1%	9.107.375	48,7%	–0,5%
. Materiais Indiretos	798.000	4,3%	793.914	4,2%	–0,5%
Consumo de Materiais Total	9.950.000	53,4%	9.901.289	52,9%	–0,5%

(continua)

Tabela 6.2 Análise vertical e horizontal da demonstração de resultados (continuação)

	31.12.X0	AV	31.12.X1	AV	AH
Mão de Obra Direta	1.721.000	9,2%	1.842.222	9,8%	7,0%
Mão de Obra Indireta	1.380.000	7,4%	1.474.799	7,9%	6,9%
Despesas Gerais	940.986	5,0%	1.171.915	6,3%	24,5%
Depreciação	905.000	4,9%	922.559	4,9%	1,9%
(+/–) Variação dos Estoques Industriais	(189.884)	–1,0%	(189.884)	–1,0%	0,0%
LUCRO BRUTO	**3.930.177**	**21,1%**	**3.590.206**	**19,2%**	**–8,7%**
DESPESAS OPERACIONAIS	**1.358.678**	**7,3%**	**2.444.596**	**13,1%**	**79,9%**
Comerciais	1.442.731	7,7%	1.442.731	7,7%	0,0%
. Mão de Obra	150.000	0,8%	163.816	0,9%	9,2%
. Materiais Indiretos	50.000	0,3%	66.009	0,4%	32,0%
. Despesas	1.128.678	6,1%	1.171.007	6,3%	3,8%
. Depreciação	28.000	0,2%	28.000	0,1%	0,0%
. Provisão Devedores Duvidosos	2.000	0,0%	13.899	0,1%	594,9%
Administrativas	902.000	4,8%	1.001.865	5,4%	11,1%
. Mão de Obra	512.000	2,7%	591.558	3,2%	15,5%
. Materiais Indiretos	50.000	0,3%	58.178	0,3%	16,4%
. Despesas	220.000	1,2%	220.463	1,2%	0,2%
. Depreciação	120.000	0,6%	131.667	0,7%	9,7%
LUCRO OPERACIONAL I	**1.669.499**	**9,0%**	**1.145.610**	**6,1%**	**–31,4%**
Receitas Financeiras de Aplicações	16.800	0,1%	110.257	0,6%	556,3%
Outras Receitas Financeiras	30.000	0,2%	56.400	0,3%	88,0%
Despesas Financeiras com Financiamentos	(552.999)	–3,0%	(590.230)	–3,2%	6,7%
Outras Despesas Financeiras	(90.000)	–0,5%	(106.800)	–0,6%	18,7%
Equivalência Patrimonial	2.000	0,0%	30.000	0,2%	1.400,0%
LUCRO OPERACIONAL II	**1.075.300**	**5,8%**	**645.237**	**3,4%**	**–40,0%**
Outras Receitas e Despesas	(19.000)	–0,1%	(2.200)	0,0%	–88,4%
. Valor de Venda de Imobilizados	1.000	0,0%	800	0,0%	–20,0%
. (–) Valor da Baixa de Imobilizados	(20.000)	–0,1%	(3.000)	0,0%	–85,0%
LUCRO ANTES DOS IMPOSTOS	**1.056.300**	**5,7%**	**643.037**	**3,4%**	**–39,1%**
Impostos sobre o Lucro	(316.890)	–1,7%	(192.911)	–1,0%	–39,1%
LUCRO LÍQUIDO DEPOIS DO IMPOSTO DE RENDA	**739.410**	**4,0%**	**450.126**	**2,4%**	**–39,1%**

6.4 Painel de Indicadores

A construção de um painel de indicadores é uma metodologia que julgamos interessante para o processo de análise, em conjunto com as demonstrações contábeis já apresentadas com as análises vertical e horizontal. Possibilita um foco maior e mais possibilidades de analisar as interações dos indicadores e dos dados das demonstrações financeiras.

Tomando como referência os principais indicadores apresentados nos capítulos 4 e 5, elaboramos um painel indicando a fórmula ou interação básica e os dados obtidos nos dois exercícios considerados em nosso exemplo numérico.

INDICADORES	Fórmula	Indicadores Ano X0	Indicadores Ano X1
Indicadores de Liquidez			
Liquidez Corrente	$\dfrac{\text{Ativo Circulante}}{\text{Passivo Circulante}}$	2,03	2,01
Liquidez Seca	$\dfrac{\text{Ativo Circulante} - \text{Estoques} - \text{DES}}{\text{Passivo Circulante}}$	0,88	1,05
Liquidez Imediata	$\dfrac{\text{Disponibilidades}}{\text{Passivo Circulante}}$	0,29	0,46
Liquidez Geral	$\dfrac{\text{Ativo Circulante} + \text{Realizável a Longo Prazo}}{\text{Passivo Circulante} + \text{Passivo Não Circulante}}$	0,74	0,84
Indicadores de Estrutura e Endividamento			
Imobilização do Capital Próprio	$\dfrac{\text{Ativo Fixo}}{\text{Patrimônio Líquido}}$	1,50	1,32
Endividamento Geral	$\dfrac{\text{Passivos Exigíveis}}{\text{Patrimônio Líquido}}$	1,88	1,94
Endividamento Financeiro	$\dfrac{\text{Empréstimos e Financiamentos (CP + LP)}}{\text{Patrimônio Líquido}}$	1,50	1,52
Estrutura do Ativo I	$\dfrac{\text{Capital de Giro Próprio}}{\text{Ativo Operacional}}$	35%	38,5%
Estutura do Ativo II	$\dfrac{\text{Ativo Fixo}}{\text{Ativo Operacional}}$	65%	61,5%
Estrutura do Passivo I	$\dfrac{\text{Capital de Terceiros}}{\text{Passivo Operacional}}$	56,6%	53,4%
Estrutura do Ativo II	$\dfrac{\text{Capital Próprio}}{\text{Passivo Operacional}}$	43,4%	46,6%

(continua)

Capítulo 6 – Análise Vertical e Horizontal e Avaliação Geral

INDICADORES (continuação)	Fórmula	Indicadores Ano X0	Indicadores Ano X1
Indicadores de Atividades			
Dias em Estoque – Materiais (a)	Estoque de Materiais x 360 dias / Consumo de Materiais	65	65
Dias em Estoque – Processo (b)	Estoque em Processo x 360 dias / Custo dos Produtos Vendidos	15	20
Dias em Estoque – Acabados (c)	Estoque de Acabados x 360 dias / Custo dos Produtos Vendidos	17	16
Prazo Médio de Pagamento (d)	Fornecedores x 360 dias / Compras Brutas	17	25
Prazo Médio de Recebimento (e)	Clientes x 360 dias / Receita Operacional Bruta	25	30
Ciclo Econômico	(a + b + c + e)	122	131
Ciclo Financeiro	(a + b + c + e) – d	105	107
Indicadores de Margem e Rentabilidade			
Análise do Retorno sobre o Patrimônio Líquido			
Giro do Ativo	Receita Operacional Líquida / Ativo Total	1,62	1,49
Margem Líquida	Lucro Líquido após Impostos / Receita Operacional Líquida	3,97%	2,41%
Participação do PL	Patrimônio Líquido / Ativo Total	34,71%	34,01%
Retorno sobre o PL	Lucro Líquido após Impostos / Patrimônio Líquido	18,49%	10,54%
Análise do Retorno sobre o Ativo Operacional			
Giro do Ativo Operacional	Receita Operacional Líquida / Ativo Operacional	2,02	2,04
Margem Operacional	Lucro Operacional / Receita Operacional Líquida	5,87%	3,99%
Retorno sobre o Ativo Operacional	Lucro Operacional / Ativo Operacional	11,86%	8,15%
Análise do Custo de Capital de Terceiros (Rentabilidade do Financiamento)			
Custo do Capital de Terceiros	Despesas Financeiras Líquidas / Capital de Terceiros	6,79%	6,06%
Outros Indicadores			
Grau de Alavancagem Financeira	Rentabilidade do PL / Rentabilidade do Ativo Operacional	1,56	1,29

(continua)

INDICADORES (continuação)	Fórmula	Indicadores Ano X0	Ano X1
Outros Indicadores			
Cobertura de Juros	$\dfrac{\text{Lucro antes das Despesas Financeiras}}{\text{Despesas Financeiras}}$	3,02	1,94
Indicadores de Preço e Retorno da Ação			
Valor Patrimonial da Ação	$\dfrac{\text{Patrimônio Líquido}}{\text{Número de Ações}}$	2,00	2,14
Valor de Mercado da Ação	Não há	1,44	1,32
Lucro por Ação	$\dfrac{\text{Lucro Líquido do Exercício}}{\text{Número de Ações}}$	0,37	0,23
P/L – Relação Preço/Lucro	$\dfrac{\text{Valor de Mercado da Ação}}{\text{Lucro por Ação}}$	3,89	5,88

6.5 Avaliação Final

A análise dos indicadores financeiros deve considerar todos os aspectos conjuntamente. O analista deve assumir alguns parâmetros e buscar dizer se a empresa está bem ou não, tanto em cada um dos indicadores, como no conjunto deles.

Deve verificar, entre outras coisas:

a) Os índices de liquidez estão bons ou não?
b) O endividamento é aceitável?
c) O giro do ativo está melhorando?
d) Os prazos médios de recebimento e pagamento são normais?
e) Os prazos médios de estocagem são aceitáveis para o setor? Não há excesso de estoques de forma crônica?
f) O lucro gerado apresenta um grau de segurança para pagamento do serviço da dívida (juros dos financiamentos)?
g) A rentabilidade do capital próprio está dentro da média do custo de oportunidade do mercado?
h) Os dividendos distribuídos satisfarão aos acionistas e promoverão maior valor da empresa?
i) A análise geral indica empresa em crescimento e potencial de geração de lucros?

A análise de balanço deve também questionar a validade dos números apresentados nas demonstrações contábeis. Deve haver segurança em todos os dados. Por exemplo:

a) Foram feitas todas as provisões retificadoras para estoques obsoletos com preço de custo maior que o mercado?
b) Foram feitas todas as provisões para perdas prováveis com investimentos, depósitos em juízo, contingências fiscais e trabalhistas?
c) Foi feita provisão adequada para créditos de liquidação duvidosa?
d) Todos os passivos estão declarados? Há contratos de *leasing* ou avais não constantes como passivos?
e) A demonstração de resultados não contém elementos em duplicatas? (Exemplo: considerar como vendas valores bases de intermediação.)

Essas considerações têm por finalidade dar um grau de confiança maior, tanto ao analista como ao usuário, dos relatórios da análise de balanço.

Relatório de Avaliação

Consiste em um relatório sumariando as conclusões obtidas na análise das demonstrações contábeis. Deve ser objetivo ao máximo e necessariamente conter a avaliação sobre a situação da empresa e, se possível, apresentar possíveis cursos futuros de ação.

De modo geral, a análise de balanço tem se fundamentado nas demonstrações contábeis apresentadas pela legislação comercial. Essas demonstrações, elaboradas conforme os princípios contábeis geralmente aceitos, incorporam as restrições de mensuração e informação que os próprios princípios apresentam. Portanto, a análise de balanço com a utilização dessas demonstrações deve ser complementada com considerações adicionais em termos de mensuração pelo valor econômico.

Dessa maneira, é imprescindível que o avaliador tenha em mente que uma empresa avaliada segundo princípios de gestão econômica, que considera fluxos futuros de benefícios descontados a custos de oportunidade, apresentará resultados diferentes da avaliação contábil das demonstrações tradicionais. Essas diferenças devem ser consideradas durante a apresentação do relatório de avaliação final.

Exemplo de avaliação – AV do balanço patrimonial

O ativo apresentou uma pequena alteração estrutural, com a participação do ativo permanente ficando menor que a do ativo circulante. O valor absoluto do ativo permanente diminuiu em X1, em relação a X0, basicamente porque as novas aquisições de imobilizados foram em valor inferior ao total da depreciação lançada como despesa no ano.

Esse fato, aliado a um aumento geral do passivo circulante, com o aumento do endividamento financeiro e dos passivos de funcionamento, permitiu que as aplicações financeiras de X1 crescessem para 105,4%, aumentando sua participação no total do ativo, apesar de o lucro de X1 ter sido menor do que o lucro do ano anterior. Os demais itens do ativo circulante também tiveram um aumento de participação na estrutura do ativo.

A estrutura do passivo evidencia apenas uma pequena mudança do perfil da dívida, pois uma parcela do endividamento de longo prazo foi transferida para o curto prazo.

Exemplo de avaliação – AV da demonstração de resultados

O ano de X0 apresenta um custo médio dos produtos vendidos de 78,9% da receita líquida, aumentando para 80,8% em X1. A causa foi que o pequeno aumento da vendas de um ano para outro, de 0,4%, não permitiu uma boa diluição dos custos fixos industriais, que aumentaram em valor absoluto.

As despesas operacionais, administrativas e comerciais também tiveram aumento do valor absoluto em X1 e passaram a representar 13,1% da receita líquida de vendas, contra 12,1% do ano anterior.

Com isso, a margem operacional, que era de 9,0% em X0, passou a 6,1% em X1, prejudicando o resultado da empresa. Os demais itens não tiveram alteração significativa e o lucro líquido após os impostos sobre as vendas líquidas caiu de 4,0%, em X0, para 2,4%, em X1.

Exemplo de avaliação – AH do balanço patrimonial e da demonstração de resultados

As variações de crescimento de contas a receber maiores que as do total das vendas decorrem de ajuste de política de crédito. O mesmo acontece com as variações de fornecedores e contas a pagar, que decorrem de ajustes de prazos de pagamento.

O imobilizado teve uma variação negativa de 5,9%, tendo em vista que o total bruto aumentou 8,4%, enquanto a depreciação acumulada 43%, provocando uma redução no conjunto do imobilizado de 6,7%.

No passivo, o aumento de empréstimos de curto prazo de 37,4% decorre da contabilização de juros e de novos empréstimos superiores às amortizações. O aumento do patrimônio líquido de 6,8% se deu em virtude da retenção de lucros, resultados não distribuídos, de $ 270.075.

A AH da demonstração de resultados indica aumento da receita de vendas de 0,4%. O custo das vendas aumentou 2,8%, uma vez que, mesmo reduzindo em 0,5% o custo do consumo de materiais, houve um aumento muito grande das despesas gerais, de 24,5%. Somado aos aumentos dos custos de mão de obra, ao redor de 7,0%, houve um aumento médio do custo dos produtos vendidos.

As despesas operacionais aumentaram, na média, 8,1%, pois são, na maioria, custos fixos que tiveram reajustes, principalmente mão de obra. Com isso, o lucro operacional caiu 31,4% e o lucro líquido teve uma queda de 39,1%. Portanto, a avaliação final é que o resultado do ano de X1 foi comprometido pelo pouco aumento das vendas e pelo aumento geral dos custos fixos, provocando queda de margem e de rentabilidade.

Capítulo 6 – Análise Vertical e Horizontal e Avaliação Geral

Exemplo de avaliação – Indicadores econômico-financeiros

Os indicadores de liquidez mostram a empresa com suficiente capacidade de pagamento, considerada boa, e uma expressiva liquidez imediata. Os indicadores de estrutura do ativo podem ser considerados normais, e não apresentaram evolução significativa de um período para outro. Os prazos médios de atividades operacionais mostraram-se relativamente estáveis e representam condições normais de operação da empresa, podendo ser entendidos como bons.

A análise do endividamento e da estrutura do passivo mostra um grau de endividamento financeiro que pode ser interpretado como elevado por alguns *stakeholders* (outros interessados), já que a participação de capital próprio é inferior à participação do capital de terceiros, mesmo que não seja considerado excessivo. É importante ressaltar que, contudo, o grau de alavancagem financeira diminuiu, bem como o índice de cobertura de juros, evidenciando que o uso de capital de terceiros, em tendência, não está produzindo os efeitos desejados, podendo ser considerado um ponto de alerta.

O custo de capital de terceiros foi inferior à rentabilidade do ativo operacional nos dois exercícios analisados, mas não foi um fator que prejudicou a rentabilidade do patrimônio líquido. A rentabilidade do patrimônio líquido do primeiro ano pode ser considerada muito boa (18,49%), mas a do ano seguinte (10,54%) é apenas razoável. A análise dessa rentabilidade indica que o principal elemento para sua queda foi o aumento dos custos e despesas e, consequentemente, da margem operacional, uma vez que o giro do ativo foi até melhor no segundo ano.

Este é o principal ponto de preocupação para o futuro, uma vez que é na rentabilidade operacional que se assenta a geração futura de caixa e, sugere que a empresa tem de rever sua estrutura de preços de venda, de custos e despesas. Como consequência, houve a queda do lucro por ação no segundo ano, e a relação P/L, que era excelente (ao redor de 4 anos), subiu para quase 6 anos, embora ainda dentro de parâmetros que podem ser considerados normais.

Exemplo de avaliação – Resumo e conclusão

Empresa com boa situação financeira, estrutura de capital dentro do limite de participação de capital de terceiros, com margem de lucro operacional e líquida em queda no último exercício, mostrando alguma preocupação na geração futura de lucro e caixa, mas passível de correção. No geral, uma avaliação de satisfatória para boa.

Questões e Exercícios

1. Com os demonstrativos apresentados a seguir, faça uma análise de balanço, elaborando:

a) a análise vertical e horizontal do balanço patrimonial e demonstração de resultados;
b) a construção dos indicadores;
c) a avaliação final sobre a empresa, em termos de estrutura financeira, patrimonial e rentabilidade.

BALANÇO PATRIMONIAL	Ano 1	Ano 2
Ativo Circulante	120.000	132.700
Aplicações Financeiras	25.000	23.200
Contas a Receber de Clientes	43.000	61.200
Estoques	50.000	45.500
Outros Valores a Realizar	2.000	2.800
Realizável a Longo Prazo	2.000	2.400
Depósitos Judiciais	2.000	2.400
Investimentos e Imobilizado	88.000	81.900
Investimentos em Controladas	18.000	19.200
Imobilizados	150.000	162.000
(–) Depreciação Acumulada	(80.000)	(99.300)
TOTAL	**210.000**	**217.000**
Passivo Circulante	85.300	85.600
Fornecedores	10.000	11.000
Contas a Pagar	7.800	8.300
Impostos a Recolher	4.500	5.800
Dividendos a Pagar	8.000	4.000
Empréstimos	55.000	56.500
Passivo Não Circulante	34.700	37.400
Financiamentos	34.700	37.400
Patrimônio Líquido	90.000	94.000
Capital Social	68.000	68.000
Reservas	16.400	22.000
Lucros Acumulados	5.600	4.000
TOTAL	**210.000**	**217.000**
DEMONSTRAÇÃO DE RESULTADOS	**Ano 1**	**Ano 2**
Receita Operacional Bruta	320.000	347.000
(–) Impostos sobre Vendas	(35.000)	(38.000)

(continua)

Capítulo 6 – Análise Vertical e Horizontal e Avaliação Geral

BALANÇO PATRIMONIAL (continuação)	Ano 1	Ano 2
DEMONSTRAÇÃO DE RESULTADOS		
Receita Operacional Líquida	285.000	309.000
Custo dos Produtos Vendidos	187.400	205.800
Materiais Consumos	104.000	114.000
Depreciação	18.400	19.300
Outros Custos de Fabricação	65.000	72.500
Lucro Bruto	97.600	103.200
(–) Despesas Operacionais	67.500	76.700
Com Vendas	38.400	41.700
Administrativas	29.100	35.000
Lucro Operacional I	30.100	26.500
Receitas Financeiras	2.800	2.500
Despesas Financeiras	(13.050)	(18.000)
Equivalência Patrimonial	800	1.200
Lucro Operacional II	20.650	12.200
Impostos sobre o Lucro	(7.021)	(4.148)
Lucro Líquido do Exercício	13.629	8.052

2. Faça a análise vertical e horizontal.

Ativo	Balanço Patrimonial Ajustado	31.12.X8	A.V.%	A.H.%	31.12.X9	A.V.%	A.H.%
1.1	Disponível	19.886			18.581		
1.2	Direitos Realizáveis a Curto Prazo	18.081			14.705		
1.3	Estoques	11.048			14.926		
1.0	**Ativo Circulante (1.1 a 1.3)**	**49.015**			**48.212**		
2.0	**Ativo Realizável a Longo Prazo**	**1.264**			**1.701**		
3.1	Investimentos	1.492			1.679		
3.2	Imobilizado Técnico (Líquido)	15.234			20.582		
3.0	**Investimentos e Imobilizado (3.1 a 3.2)**	**16.726**			**22.261**		
	Total Geral do Ativo	**67.005**			**72.174**		

Passivo	Balanço Patrimonial Ajustado	31.12.X8	A.V.%	A.H.%	31.12.X9	A.V.%	A.H.%
4.1	Fornecedores	5.377			5.287		
4.2	Empréstimos e Financiamentos	2.030			2.548		
4.3	Salários e Encargos Sociais	3.911			4.151		
4.4	Impostos a Pagar	3.315			3.915		
4.5	Contas a Pagar	5.139			5.631		
4.0	Passivo Circulante (4.1 a 4.5)	19.772			21.532		
5.1	Empréstimos e Financiamentos	4.092			8.826		
5.2	Outras Obrigações	2.361			3.432		
5.0	Passivo Não Circulante (5.1 a 5.2)	6.453			12.258		
6.1	Capital Social	21.878			22.552		
6.2	Reservas de Capital	7.107			6.175		
6.3	Reservas de Lucros	7.930			5.484		
6.4	Lucros Acumulados	3.865			4.173		
6.0	Patrimônio Líquido (6.1 a 6.4)	40.780			38.384		
	Total Geral do Passivo e PL	67.005			72.174		

3. Faça a análise vertical e horizontal.

Demonstração do Resultado do Exercício	Ano X8	A.V.%	A.H.%	Ano X9	A.V.%	A.H.%
Receita Operacional Bruta	80.000			98.000		
(–) Deduções das Vendas	(18.500)			(20.700)		
Receita Operacional Líquida	**61.500**			**77.300**		
(–) Custos dos Produtos Vendidos	(21.678)			(31.100)		
Lucro Bruto	**39.822**			**46.200**		
(–) Despesas com Vendas	(3.500)			(5.402)		
(–) Despesas Administrativas	(9.700)			(12.170)		
(–) Outras Despesas Operacionais	(1.425)			(1.906)		
Lucro antes das Despesas Financeiras	**25.197**			**26.722**		
(–) Despesas Financeiras	(8.000)			(11.200)		
Lucro Operacional Líquido	**17.197**			**15.522**		
(+) Outras Receitas	5.800			6.120		

(continua)

Capítulo 6 – Análise Vertical e Horizontal e Avaliação Geral

(continuação)

Demonstração do Resultado do Exercício	Ano X8	A.V.%	A.H.%	Ano X9	A.V.%	A.H.%
(–) Outras Despesas	(2.490)			(3.825)		
Lucro antes do Imposto de Renda	20.507			17.817		
(–) Imposto de Renda e Contribuição Social	(3.076)			(2.673)		
Lucro Líquido do Exercício	17.431			15.144		

4. Faça a análise vertical e horizontal.

Ativo	Balanço Patrimonial Ajustado	31.12.X8	A.V.%	A.H.%	31.12.X9	A.V.%	A.H.%
1.1	Disponível	565.605			38.433		
1.2	Direitos Realizáveis a Curto Prazo	977.283			1.558.815		
1.3	Estoques	744.832			715.621		
1.0	Ativo Circulante (1.1 a 1.3)	2.287.720			2.312.869		
2.0	Ativo Realizável a Longo Prazo	498.249			571.292		
3.1	Investimentos	179.856			220.255		
3.2	Imobilizado Técnico (Líquido)	1.246.951			3.001.351		
3.3	Ativo Intangível	0			2.545		
3.0	Investimentos, Imobilizado e Intangível (3.1 a 3.3)	1.426.807			3.224.151		
	Total Geral do Ativo	4.212.776			6.108.312		

Passivo	Balanço Patrimonial Ajustado	31.12.X8	A.V.%	A.H.%	31.12.X9	A.V.%	A.H.%
4.1	Fornecedores	1.027.441			843.706		
4.2	Empréstimos e Financiamentos	130.944			891.350		
4.3	Salários e Encargos Sociais	114.994			262.484		
4.4	Impostos a Pagar	56.192			54.076		
4.5	Contas a Pagar	129.056			717		
4.0	Passivo Circulante (4.1 a 4.5)	1.458.627			2.052.333		
5.0	Passivo Não Circulante	431.122			1.113.533		
6.1	Capital Social	161.818			1.697.172		
6.2	Reservas de Capital	1.482.727			404.013		

(continua)

(continuação)

Passivo	Balanço Patrimonial Ajustado	31.12.X8	A.V.%	A.H.%	31.12.X9	A.V.%	A.H.%
6.3	Reservas de Lucros	223.439			273.628		
6.4	Lucros Acumulados	455.043			567.633		
6.0	Patrimônio Líquido (6.1 a 6.4)	2.323.027			2.942.446		
	Total Geral do Passivo e PL	4.212.776			6.108.312		

5. Faça a análise vertical e horizontal.

Demonstração do Resultado do Exercício	Ano X8	A.V.%	A.H.%	Ano X9	A.V.%	A.H.%
Receita Operacional Bruta	10.891.047			17.269.060		
(–) Deduções das Vendas	(539.677)			(903.861)		
Receita Operacional Líquida	**10.351.370**			**16.365.199**		
(–) Custos dos Produtos Vendidos	(9.378.177)			(14.451.306)		
Lucro Bruto	**973.193**			**1.913.893**		
(–) Despesas com Vendas	(557.384)			(1.322.461)		
(–) Despesas Administrativas	(186.119)			(259.735)		
Lucro antes das Despesas Financeiras	**229.690**			**331.697**		
(–) Despesas Financeiras	(38.306)			(326.234)		
Lucro Operacional Líquido	**191.384**			**5.463**		
(+) Outras Receitas	346.726			7.177		
Lucro antes do Imposto de Renda	**538.110**			**12.640**		
(–) Imposto de Renda e Contribuição Social	(225.510)			(2.200)		
Lucro Líquido do Exercício	**312.600**			**10.380**		

PARTE III – ANÁLISE FINANCEIRA AVANÇADA

Nesta parte do livro selecionamos um instrumental adicional para análise das demonstrações financeiras, procurando apresentar os conceitos mais atualizados em uso na análise de balanço e de investimentos, como EVA e EBITDA.

Damos ênfase para o processo de análise da criação de valor, tanto para a empresa como um todo, como para a ótica dos acionistas ou proprietários do capital. Apresentamos também alguns modelos de análise da geração de lucro para permitir desdobramentos da análise de balanço em perspectiva. Neste sentido, introduzimos este tema no último capítulo para reforçar o conceito de que a análise das demonstrações financeiras tem sentido quando utilizada para avaliação do futuro do empreendimento.

Introduzimos, ainda, um capítulo apresentando os conceitos de gestão do capital de giro, uma vez que o entendimento do impacto desses investimentos na estrutura patrimonial, pela sua própria dinâmica, é fundamental no processo da análise de geração futura de lucro.

Apresentamos também um painel básico do instrumental de padrões de análise financeira, bem como alguns modelos existentes para qualificar a situação financeira de um empreendimento, partindo da ponderação de alguns indicadores inter-relacionados, incluindo os utilizados por revistas especializadas da área econômico-financeira.

Capítulo 7 – Indicadores-padrão, Análise Setorial e Qualificação Financeira

A atribuição de um julgamento de avaliação da empresa como resultado do processo analítico com base nas demonstrações contábeis é o objetivo maior da análise financeira de balanço. Para alcançar esse objetivo, a utilização de outros dados referenciais, além dos constantes das demonstrações financeiras, torna-se importante e contribui para uma visão mais abrangente da empresa, principalmente dentro do seu segmento de atuação.

A utilização de padrões setoriais para análise comparativa é um instrumento relevante para a melhor avaliação da empresa, pois permite aferir os diversos indicadores dentro de padrões referendados pela realidade de mercado. A análise setorial, em que a empresa é analisada em conjunto com as demais empresas do seu ramo de atuação, complementa significativamente a análise comparativa.

Esses dois instrumentos podem ser complementados com uma avaliação de análise fatorial, onde, por meio de parâmetros estatísticos, pode-se qualificar a situação econômico-financeira da empresa dentro das faixas de aceitabilidade, entre ruim e ótima. Desenvolveremos neste capítulo alguns modelos já conhecidos desses instrumentos de análise.

7.1 Indicadores-padrão

A elaboração ou existência de padrões para análise de balanço é conhecida com dados externos à empresa por meio de cálculos estatísticos com demonstrações contábeis de empresas concorrentes ou do setor de atuação. Contudo, a adoção de padrões internos insere-se também no mesmo conceito, uma vez que padrões para análise comparativa podem ser utilizados para verificar tanto a que distância os dados da empresa estão dos padrões utilizados, assim também como os dados reais estão em relação aos dados planejados.

Padrões para Análise entre Empresas

A construção dos indicadores-padrão é útil para comparar o desempenho de determinada empresa com o de suas concorrentes ou de outras empresas de atividade equivalente. O processo de comparação com os padrões visa à identificação dos níveis de desempenho das empresas em relação ao setor ou atividade de que fazem parte.

Os indicadores são selecionados segundo o significado e utilidade como instrumentos de avaliação comparativa de valores:

- entre dois ou mais períodos regulares de uma empresa;
- entre empresas do mesmo tipo de atividade;
- de uma empresa em relação ao respectivo setor.

Padrões Internos

A utilização do conceito de padrões internos relaciona-se, de modo geral, com a adoção de metas operacionais, financeiras e de rentabilidade, além de possibilitar também o conhecimento dos conceitos de análise de balanço em outras atividades empresariais, divulgando e reforçando essa técnica contábil-financeira.

Entendemos que a adoção de padrões para os indicadores de atividade (prazos médios de estocagem, pagamento e recebimento) é fundamental, não para a análise contábil-financeira, mas, sim, para que as áreas de responsabilidade dessas atividades tenham parâmetros objetivos para avaliar seu desempenho. Assim, por exemplo, se o departamento de compras for o responsável pelo nível dos estoques de materiais, deve ter um padrão de prazo médio de estocagem em dias de consumo, de tal forma que seu desempenho seja avaliado em relação a esse padrão, permitindo um monitoramento contínuo dessa atividade.

A elaboração de padrões de indicadores de liquidez e endividamento deve ser utilizada para avaliar o desempenho contínuo da gerência financeira, tesouraria, contas a receber e contas a pagar.

Os padrões de margem de lucratividade e retorno do investimento ou do patrimônio líquido devem ser utilizados para avaliar a empresa como um todo, a lucratividade das linhas de produtos e a rentabilidade das unidades de negócio.

Os exemplos já citados evidenciam que a utilização de padrões internamente é tão ou mais relevante que a sua utilização comparativa com outras empresas.

Padrões Contratuais

Determinados organismos de créditos (Banco Mundial, BNDES etc.) têm utilizado também os indicadores econômico-financeiros para garantir um desempenho mínimo da empresa que obtém o financiamento, como instrumento para monitorar seu desempenho e facilitar o processo de liquidação do financiamento.

Na elaboração dos contratos de debêntures, financiamentos ou *project finance* (projeto financeiro), incorporam-se cláusulas determinando padrões mínimos de liquidez, endividamento e capitalização que a empresa tem de manter durante toda a vigência do contrato. Em caso de não cumprimento, o contrato pode ser até rompido e cláusulas punitivas podem ser acionadas.

Validade dos Padrões

Os padrões internos são indiscutivelmente válidos por serem gerados com conhecimento profundo de suas variáveis. Não se construirão padrões internos para avaliação de desempenho ou meta que não sejam factíveis e elaborados com acurácia para os objetivos a que se destinam.

Pode-se, todavia, questionar a validade dos padrões setoriais, principalmente aqueles característicos de identificação de estrutura percentual. Por exemplo: extrair padrões da análise vertical do ativo pode não ser de grande utilidade. Mesmo considerando empresas do mesmo ramo de atuação, existem possibilidades diversas de estruturação do ativo, levando em conta, por exemplo, todas as ofertas de terceirizações de serviços e atividades existentes. Empresas do mesmo ramo de atuação e tamanho similar podem optar por estruturas de custos e ativos diferenciadas.

Quanto mais uma empresa utilizar atividades terceirizadas, mais participação de estoques terá, e menos participação de ativos permanentes. Em termos de estrutura de custos, deve ter mais custos variáveis e menos fixos. Isso provocará, fatalmente, prazos médios de estocagem e recebimento de vendas diferenciados.

O mesmo se pode dizer da estrutura do passivo. A teoria de finanças considera que é uma opção da empresa, levando em conta as variáveis de aversão ou não ao risco. Assim, padrões de participação de capital próprio e de terceiros podem ser questionáveis. Quanto aos indicadores de liquidez e rentabilidade do capital, prestam-se mais à comparação com padrões, pois a avaliação que se faz é de caráter genérico, válida para todas as atividades.

Em resumo, é válida a estruturação de padrões obtidos com dados de outras empresas, mas sua utilização deve ser feita com bastante cuidado, para que as conclusões finais da avaliação de uma empresa em relação às demais não sejam prejudicadas.

Padrões de Crédito

Empresas especializadas em fornecer serviços de informações para análise de crédito têm oferecido também informações padronizadas das empresas constantes de seu cadastro. Empresas como a SCI, Serasa, Económática, Austin Asis, Dun & Bradstreet etc. são bastante conhecidas no mercado financeiro e creditício, fornecendo seus serviços a pessoas físicas, empresas, bancos comerciais e financeiras.

Pelo fato de possuírem um cadastro abrangente de balanços das empresas de qualquer porte, estruturam padrões globais e setoriais, continuamente revisados. Assim, o analista financeiro pode utilizar esses serviços e agilizar o processo de obtenção dos padrões.

7.2 Construção dos Padrões

Se não tiver padrões à disposição, o analista deverá proceder à sua elaboração. Para que os indicadores-padrão sejam obtidos, o analista deve aplicar os procedimentos básicos a seguir:

- selecionar os indicadores mais adequados para análise econômico-financeira;
- classificar as empresas por tamanho (pequeno, médio e grande), usando determinados parâmetros (patrimônio líquido, volume monetário das vendas, total do ativo, número de empregados etc.) e agrupá-las por atividade e setor (indústria, comércio e serviços);
- calcular os indicadores selecionados para cada empresa classificada por tipo de atividade ou setor;
- tabular os indicadores calculados para todas as empresas e classificá-los em ordem de grandeza crescente (distribuição de frequência);
- elaborar tabela de frequência acumulada com o gráfico de distribuição relativa.[1]

Os parâmetros estatísticos mais utilizados são a média aritmética e a mediana, ambos para dados agrupados. Para avaliar a distância dos indicadores da empresa analisada em relação aos padrões estruturados com a mediana, têm sido utilizados conceitos de quartis e decis, técnicas estatísticas de partilhamento da distribuição das frequências observadas.

Média Aritmética para Dados Agrupados

Caracteriza-se por ser uma média ponderada, que é uma média aritmética em que cada valor se encontra ponderado de acordo com a sua importância no grupo total.[2] Quando os dados estiverem agrupados em uma distribuição de frequência, usaremos a média aritmética dos valores $X_1, X_2, X_3... X_N$, ponderados pelas respectivas frequências absolutas $F_1, F_2, F_3... F_N$.

$$X = \frac{\sum F_i \cdot X_i}{N}$$

onde:

F_i = Frequência absoluta da classe
X_i = Ponto médio da classe
N = Número de elementos observados

Vamos tomar como referência o índice de liquidez corrente de 16 empresas do mesmo setor de uma empresa analisada, apresentadas na tabela a seguir.

---

[1] WALTER, Milton Augusto. *Introdução à análise de balanços*. 2. ed. São Paulo: Saraiva, 1981, p. 313-314.
[2] KAZMIER, Leonard J. *Estatística aplicada à economia e administração*. São Paulo: Makron Books, 1982, p. 30.

Capítulo 7 – Indicadores-padrão, Análise Setorial e Qualificação Financeira

Empresas Observadas	Liquidez Corrente
Empresa A	2,20
Empresa B	0,80
Empresa C	1,40
Empresa D	2,00
Empresa E	1,20
Empresa F	1,20
Empresa G	1,10
Empresa H	1,90
Empresa I	1,20
Empresa J	1,70
Empresa K	2,20
Empresa L	0,80
Empresa M	1,40
Empresa N	1,50
Empresa O	2,00
Empresa P	1,20
Quantidade de Empresas	**16**

Em seguida, criam-se as tabelas de frequência e apura-se a quantidade de observações que se enquadram em cada faixa.

Distribuição de Frequência

Faixa	Média da Faixa	Quantidade de Observações
0,80 – 0,999	0,8995	2
1,00 – 1,199	1,0995	1
1,20 – 1,399	1,2995	4
1,40 – 1,599	1,4995	3
1,60 – 1,799	1,6995	1
1,80 – 1,999	1,8995	1
2,00 – 2,199	2,0995	2
2,20 – 2,399	2,2995	2
		16

O próximo passo é fazer a média aritmética de dados agrupados. Multiplica-se a média da faixa pela quantidade de observações de cada uma delas (a frequência). Em seguida, toma-se o total obtido e divide-se pela quantidade de observações.

Média Aritmética		
Média da Faixa (A)	Quantidade de Observações (B)	A x B
0,8995	2	1,7990
1,0995	1	1,0995
1,2995	4	5,1980
1,4995	3	4,4985
1,6995	1	1,6995
1,8995	1	1,8995
2,0995	2	4,1990
2,2995	2	4,5990
Soma	16	24,992

Neste exemplo, a média aritmética é de 1,562, ou seja, a liquidez corrente média das 16 empresas do setor é 1,562.

Liquidez Média: $\dfrac{24,992}{16} = 1,562$

Mediana para Dados Agrupados

A mediana, como medida de tendência central, é o valor da variável (característica) que divide em duas partes iguais os elementos da população ou amostra. Ela é necessária para depois estruturarmos o conjunto de quartis e decis.

Para calcular a mediana para dados agrupados, é necessário:

1. Calcular a ordem:

$$\dfrac{N}{2}$$

2. Pela frequência acumulada crescente, para identificar a classe mediana.
3. Utilizar a seguinte fórmula:

Capítulo 7 – Indicadores-padrão, Análise Setorial e Qualificação Financeira

$$Md = Li^* + \frac{\frac{(N - Fac^*) \cdot h}{2}}{F_{Md}}$$

onde:

- N = Número de elementos
- Fac* = Frequência acumulada crescente anterior à classe mediana
- h = Amplitude do intervalo da classe mediana
- F_{Md} = Frequência absoluta da classe mediana
- Li* = Limite inferior da classe mediana

Com os dados do exemplo, é necessário primeiramente desenvolver uma tabela para obter a frequência absoluta acumulada.

Frequência Absoluta Acumulada (Fac)

Faixa	Quantidade de Observações	Frequência Acumulada (Fac)	
0,80 – 0,999	2	2	
1,00 – 1,199	1	3	
1,20 – 1,399	4	7	
1,40 – 1,599	**3**	**10**	⬅ Classe da Mediana
1,60 – 1,799	1	11	
1,80 – 1,999	1	12	
2,00 – 2,199	2	14	
2,20 – 2,399	2	16	
	16		

Com essa tabela, podemos identificar onde se localiza a mediana simples da amostra, que é 8 (16 : 2). Ela se localiza na faixa de 1,40 a 1,599, com frequência acumulada de 10. Com esse dado podemos, finalmente, calcular a mediana para dados agrupados.

Cálculo da mediana para dados agrupados

Dados da fórmula

Limite inferior da classe da mediana (a)	1,40
Metade da amostra (16 : 2) (b)	8

(continua)

Cálculo da mediana para dados agrupados (continuação)	
Fac que antecede a classe da mediana (c)	7
Amplitude da classe da mediana (d)	0,199
Quantidade de observações da classe da mediana (e)	3
Cálculo	
= a + (((b – c) * d) / e)	1,466

Significa que 50% das empresas analisadas têm uma liquidez abaixo de 1,466, e 50% acima.

Quartis

Denominamos quartis os valores de uma série estatística que a dividem em quatro partes iguais.

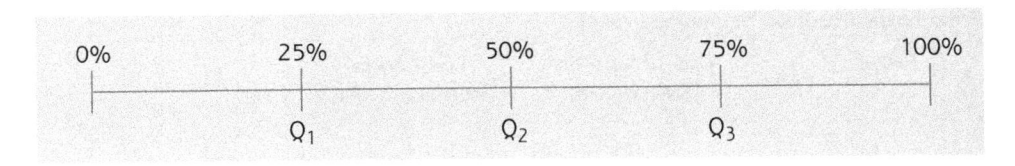

```
0%         25%         50%         75%        100%
|-----------|-----------|-----------|-----------|
            Q₁          Q₂          Q₃
```

Para calcular Q_1, Q_2, Q_3 são necessários os seguintes passos:

1. Calcular a ordem:

$$\frac{N}{4}$$

2. Identificar pela frequência acumulada crescente a classe Q_1, Q_2, ou Q_3.
3. Utilizar a seguinte fórmula:

$$Q_n = Li^* + \frac{(\frac{N}{4} - Fac^*) \cdot h}{F_{Qn}}$$

onde:

N = Número de elementos
Q_n = Q_1, Q_2 ou Q_3

Fac* = Frequência acumulada crescente anterior à classe Q_n
h = Amplitude do intervalo da classe Q_n
F_{Qn} = Frequência absoluta da classe Q_n
Li* = Limite inferior da classe Q_n

Com os dados do nosso exemplo, temos:

Quartil – Q1		Quartil – Q2	
Dados da fórmula		*Dados da fórmula*	
Limite inferior da classe da mediana (a)	1,20	Limite inferior da classe da mediana (a)	1,40
1/4 da amostra (16 : 4) (b)	4	1/2 da amostra (16 : 2) (b)	8
Fac que antecede a classe da mediana (c)	3	Fac que antecede a classe da mediana (c)	7
Amplitude da classe da mediana (d)	0,199	Amplitude da classe da mediana (d)	0,199
Quantidade de observações da classe da mediana (e)	4	Quantidade de observações da classe da mediana (e)	3
Cálculo		*Cálculo*	
= a + (((b – c) * d) / e)	1,250	= a + (((b – c) * d) / e)	1,466
Quartil – Q3		**Quartil – Q4**	
Dados da fórmula		*Dados da fórmula*	
Limite inferior da classe da mediana (a)	1,80	Limite inferior da classe da mediana (a)	2,20
3/4 da amostra (3 x 16 : 4) (b)	12	4/4 da amostra (b)	16
Fac que antecede a classe da mediana (c)	11	Fac que antecede a classe da mediana (c)	14
Amplitude da classe da mediana (d)	0,199	Amplitude da classe da mediana (d)	0,199
Quantidade de observações da classe da mediana (e)	1	Quantidade de observações da classe da mediana (e)	2
Cálculo		*Cálculo*	
= a + (((b – c) * d) / e)	1,999	= a + (((b – c) * d) / e)	2,399

Os dados obtidos permitem vislumbrar um índice de liquidez específico em relação às diversas faixas da amostra das empresas, bem como em relação à mediana dos quartis.

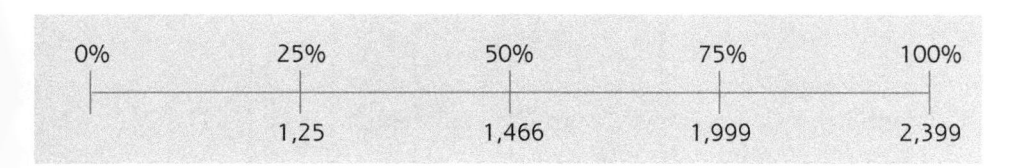

0%	25%	50%	75%	100%
	1,25	1,466	1,999	2,399

As empresas que têm índice de liquidez entre 0,80 e 1,25 enquadram-se no primeiro quartil. As que têm entre 1,251 e 1,466 enquadram-se no segundo, e assim sucessivamente. Se a mediana pode ser encarada como um padrão, quanto mais próximo dela, melhor. Assim, as empresas que têm índice de liquidez ao redor de 1,466 serão avaliadas como tendo bons índices. É óbvio que, no caso da liquidez, se for maior, também é bom.

Cada índice deve ser analisado em relação à sua natureza e sua interpretação básica. Quanto mais distante da mediana for o dado da empresa analisada, indica, em princípio, que a empresa está fora da normalidade. Para determinado índice, estar nos quartis 3 e 4 representa uma avaliação favorável, como a liquidez. O inverso é verdadeiro para outros indicadores. O índice de endividamento, por exemplo, se estiver acima da mediana, é considerado ruim.

Decis

Dependendo do indicador, em que se necessita de maior precisão de análise comparativa, ou do tamanho da amostra, torna-se interessante ampliar o conceito de segmentação da mediana, adotando a metodologia dos decis. São os valores que dividem a série estatística em dez partes iguais. Apresentamos as fórmulas a seguir. Deixamos de apresentar exemplo numérico, uma vez que os cálculos são similares aos dos quartis.

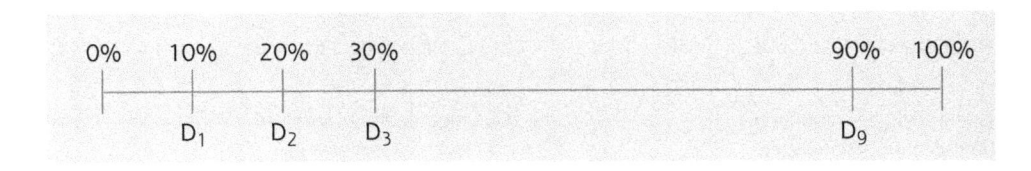

```
0%   10%  20%  30%                              90%   100%
 |────|────|────|───────────────────────────────|─────|
      D₁   D₂   D₃                              D₉
```

Para calcular $D_1, D_2, D_3 \ldots\ldots D_9$, é necessário o seguinte:

1. Calcular a ordem:

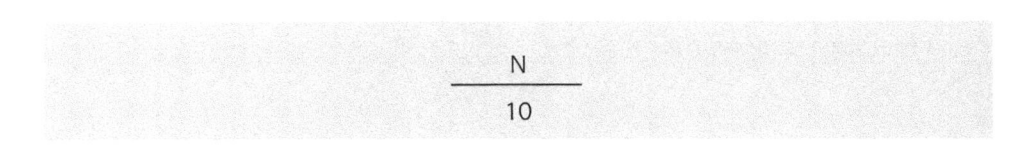

$$\frac{N}{10}$$

2. Identificar pela frequência acumulada crescente a classe $D_1, D_2, D_3 \ldots\ldots D_9$
3. Utilizar a seguinte fórmula:

$$D_n = Li^* + \frac{\frac{(N - Fac^*) \cdot h}{10}}{F_{Dn}}$$

onde:
- N = Número de elementos
- D_n = $D_1, D_2, \ldots Q_9$
- Fac* = Frequência acumulada crescente anterior à classe D_n
- h = Amplitude do intervalo da classe D_n
- FD_n = Frequência absoluta da classe D_n
- Li* = Limite inferior da classe D_n

7.3 Análise Setorial

A mídia financeira especializada (*Conjuntura Econômica, Exame, Gazeta Mercantil, Valor Econômico*) publica anualmente um resumo dos principais dados financeiros das maiores empresas do país, extraídos das demonstrações financeiras. Tem-se, portanto, uma fonte adicional de informações para estruturação de padrões e análise comparativa externa.

De modo geral, essas publicações apresentam a lista das maiores empresas em ordem decrescente (*ranking*) e uma análise estatística, objetivando classificar as melhores nos seus ramos de atuação. Algumas utilizam diretamente os dados publicados pelas empresas, enquanto outras introduzem parâmetros adicionais, objetivando melhor equalização dos dados (transformação em dólares, utilização de atualização monetária etc.).

Ranking

O método de ranqueamento, para determinar as maiores, tem utilizado a receita operacional líquida. Quanto maior for a receita do ano, melhor classificação terá a empresa. No passado, era muito comum a utilização do valor do patrimônio líquido como elemento indicador de tamanho econômico empresarial. Essa visão patrimonial, estática, foi substituída por outra mais dinâmica, envolvendo as receitas. Em linhas gerais, pressupõe-se, então, que, quem tiver maior geração de receita, tem mais condições de geração de lucros, empregos, valor adicionado etc., devendo ser considerada economicamente maior.

Indicadores Utilizados

No quadro a seguir apresentamos os principais indicadores utilizados por algumas das revistas especializadas. É importante notar que os indicadores são basicamente os mesmos que apresentamos ao longo deste livro. Alguns indicadores não analisados em nosso trabalho são utilizados eventualmente por essas revistas, os quais podem ilustrar adicionalmente alguns aspectos econômico-financeiros das empresas.

Indicadores Econômico-Financeiros Utilizados pelas Publicações Especializadas

Conjuntura Econômica	Exame	Gazeta Mercantil	Valor Econômico
Crescimento do Ativo	Ativo Total Ajustado	Crescimento do Ativo	Ativo Total
Crescimento da Receita	Crescimento da Receita	Crescimento da Receita	Crescimento da Receita
Receita Operacional Líquida	Receita Operacional Líquida	Receita Operacional Líquida	Receita Operacional Líquida
EBITDA	EBITDA		EBITDA
Liquidez Corrente	Liquidez Corrente	Liquidez Corrente	Liquidez Corrente
Liquidez Seca	Capital Circulante Líquido	Capital de Giro	
Liquidez Geral	Liquidez Geral	Necessidade de Capital de Giro	
Lucro Líquido	Lucro Líquido	Lucro Líquido	Lucro Líquido
Grau de Endividamento	Grau de Endividamento	Grau de Endividamento	Grau de Endividamento
Endividamento de Curto Prazo	Endividamento de Curto Prazo	Endividamento de Curto Prazo	Endividamento de Curto Prazo
Endividamento de Longo Prazo	Endividamento de Longo Prazo	Endividamento de Longo Prazo	Endividamento de Longo Prazo
Rentabilidade do PL	Rentabilidade do PL	Rentabilidade do PL	Rentabilidade do PL
Margem Bruta		Margem Bruta	Lucro Financeiro
Margem Operacional		Margem Operacional	Margem/ Lucro Operacional
Margem Líquida	Margem Líquida	Margem Líquida	Margem Líquida
EBITDA/PL	Investimento no Imobilizado	Receita Líquida por Funcionário	Cobertura de Dívidas
	Giro do Ativo	Valor Econômico Agregado	Giro do Ativo

(continua)

Indicadores Econômico-Financeiros Utilizados pelas Publicações Especializadas (continuação)		
Conjuntura Econômica	Exame	Gazeta Mercantil	Valor Econômico
	Liderança de Mercado (1)	Retorno sobre Ativo	Lucro Não Operacional
	Riqueza Criada por Empregado (2)	Crescimento Sustentável (3)	Geração de Valor (4)

(1) Vendas da Empresa/Vendas das Empresas Pesquisadas do Setor.
(2) Valor Adicionado/Número de Empregados.
(3) Variação da Receita Líquida/Variação do Patrimônio Líquido.
(4) EBITDA/Receita Líquida.

As Melhores

Para identificar as melhores do ano no seu ramo de atuação, as publicações especializadas, de modo geral, escolhem uma série de indicadores e os ponderam de acordo com sua interpretação. O maior resultado configura a melhor empresa.

Por exemplo: a revista *Exame* utiliza os seguintes indicadores e ponderações, atribuindo a ponderação máxima em função da colocação da empresa em cada indicador:

As melhores – Indicadores *Versus* Ponderações	
Indicador	Ponderação – Peso
Liderança de Mercado	10
Crescimento das Vendas	10
Rentabilidade do PL	25
Liquidez Corrente	15
Investimento no Imobilizado	20
Riqueza Criada por Empregado	20
	100

Colocando os dados de duas empresas do mesmo setor, a título de exemplo, teríamos os cálculos expressos na próxima tabela.

Neste exemplo, a Empresa B é considerada melhor em termos econômico-financeiros do que a A. Este exemplo ressalta que a avaliação de desempenho de um empreendimento deve ser feita por indicadores relativos. A

Empresa A é a líder do mercado, enquanto a B é a décima colocada. Contudo, os indicadores de rentabilidade e crescimento das vendas (indicadores relativos) foram os pontos-chave para que a Empresa B fosse considerada a melhor no ano analisado.

As melhores – Exemplo de comparação		Empresa A		Empresa B	
Indicador	Ponderação – Peso	Pontuação	Ponderação	Pontuação	Ponderação
Liderança de Mercado	10	10	100	1	10
Crescimento das Vendas	10	1	10	10	100
Rentabilidade do PL	25	1	25	10	250
Liquidez Corrente	15	4	60	5	75
Investimento no Imobilizado	20	8	160	9	180
Riqueza Criada por Empregado	20	1	20	3	60
	100		375		675

7.4 Qualificação Econômico-Financeira

O método utilizado pela mídia especializada, apresentado no tópico anterior, também tem sido utilizado para outros fins. Os bancos e outras instituições ligadas à concessão de crédito, por exemplo, adotam modelos similares. A ideia de relacionar uma quantidade escolhida de indicadores, dando pesos específicos a cada um deles, ao final, é gerar um número ou índice que indique se a empresa está bem ou não, confrontado com uma tabela previamente construída para posicionamento.

As técnicas estatísticas mais utilizadas para esses estudos classificatórios são a *análise fatorial* e a *análise discriminante*. A primeira é o processo de análise de um fenômeno estatístico complexo, em que se procura determinar ou medir, por meio de correlações apropriadas, a influência de determinados fatores nesse fenômeno. Tem como propósito a redução de dados e sumarização, para melhor entendimento, dos dados da análise. A análise discriminante é mais específica e consiste em identificar as variáveis que melhor qualificam grupos escolhidos previamente.

Um modelo utilizado por bancos para cadastramento e avaliação de crédito é denominado *qualificação econômica e financeira*. Obtém-se uma avaliação geral da empresa por meio de um único dado, obtido pela ponderação dos seguintes indicadores:

Capítulo 7 – Indicadores-padrão, Análise Setorial e Qualificação Financeira

Indicadores Contábeis	Sigla	Fórmulas	Pesos
1 – Produtividade	P	**Receita Operacional Líquida** / Ativo Total – Investimentos	2
2 – Liquidez Geral	LG	**AC + ARLP** / PC + PELP	2
3 – Liquidez Corrente	LC	**Ativo Circulante** / Passivo Circulante	2
4 – Capitalização	C	**Patrimônio Líquido x 100** / Ativo Total	2
5 – Imobilização do Capital Próprio	IC	**Ativo Fixo x 100** / Patrimônio Líquido	2
Total			**10**

Avaliação/Grau	Conceito
NR	Não recomendável
2	Mínimo aceito para cadastramento
4	Médio
6	Máximo

O grau de avaliação é resultante da fórmula de pontuação com o auxílio das tabelas de avaliação e de conversão.

Pontuação = (FP)

É obtida da operação matemática, a seguir, que tem como numerador a soma dos parâmetros (produto da multiplicação dos pontos pelos respectivos pesos) e como denominador a soma dos pesos (2 + 2 + 2 + 2 + 2 = 10).

$$FP = \frac{(P0... 10 \times 2) + (LG0... 10 \times 2) + (LC0... 10 \times 2) + (C0... 10 \times 2) + (IC0... 10 \times 2)}{10}$$

Tabela de Conversão

Na tabela a seguir, estão convertidos os indicadores obtidos na pontuação para os números que representam a avaliação de desempenho da empresa analisada.

Indicador da Pontuação	Avaliação
0 a 1,9	NR
2,0 a 4,9	2
5,0 a 7,9	4
8,0 a 10,0	6

Tabelas de Avaliação

Nas tabelas a seguir serão encontrados os pontos correspondentes ao indicador tradicional, determinado para produtividade, liquidez geral, liquidez corrente, capitalização e imobilização do capital próprio.

Produtividade	Pontos
0 a 0,29	0
0,30 a 0,49	1
0,50 a 0,59	2
0,60 a 0,69	3
0,70 a 0,89	4
0,90 a 1,09	5
1,10 a 1,29	6
1,30 a 1,49	7
1,50 a 1,79	8
1,80 a 2,10	9
Mais de 2,10	10

Liquidez Geral	Pontos
0 a 0,29	0
0,30 a 0,49	1
0,50 a 0,59	2
0,60 a 0,69	3
0,70 a 0,89	4
0,90 a 1,09	5
1,10 a 1,29	6
1,30 a 1,39	7
1,40 a 1,59	8
1,60 a 1,80	9
Mais de 1,80	10

Capítulo 7 – Indicadores-padrão, Análise Setorial e Qualificação Financeira

Liquidez Corrente	Pesos
0 a 0,29	0
0,30 a 0,49	1
0,50 a 0,59	2
0,60 a 0,79	3
0,80 a 0,99	4
1,00 a 1,19	5
1,20 a 1,39	6
1,40 a 1,59	7
1,60 a 1,79	8
1,80 a 2,00	9
Mais de 2,00	10

Capitalização (%)	Pesos
Negativa	0
0 a 10	1
11 a 17	2
18 a 21	3
22 a 25	4
26 a 35	5
36 a 45	6
46 a 55	7
56 a 65	8
66 a 70	9
Mais de 70	10

Imobilização do Capital Próprio (%)	Pesos
Negativo e acima de 100	0
91 a 100	1
81 a 90	2
71 a 80	3
61 a 70	4
51 a 60	5
41 a 50	6
31 a 40	7
21 a 30	8
11 a 20	9
0 a 10	0

Utilizando esse modelo com os dados do ano de X1 que usamos na maior parte dos exemplos deste livro, teríamos a seguinte avaliação:

Exemplo de Qualificação Econômico-Financeira

Indicadores	Fórmula	Peso	Empresa A Indicador	Classificação	Ponderação
Produtividade	Receita Operacional Líquida / Ativo Total − Investimentos	2	1,52	8	16
Liquidez Geral	Ativo Circulante + Longo Prazo / Passivos Exigíveis	2	0,84	4	8
Liquidez Corrente	Ativo Circulante / Passivo Circulante	2	2,01	10	20
Capitalização	Patrimônio Líquido / Ativo Total	2	34%	5	10
Imobilização do PL	Ativo Permanente / Patrimônio Líquido	2	132%	0	0
	Total	10			5,4

O dado obtido confere avaliação 4 (entre 5,0 a 7,9), qualificando a estrutura da empresa econômica e financeiramente como média.

Questões e Exercícios

1. A seguir estão 40 empresas do ramo de alimentos que apresentaram estes índices de liquidez corrente:

   0,70 − 0,72 − 0,73 − 0,76 − 0,79 − 0,80 − 0,81 − 0,82 − 0,84 − 0,85
   0,90 − 0,92 − 0,94 − 0,96 − 1,10 − 1,15 − 1,20 − 1,22 − 1,24 − 1,26
   1,28 − 1,29 − 1,30 − 1,32 − 1,35 − 1,38 − 1,40 − 1,45 − 1,48 − 1,50
   1,53 − 1,54 − 1,56 − 1,58 − 1,60 − 1,65 − 1,68 − 1,70 − 1,72 − 1,75

   Pede-se:
   a) Média aritmética ponderada
   b) Mediana − dados agrupados
   c) Q_3
   d) D_4

Capítulo 7 – Indicadores-padrão, Análise Setorial e Qualificação Financeira

2. Faça a análise de qualificação econômico-financeira.

Ativo	Balanço Patrimonial	31.12.X4	31.12.X5
1.1	Disponível	565.605	38.433
1.2	Direitos Realizáveis a Curto Prazo	977.283	1.558.815
1.3	Estoques	744.832	715.621
1.0	**Ativo Circulante (1.1 a 1.3)**	**2.287.720**	**2.312.869**
2.0	**Ativo Realizável a Longo Prazo**	**498.249**	**571.292**
3.1	Investimentos	179.856	220.255
3.2	Imobilizado Técnico (Líquido)	1.246.951	3.001.351
3.3	Ativo Intangível	0	2.545
3.0	**Investimentos, Imobilizado e Intangível (3.1 a 3.3)**	**1.426.807**	**3.224.151**
	Total Geral do Ativo	**4.212.776**	**6.108.312**

Passivo		31.12.X4	31.12.X5
4.1	Fornecedores	1.027.441	843.706
4.2	Empréstimos e Financiamentos	130.944	891.350
4.3	Salários e Encargos Sociais	114.994	262.484
4.4	Impostos a Pagar	56.192	54.076
4.5	Contas a Pagar	129.056	717
4.0	**Passivo Circulante (4.1 a 4.5)**	**1.458.627**	**2.052.333**
5.0	**Passivo Não Circulante**	**431.122**	**1.113.533**
6.1	Capital Social	161.818	1.697.172
6.2	Reservas de Capital	1.482.727	404.013
6.3	Reservas de Lucros	223.439	273.628
6.4	Lucros Acumulados	455.043	567.633
6.0	**Patrimônio Líquido (6.1 a 6.4)**	**2.323.027**	**2.942.446**
	Total Geral do Passivo e PL	**4.212.776**	**6.108.312**

Demonstração do Resultado do Exercício	Ano X4	Ano X5
Receita Operacional Bruta	10.891.047	17.269.060
(–) Deduções das Vendas	(539.677)	(903.861)
Receita Operacional Líquida	**10.351.370**	**16.365.199**
(–) Custos dos Produtos Vendidos	(9.378.177)	(14.451.306)
Lucro Bruto	**973.193**	**1.913.893**
(–) Despesas com Vendas	(557.384)	(1.322.461)
(–) Despesas Administrativas	(186.119)	(259.735)
Lucro antes das Despesas Financeiras	**229.690**	**331.697**
(–) Despesas Financeiras	(38.306)	(326.234)
Lucro Operacional Líquido	**191.384**	**5.463**
(+) Outras Receitas	346.726	7.177
Lucro antes do Imposto de Renda	**538.110**	**12.640**
(–) Imposto de Renda e Contribuição Social	(225.510)	(2.200)
Lucro Líquido do Exercício	**312.600**	**10.380**

Capítulo 8 – Análise de Geração de Lucros e Criação de Valor

As análises vertical da demonstração de resultados e a da rentabilidade são instrumentos clássicos para avaliação da geração de lucros e sua destinação básica para os proprietários e os financiadores da empresa. Contudo, é possível desenvolver outros modelos analíticos com visões complementares da geração de resultados, interligando-os com o balanço patrimonial.

De modo geral, os dois principais modelos de análise de geração de lucro são:

- Demonstração das origens e aplicações de recursos;
- Demonstração do fluxo de caixa.

A estrutura desses modelos foi apresentada no Capítulo 2. São demonstrações que se originam do balanço patrimonial e da demonstração de resultados. Em outras palavras, decorrem da reversão da ordem do registro dos eventos econômicos nas contas patrimoniais e de resultados, transformando-se em relatórios gerenciais que abrem perspectivas adicionais para visualizar a geração do lucro, elemento fundamental para a avaliação de qualquer empresa e empreendimento.

Neste capítulo, desenvolveremos três modelos de análise de geração de lucro, que constituem uma adaptação da demonstração do fluxo de caixa e das origens e aplicações de recursos que julgamos importantes para adicionar condição de análise do desempenho atual e futuro das empresas.

Também neste capítulo desenvolveremos os conceitos que atualmente têm sido considerados os melhores para avaliação do processo de criação de valor. Sempre lembrando que, quando nos referimos ao processo de criação de valor ou adição de valor, estamos falando de valor econômico, ou seja, resultados medidos monetariamente.

Dentro desta apresentação, uma pergunta emerge naturalmente:

Geração de lucro significa ou não criação de valor?

De acordo com a visão econômica e financeira prevalecente, não há criação de valor quando o lucro gerado é insuficiente para cobrir o custo de oportunidade de investimento (o custo de capital das fontes de financiamento). Em outras palavras, só se considera que houve valor criado se o lucro operacional, gerado pelo ativo, for superior ao custo mínimo de capital desejado pelos proprietários, acionistas e financiadores externos à empresa.

A geração do lucro operacional decorre da gestão e apropriação do valor agregado dado pelos produtos e serviços que a empresa vende a seus clientes. Como a ênfase de rentabilidade está nos proprietários, o conceito de criação de valor do passivo pode ser trabalhado exclusivamente com a figura dos proprietários, sócios ou acionistas.

Esse modelo de avaliação de rentabilidade remete-nos ao formato do balanço patrimonial. O ativo representa a geração bruta de valor, que denominamos *lucro operacional*. O passivo identifica se o lucro gerado pelo ativo é suficiente para cobrir o custo de capital dos fornecedores de recursos. Isso está representado na Figura 8.1.

Ativo	Passivo
Criação de valor pela empresa por meio do valor agregado dado pelos produtos e serviços	Criação de valor para o acionista pela adoção do custo de oportunidade de capital

Figura 8.1 Criação de valor e o modelo contábil.

Em linhas gerais, o conceito de criação de valor, associado ao conceito de geração de lucros, permite a adoção de dois conceitos de lucro:[1]

a) lucro nominal (geração de lucro);
b) lucro real (valor adicionado ou criação de valor).

O lucro nominal refere-se àquele apresentado na demonstração de resultados. O real é o lucro nominal confrontado com o custo mínimo de capital. O conceito de lucro real tem na metodologia EVA sua representatividade mais atual. O conceito de EVA é uma acepção de lucro real, pois incorpora na análise de geração de lucro o custo de oportunidade de capital. Este tema será explorado mais adiante, neste capítulo.

Apresentamos a seguir um exemplo conceitual e resumido para explicação desses conceitos. Vamos considerar que os proprietários fizeram um investimento de $ 10.000 em um empreendimento e que, no primeiro ano de atividade, o lucro líquido tenha sido $ 1.500, totalmente realizados em dinheiro. O quadro a seguir apresenta o balanço inicial e final dessa movimentação. Estamos desconsiderando os impostos sobre o lucro para simplificação.

Em uma primeira hipótese, vamos imaginar que o custo mínimo do dinheiro no mercado fosse de 10% ao ano. Isso significa que, se em vez de terem investido nessa empresa, os donos do capital tivessem investido em outros ativos financeiros, teriam condição de ganhar $ 1.000, ou seja, 10% de $ 10.000

---

[1] Estamos considerando que o lucro contábil, evidenciado pelas demonstrações contábeis publicadas, consiste em uma mensuração adequada de lucro.

do capital social da empresa. Esse percentual e esse valor representam um custo de oportunidade. Neste caso, entende-se que a empresa criou $ 500 de valor para os acionistas, pois o lucro obtido no ano foi superior ao que eles teriam se tivessem aplicado em outros investimentos. Este é o conceito de criação de valor considerado hoje em economia e finanças. Esses dados estão na primeira coluna de valores do segundo quadro apresentado nesta página.

Balanço Patrimonial	Inicial	Final
Ativo		
Caixa/Bancos	0	1.500
Outros Ativos	10.000	10.000
Total	10.000	11.500
Passivo		
Capital Social	10.000	10.000
Lucros Acumulados	0	1.500
Total	10.000	11.500

Análise da Criação de Valor	Custo de Capital – % a.a.	
	10%	18%
Lucro Nominal	1.500	1.500
(–) Custo de Capital	(1.000)	(1.800)
= Lucro Real	500	(300)
	Criação de Valor	Destruição de Valor

Contudo, se, em vez de 10%, o mercado financeiro e outros de investimentos apresentassem uma possibilidade mínima de ganho de 18% ao ano, essa empresa, em lugar de criar valor para os proprietários, estaria *destruindo valor*, em nosso exemplo, equivalente a $ 300. Ou seja, se os donos do capital tivessem optado por outros investimentos, teriam um rendimento anual mínimo de $ 1.800. Como a empresa rendeu apenas $ 1.500, eles perderam a oportunidade de ganhar $ 300.

8.1 Análise de Geração de Lucros

Denominamos *análise de geração de lucros* a apresentação dos resultados em modelos específicos de decisão e informação, de forma a identificar os principais componentes de geração de lucro e caixa.

O foco central dessa análise está em identificar os principais fatores de geração de lucro e caixa dentro da empresa, de tal forma que permita um modelo para previsão da geração de fluxos *futuros de benefícios*. Portanto, a análise de geração de lucros centra-se em obter informações, dentro de modelos de análise e decisão, que possibilitem dados para inferir a tendência futura da empresa, em termos de crescimento de lucros e fluxo de caixa.

Faremos a apresentação dos principais modelos de análise de geração de lucros. Os modelos podem ser apresentados de duas formas: (a) partindo do lucro líquido final, subtraindo ou adicionando os elementos desejados, técnica normalmente utilizada pelos analistas externos à empresa, que têm em mãos apenas as demonstrações publicadas, e (b) partindo da própria demonstração de resultados, técnica normalmente utilizada internamente na empresa, onde há o detalhamento necessário da demonstração de resultados e balanço patrimonial.

Lucro das Operações

Este conceito, normalmente adotado para início da demonstração das origens e aplicações dos recursos, tem como finalidade indicar, de forma aproximada, os itens da demonstração de lucros que têm uma relação direta com o caixa, deixando de considerar elementos de lucros, despesas e receitas claramente contábeis, e sua incorporação na demonstração de resultados decorre de necessidades econômicas e legais.

Os itens claramente *não caixa* são as depreciações do imobilizado, amortizações do diferido, resultados de equivalência em controladas e baixas do ativo permanente. Alguns estudiosos entendem que os juros e variações monetárias do exigível a longo prazo também devem ser excluídos. Nosso entendimento é que, mesmo sendo de longo prazo, esses elementos afetarão o caixa e, portanto, não devem ser excluídos. A Tabela 8.1 apresenta esse conceito.

Tabela 8.1 Lucro gerado pelas operações

	31.12.X0	31.12.X1
Lucro Líquido após Impostos e Participações	739.410	450.126
(+) Depreciações	1.053.000	1.082.225
(+/−) Equivalência Patrimonial	(2.000)	(30.000)
(+) Baixas de Permanentes	20.000	3.000
= Lucro das Operações	**1.810.410**	**1.505.351**

Em termos de resultados que afetaram ou afetarão o caixa, no ano de 19X0 a empresa teve uma geração de lucro de $ 1.810.410, muito maior que o lucro líquido contábil de $ 739.410. Isso significa que a empresa gerou resultados para operações de caixa bem maiores que a demonstração final do lucro.

Isso é facilmente explicável porque a maior diferença de resultados está na depreciação. As despesas contábeis de depreciação decorrem de investimentos depreciáveis feitos no passado. Seu efeito caixa ocorreu, na realidade, em momentos anteriores a essa demonstração de resultados. Assim, nesse período, os gastos de depreciação reduzem o lucro, mas não o caixa e, portanto, podem ser adicionados ao lucro para parametrizar fluxos de caixas futuros, considerando essas fontes como de autofinanciamento, ou seja, oriundas da própria empresa.

Lucro Gerado para o Caixa

Este é um conceito mais rígido para evidenciar a geração de lucros. Parte do conceito anterior, mas excluem-se do lucro das operações as aplicações no capital de giro próprio da empresa ocorridas no período.

A exclusão do aumento do capital de giro próprio do lucro das operações parte do conceito de que, para efetivar aquele nível de atividade operacional de produção e vendas, a empresa tem de manter seus prazos médios de recebimento de clientes, de giro de estoque e prazos de pagamento de fornecedores e contas a pagar. Em outras palavras, só é possível um aumento de vendas se houver um investimento no capital de giro próprio dentro do ciclo operacional normal da empresa.

Tabela 8.2 Lucro gerado para o caixa

	31.12.X0		31.12.X1	
Lucro Líquido das Operações	1.810.410	112%	1.505.351	119%
(−) Aumento dos itens do giro do ativo				
Clientes	320.000	20%	384.705	30%
Estoques	150.000	9%	178.632	14%
Impostos a Recuperar	500	0%	1.300	0%
Despesas do Exercício Seguinte	200	0%	800	0%
Soma	**470.700**	**29%**	**565.437**	**45%**
(+) Aumento dos itens do giro do passivo				
Fornecedores	200.000	12%	219.377	17%
Salários e Encargos a Pagar	50.000	3%	64.981	5%
Contas a Pagar	19.000	1%	20.446	2%
Impostos a Recolher sobre Mercadorias	12.000	1%	15.203	1%
Adiantamentos de Clientes	1.000	0%	1.500	0%
Soma	**282.000**	**17%**	**321.507**	**25%**
= Lucro Gerado para o Caixa	**1.621.710**	**100%**	**1.261.421**	**100%**

Nota: Os valores de aumento do giro do ativo e passivo do ano X0 são aleatórios.

Nesse conceito, só são considerados os elementos do giro que têm relação direta com o ciclo operacional e, portanto, a necessidade de investimento ou financiamento é recorrente e contínua. Não devem fazer parte desses demonstrativos os demais itens do giro que não tenham relação direta com o ciclo operacional.

Dessa maneira, do ativo não foram considerados as disponibilidades e aplicações financeiras, nem o realizável a longo prazo. Do passivo não foram considerados os elementos que não têm relação direta com o ciclo operacional, como impostos sobre o lucro, empréstimos e dividendos a pagar.

Lucro gerado para o caixa e investimentos no imobilizado

Alguns autores entendem que também devem ser considerados nessa análise de geração de lucro os investimentos feitos no ativo imobilizado, reduzindo o lucro gerado para o caixa, denominado *fluxo de caixa livre*. Se os investimentos em imobilizados são tipicamente para reposição e manutenção do atual nível de capacidade e negócio da empresa, entendemos como válida sua consideração. Contudo, se os investimentos em imobilizados forem para novos negócios ou incremento de nível de atividade, entendemos que não devem ser considerados, pois não se relacionam com o atual período e, sim, com períodos futuros e, portanto, lucros futuros.

EBITDA – Lucro antes dos Juros, Impostos, Depreciações e Amortizações

EBITDA, sigla em inglês de *earnings before interest, taxes, depreciation and amortization*, é um conceito de geração bruta operacional de lucro. Não considera resultados não operacionais e adiciona ao lucro operacional as depreciações e amortizações.

Em resumo, o EBITDA é o lucro operacional mais as depreciações e amortizações.

Tabela 8.3 EBITDA – Lucro operacional bruto e rentabilidade de caixa

	31.12.X0		31.12.X1	
Lucro Operacional	1.609.499	60%	1.145.610	50%
(+) Depreciações e Amortizações	1.053.000	40%	1.082.225	50%
= **EBITDA**	2.662.499	100%	2.227.835	100%
Ativo Operacional Líquido	9.220.840		9.159.467	
Rentabilidade de Caixa	28,9%		24,3%	

O objetivo da apuração do EBITDA é mensurar a capacidade operacional de geração de lucro/caixa da empresa. Adicionando os valores das depreciações e amortizações ao lucro operacional, criamos o conceito de lucro operacional bruto, um indicativo fundamental para a capacidade de geração bruta de lucros e, consequentemente, de caixa.

Por não considerar os juros como elementos redutores da geração de lucro, o EBTIDA só pode ser utilizado para alguma análise da rentabilidade com o ativo operacional líquido. O foco é a geração operacional de lucro, e não a geração de lucro para o acionista. Na análise do EBITDA não se levam em consideração as fontes de financiamento de capital.

Sempre convém lembrar que alguma análise da rentabilidade com EBITDA deve ser feita com muito cuidado, porque também esse conceito de avaliação de geração de lucros *não leva em conta os impostos e, portanto, sempre dá uma medida de rentabilidade bruta antes dos impostos.*

Basicamente, a função do EBITDA é mensurar o potencial de geração de lucros, para modelos de mensuração de avaliação de empresas com o conceito de fluxo de caixa descontado (FDC).

O EBITDA, por ser um modelo de mensuração de lucro, também é utilizado como indicador de margem de lucratividade. Assim, de maneira similar às margens bruta, operacional e líquida, utiliza-se também o conceito de *margem EBITDA*, relacionando o valor do EBITDA com a receita operacional líquida. A fórmula é a seguinte:

$$\text{Margem EBITDA} = \frac{\text{EBITDA}}{\text{Receita Operacional Líquida}}$$

Considerando os dados do nosso exemplo numérico, teríamos as seguintes margens:

Margem EBITDA

Fórmula	Ano X0		Ano X1	
	Dados	Índice	Dados	Índice
EBITDA	2.662.499	14,3%	2.227.835	11,9%
Receita Operacional Líquida	18.637.279		18.713.105	

A queda da margem EBITDA sempre é considerada preocupante. Espera-se no mínimo, sua manutenção em relação ao período anterior, se este foi considerado normal ou bom, ou um crescimento da margem. Os investidores em ações têm dado muita ênfase a essa mensuração de lucratividade.

Utilização dos Modelos de Geração de Lucro: Estática Versus Dinâmica

Conforme já introduzimos, a utilização desses modelos tem como fundamento a necessidade de avaliar a empresa em perspectiva, buscando vislumbrar os resultados futuros de suas atividades e objetivando verificar se a capacidade de geração de lucros é suficiente para garantir o pagamento dos atuais e dos futuros compromissos. Como os dados das demonstrações financeiras representam situações momentâneas, todas as análises que permitem evidenciar tendências futuras devem ser estimuladas e realizadas.

8.2 Criação de Valor

O modelo de EVA (*economic value added*) tem sido considerado atualmente o melhor para avaliação da criação ou não de valor para as empresas. Ele pode ser aplicado genericamente para a empresa como um todo, como pode também a unidades de negócios, linhas de produtos ou atividades. Como já vimos na introdução deste capítulo, ele busca confrontar o lucro contábil com um custo de oportunidade de capital.

EVA®[2] – Valor Econômico Agregado ou Adicionado

EVA – valor econômico adicionado – é um conceito de custo de oportunidade, ou lucro residual, que foi retomado mais recentemente, tradicional da teoria econômica, mas que nem sempre tem sido adotado, tanto no tempo, como em todas as empresas.

Partindo do pressuposto de que o objetivo da empresa é proporcionar, em suas decisões financeiras, um retorno que remunere as expectativas de rendimentos de seus proprietários de capital, a comparação do ROI com o custo médio ponderado de capital (CMPC) permite identificar se a empresa está agregando valor ou destruindo valor econômico.[3]

Esse conceito indica, em linhas gerais, que há realmente valor adicionado à empresa, caso o lucro líquido após o imposto de renda seja superior a um determinado custo de oportunidade de capital. Generalizando, esse custo de oportunidade de capital é considerado como o *lucro mínimo que a empresa deveria ter para remunerar adequadamente o investimento do acionista.*

---

[2] ® Marca registrada de Stern Stewart & Co.
[3] ASSAF NETO, Alexandre. *Estrutura e análise de balanços*. 4. ed. São Paulo: Atlas, 1998, p. 236-237.

Capítulo 8 – Análise de Geração de Lucros e Criação de Valor

"O custo de capital é a taxa de retorno que uma empresa precisa obter sobre seus investimentos, de forma a manter inalterado o valor de mercado da empresa. Ela pode ser imaginada como a taxa de retorno exigida pelos investidores de mercado para atrair o financiamento necessário a preço razoável."[4]

Essa rentabilidade mínima do acionista equivale a um custo de oportunidade, ou seja, se o acionista aplicasse seu dinheiro em outro negócio ou outra empresa, teria, no mínimo, aquele rendimento. Portanto, valor adicionado só pode ser considerado quando o lucro obtido pelo acionista é maior que um rendimento mínimo de mercado.

Recomenda-se a aplicação do conceito EVA tanto para a rentabilidade do acionista, quanto para a do ativo total. A fórmula do EVA, segundo seus criadores, é a seguinte:

$$EVA = Nopat - C\% \; (TC)^5$$

onde:

Nopat = Lucro operacional líquido após os impostos
C% = Custo percentual do capital
TC = Capital total

Portanto, o EVA caracteriza-se por ser um conceito de lucro residual. Considera-se lucro, ou valor adicionado, aquilo que excede a uma rentabilidade mínima sobre o investimento.

Que Custo de Oportunidade Adotar?

Não há exatamente um consenso sobre qual taxa de desconto adotar. Algumas sugestões são:

a) Taxa de juros de títulos do governo norte-americano.
b) Libor ou Prime Rate.
c) Taxa de juros de longo prazo (TJLP), no Brasil.
d) Custo médio ponderado de capital da empresa.
e) Custo médio ponderado de capital ajustado pelo risco da empresa.
f) Custo de capital exigido/declarado pelos acionistas etc.

---

[4] GITMAN, Lawrence J. *Princípios de administração financeira*. 3. ed. São Paulo: Harper & Row do Brasil, 1985, p. 479-480.
[5] EHRBAR, Al. *EVA – Valor econômico agregado*. Rio de Janeiro: Qualitymark, 1999, p. 2.

Quanto maior for a taxa de custo de oportunidade a ser adotada, mais difícil será para a empresa apresentar valor agregado. Portanto, este é um fator fundamental. Não vemos nenhum inconveniente em utilizar o custo de capital exigido pelos acionistas.

Custo do capital de terceiros (K_t) representa uma taxa obtida pela relação entre as despesas financeiras e os passivos onerosos geradores dos encargos financeiros. Custo do capital próprio (K_p) representa o custo de oportunidade dos proprietários, ou seja, a melhor taxa de retorno de risco equivalente a que o investidor renunciou para aplicar seus recursos no capital da empresa. Para calcular o custo médio ponderado de capital (CMPC) pode-se utilizar a seguinte fórmula:

$$CMPC = (P_1 \times K_t) + (P_2 \times K_p)$$

onde:

K_t = Custo do capital de terceiros
K_p = Custo do capital próprio
P_1 = Porcentagem do capital de terceiros na estrutura de capital
P_2 = Porcentagem do capital próprio na estrutura de capital

Para calcular o valor econômico agregado, podemos utilizar a seguinte fórmula:

$$EVA = \text{Lucro Operacional} - (\text{Investimento} \times CMPC)$$

Pode-se também utilizar esta fórmula:

$$EVA = (ROI - CMPC) \times \text{Investimento}$$

Qual o Valor do Capital Total (Investimento)?

Esse elemento também exige uma definição. Pode-se simplesmente tomar como referência o valor contábil do ativo; ou o ativo operacional líquido; ou o valor econômico da empresa obtido por fluxos futuros de caixa descontados no início do período etc.

Capítulo 8 – Análise de Geração de Lucros e Criação de Valor

Assim como a taxa de juros, esse elemento se reveste de capital importância. Entendemos que o conceito de ativo operacional líquido é um referencial significativo.

Exemplo

Tomando como base os resultados das tabelas 4.10 e 4.11 e assumindo um custo de oportunidade exigido pelos acionistas de 12%, teríamos a seguinte mensuração do valor econômico adicionado para os dois exercícios analisados.

Tabela 8.4   EVA – Valor econômico adicionado – Custo de oportunidade 12% a.a.

	31.12.X0	31.12.X1
Lucro Operacional	1.609.499	1.145.610
(–) Impostos sobre o Lucro (30%)	(482.850)	(343.683)
= **Lucro Operacional Líquido dos Impostos (A)**	1.126.649	801.927
Ativo Operacional Líquido (B)	9.220.840	9.159.467
Custo de Oportunidade – (12% x B) (C)	1.106.501	1.099.136
VALOR ECONÔMICO ADICIONADO (D = A – C)	20.148	(297.209)
Rentabilidade Adicionada (D/B)	0,22%	–3,24%

Nesse exemplo, verificamos que em X0 houve um valor adicionado de $ 20.148, que representa uma rentabilidade adicionada de 0,22%. Em X1 não houve valor adicionado, porque a rentabilidade final foi inferior à rentabilidade mínima exigida pelo custo de oportunidade dos acionistas.

Dentro do enfoque do EVA, não houve agregação de valor e, sim, *destruição de valor do acionista*. Considera-se destruição do valor do acionista quando o valor adicionado é negativo. No ano de X1, se o acionista tivesse investido em outro negócio, poderia ter uma rentabilidade mínima de $ 1.099.136. Como a empresa só rendeu $ 801.927, o acionista deixou de ter renda de $ 297.209; portanto, sua riqueza foi parcialmente destruída. Percentualmente, o investidor perdeu 3,24% no ano em relação a um custo médio de oportunidade em outros empreendimentos.

Análise do EVA e o Acionista

Neste exemplo, consideramos para análise do EVA o ativo operacional líquido, independentemente da forma como ele é financiado. Portanto, não consideramos a possibilidade da alavancagem financeira. Quando se quer incorporar o conceito de alavancagem financeira, o custo de oportunidade a ser adotado deverá ser, então, o custo médio ponderado de capital.

8.3 Valor da Empresa e Múltiplos

Nas demonstrações financeiras, o valor da empresa é representado pelo total do patrimônio líquido, decorrente da aplicação dos princípios contábeis geralmente aceitos na mensuração das transações da entidade. Entretanto, para negociação de compra e venda de empresas ou de ações ou cotas de empresas, os investidores procuram aferir o valor da empresa empregando outros conceitos de valor, na busca da avaliação econômica que melhor reflita o valor justo a ser transacionado. Podemos identificar quatro abordagens básicas para avaliação do valor de empresas:

a) contábil, que é o valor da empresa dado pelos princípios fundamentais de contabilidade, representado pelo total do patrimônio líquido constante das demonstrações financeiras;

b) de mercado, que é o valor obtido por meio da avaliação individual de todos os ativos e passivos a preços de venda de mercado;

c) das ações, pela cotação das suas ações na bolsa de valores, no caso de companhias abertas;

d) econômico, obtido pela mensuração do potencial de rentabilidade futura da empresa.

Os investidores têm considerado o valor econômico como o conceito mais adequado para obter o valor justo da empresa. Nesse conceito, o *valor atual* da empresa é decorrente de sua *rentabilidade futura* ou, em outras palavras, do fluxo futuro de benefícios. Em princípio, devemos projetar os lucros da empresa considerando os produtos e mercados atuais, os produtos e mercados futuros, e avaliar sua rentabilidade, trazendo-os a valor atual por uma taxa de juros de desconto. Este critério é considerado o mais adequado para a avaliação de uma empresa, pois fundamenta-se no cerne da questão empresarial: a capacidade de geração de lucros.

A capacidade de geração de lucros é que possibilitará o que se busca em um investimento de risco: a geração de caixa e, consequentemente, o retorno do investimento. Gerando lucros e caixa, a empresa terá condições de distribuir resultados e, com isso, possibilitará tanto fluxos futuros de dividendos como a manutenção de sua atratividade junto aos atuais e potenciais acionistas e investidores.

A possibilidade real de dividendos futuros influenciará decididamente na avaliação da ação no mercado, trazendo sua cotação a preços que reflitam o patrimônio da empresa, sua rentabilidade futura e, portanto, seu desempenho empresarial.

Dentro desse critério, podemos incluir os seguintes que, no nosso entendimento, são similares:

- Fluxo futuro de benefícios;
- Fluxo futuro de dividendos;
- Fluxo futuro de lucros;
- Fluxo futuro de caixa ou fluxo de caixa descontado.

A dúvida que possa existir sobre se devemos utilizar o conceito de lucros futuros ou o de fluxos futuros de caixa é, no nosso entendimento, dirimida pelas colocações de Iudícibus:

> A curto prazo, no que se refere ao modelo informacional que precisa ser suprido para o modelo decisório, pode parecer que este condiciona modelos diferenciados para aquele, caso estejamos contemplando o usuário interno ou externo. Assim, podemos ter modelos baseados em *fluxos de renda ou de caixa* [grifo nosso], conforme o usuário. Mas, a longo prazo, tanto os fluxos de renda (competência) podem ser transformados em fluxos de caixa, como estes são, em última análise, os insumos informacionais mais relevantes. Se examinarmos bem, o que todos os usuários da informação contábil procuram é maximizar o valor presente dos fluxos de caixa futuros por meio de manipulações com elementos patrimoniais. Como já afirmei em outros trabalhos, a empresa, por exemplo, somente mantém outros ativos (que não caixa) na esperança de obter mais caixa no futuro. Assim, basicamente, pensamos que não existe grande diferença nos objetivos decisórios de usuários, os mais variados. *A maximização do fluxo de caixa é um objetivo comum* [grifo nosso].[6]

Elementos para Avaliar a Empresa pelo Potencial de Rentabilidade

O valor da empresa no momento, como já vimos, deve ser encarado como o valor atual dos lucros futuros, até o horizonte, descontado pelo custo de oportunidade do investimento em cada início de período em que se gerar lucro, somado ao valor de realização do patrimônio líquido no início do horizonte (ou o provável valor de realização no final do horizonte de tempo considerado), descontado a uma taxa adequada. Dessa maneira, os elementos para esse critério de avaliação são os seguintes:

- *Horizonte do empreendimento*, ou seja, o número de anos a serem utilizados para projeção dos lucros futuros (em condições de continuidade, a faixa de horizonte mais utilizada situa-se entre 5 e 10 anos);

---

[6] IUDÍCIBUS, Sérgio de. Por uma teoria abrangente de contabilidade. *Boletim do IBRACON*, ano XVII, n. 200, janeiro de 1995, p. 6.

- *Lucro projetado ou fluxo de caixa projetado* (para todos os períodos de tempo considerados no horizonte do empreendimento);
- *Investimento inicial ou valor de realização (valor residual) do investimento ao final do horizonte de tempo*; no caso de empresa em andamento, o valor a ser considerado será o residual, ou seja, o provável valor da empresa após a distribuição dos lucros projetados;
- *Taxa de desconto adequada*, ou seja, a taxa para descontar os fluxos futuros periódicos, dentro do conceito de juro composto, objetivando trazer os valores futuros a valor presente;
- *Surgimento do* goodwill, já que, mesmo sob o melhor critério de avaliação individual dos ativos e passivos existentes, emergirá o valor do *goodwill*, como o que complementa a avaliação global pelo potencial de rentabilidade em relação à avaliação anterior existente.

Os Elementos e Seus Problemas

Todos os elementos componentes do critério de avaliação pelo potencial de rentabilidade futura podem ser objeto de críticas, pois todos têm um grande grau de subjetividade ou de incerteza na obtenção de seus dados. Todos os elementos devem ser trabalhados no sentido de se obter a melhor solução, seja com alguns caminhos práticos, seja com o auxílio de métodos quantitativos e probabilísticos.

> Mesmo considerando todos esses problemas, o valor da empresa deve ser calculado segundo a melhor competência dos gestores empresariais, lembrando sempre que a importância do valor da empresa está em se ter o melhor parâmetro para a gestão de controladoria, que é o processo de criação de valor.

A seguir, apresentamos um modelo numérico de avaliação econômica da empresa sob o conceito de fluxos futuros.

Tabela 8.5   Exemplo: Potencial de Rentabilidade Futura

Custo de Oportunidade		10% a.a.	
Período considerado		5 anos	
Valor atual/residual		6.097.000	
	Rentabilidade Futura	**Taxa de Desconto**	**Valor Descontado**
Ano 1	1.200.000	1,10000	1.090.909
Ano 2	1.500.000	1,21000	1.239.669

(continua)

Capítulo 8 – Análise de Geração de Lucros e Criação de Valor

Tabela 8.5 Exemplo: Potencial de Rentabilidade Futura (continuação)

	Rentabilidade Futura	Taxa de Desconto	Valor Descontado
Ano 3	1.850.000	1,33100	1.389.932
Ano 4	2.300.000	1,46410	1.570.931
Ano 5	2.800.000	1,61051	1.738.580
Soma	9.650.000		7.030.022
Valor atual/residual	6.097.000		6.097.000
VALOR DA EMPRESA	15.747.000		13.127.022

Para avaliação de empresas, o critério mais utilizado para determinar o valor residual é aplicar o conceito de perpetuidade para um valor de lucro mínimo esperado para todos os anos futuros não contemplados no modelo de cálculo. No nosso exemplo, tendo em vista que o custo de oportunidade de capital utilizado foi de 10%, supõe-se que essa empresa terá um lucro mínimo ao longo de toda a sua vida após o Ano 5 de $ 609.700. Considerando o custo de capital de 10%, temos o valor residual de $ 6.097.000 ($ 609.700 : 0,10).

Múltiplos

Uma outra abordagem para aferir o valor da empresa tem sido a adoção do conceito de múltiplo. Este método pressupõe que o valor de uma empresa pode ser estimado em função dos múltiplos de outras empresas, preferencialmente comparáveis. Por exemplo, se o valor de mercado acionário de uma empresa do ramo de supermercados equivale a 12 vezes o lucro líquido do seu último exercício anual, o valor de outra empresa do mesmo ramo, em condições semelhantes, poderia também ser estimado aplicando-se o múltiplo de 12 sobre o seu lucro líquido específico.

É importante ressaltar que este critério de mensuração do valor da empresa deve ser utilizado como referencial, já que não contém a técnica do valor econômico, em que se estudam as variáveis específicas de cada empresa e busca-se mensurar o valor atual dos benefícios futuros, critério este considerado o melhor. Contudo, o múltiplo tem a vantagem de ser fácil de calcular, permitindo avaliações rápidas e análise comparativa.

Além do indicador preço/lucro, os múltiplos mais utilizados têm sido o valor da empresa (VE) sobre o EBITDA e o valor de mercado das ações sobre o lucro líquido. Os números constantes do exemplo a seguir são aleatórios.

Análise por Múltiplos	Empresas Comparáveis		
	Empresa A	Empresa X	Empresa Y
Valor da Empresa – Valor Econômico – VE	1.090.000	2.640.000	580.000
Valor de Mercado das Ações – P	850.000	2.470.000	330.000
EBITDA	145.000	255.000	98.000
Lucro Líquido – E	85.000	190.000	70.000
Múltiplos			
VE/EBITDA	7,52	10,35	5,92
P/E	10,00	13,00	4,71

Como a Empresa X é a de maior valor, pode ser tomada como referencial. Neste caso, a Empresa A contém um potencial de valorização, uma vez que seus múltiplos são inferiores aos da X. O mesmo acontece com a Empresa Y que, em relação às demais, apresenta maior potencial de valorização. De modo inverso, se considerarmos que os múltiplos da Empresa A são os mais adequados, a X tem potencial de desvalorização, pois seus múltiplos atuais estariam muito altos.

Questões e Exercícios

1. Balanço Patrimonial/Empresa ABC

Ativo		Passivo	
Ativo Circulante		**Passivo Circulante**	
Caixa	1.000	Fornecedores	200
Duplicatas a Receber	420	Salários a Pagar	100
		Empréstimos e Financiamentos	800
Ativo Realizável a Longo Prazo	100	**Patrimônio Líquido**	
Ativo Fixo	1.400	Capital Social	1.200
		Lucros Acumulados	620
Total	**2.920**	**Total**	**2.920**

Demonstração do Resultado/Empresa ABC	
Receita Operacional Bruta	2.500
(–) Deduções das Vendas	(300)
Receitas Operacionais Líquidas	2.200
(–) Custos das Vendas	(1.000)
Lucro Bruto	1.200
(–) Despesas com Vendas	(150)
(–) Despesas Administrativas	(200)
(–) Despesas Financeiras	(160)
Lucro Operacional	690

(continua)

Capítulo 8 – Análise de Geração de Lucros e Criação de Valor

Demonstração do Resultado/Empresa ABC (continuação)	
Outras Receitas	120
(–) Outras Despesas	(80)
Lucro antes do Imposto de Renda	730
(–) Imposto de Renda (15%)	(110)
Lucro Líquido do Exercício	620

Informações Adicionais:

- Taxa de juros sobre empréstimos 20% a.a.
- Remuneração ao acionista 25% a.a.

Pede-se:

Calcule o valor econômico agregado.

2. Considerando os mesmos demonstrativos do exercício número 1, apure o EVA – valor econômico adicionado –, levando em conta um custo de oportunidade de capital de 12% a.a.

3. Com os mesmos demonstrativos financeiros, elabore e comente, para o Exercício 1:

   a) o lucro gerado pelas operações;

   b) o lucro gerado para o caixa;

   c) o EBITDA e a rentabilidade bruta de caixa.

4. A projeção do fluxo líquido de caixa de uma empresa para os próximos 5 anos é a seguinte:

Fluxo de Caixa Projetado	
Ano 1	$ 20.000
Ano 2	23.500
Ano 3	24.000
Ano 4	28.000
Ano 5	30.000

Considerando um valor residual de $ 35.000 e um custo de oportunidade de capital de 13% ao ano, qual será o valor da empresa pelo critério de fluxos futuros?

Capítulo 9 – Análise Dinâmica do Capital de Giro

A terminologia *capital de giro* vem da visão circular do processo operacional de geração de lucros, ou seja: comprar estoques, produzir, vender e receber, voltar a comprar estoques, produzir e vender/receber. Em termos contábeis, o capital de giro é representado pelo total do ativo circulante, também denominado *capital de giro bruto*.

> "O capital de giro constitui-se no fundamento básico da avaliação do equilíbrio financeiro de uma empresa. Pela análise de seus elementos patrimoniais são identificados os prazos operacionais, o volume de recursos permanentes (longo prazo) que se encontra financiando o giro e as necessidades de investimento operacional.
> O comportamento do capital de giro é extremamente dinâmico, exigindo modelos eficientes e rápidos de avaliação da situação financeira da empresa. Uma necessidade de investimento em giro mal dimensionada é certamente uma fonte de comprometimento da solvência da empresa, com reflexos sobre sua posição econômica de rentabilidade."[1]

9.1 Capital de Giro Próprio

Como os estoques podem ser provisoriamente financiados, por meio de duplicatas a pagar de fornecedores, prazos de impostos a recolher e prazo para pagamento dos salários dos funcionários e despesas, financeiramente o valor do dinheiro necessário para o giro normal dos negócios da empresa pode ser menor. Assim, denomina-se *capital de giro próprio* (CGP) a diferença entre ativo e passivo circulantes.

Eventualmente, alguns elementos clássicos do capital de giro podem estar no longo prazo, tanto no ativo (realizável a longo prazo), como no passivo (exigível a longo prazo). Contudo, normalmente os elementos patrimoniais desses dois grupos do balanço evidenciam direitos ou investimentos de longo prazo, no ativo, e dívidas de longo prazo, no passivo, razão por que não levaremos em consideração esses grupos patrimoniais neste tópico do trabalho.

Tomando como base os dados da Tabela 1 da Introdução da Parte II, 31.12.X1, teríamos:

Capital de Giro (Bruto)	=	$ 6.911.945	(Ativo Circulante)
Capital de Giro Próprio	=	$ 6.911.945	(Ativo Circulante)
		(–) 3.446.209	(Passivo Circulante)
		= 3.465.736	(Capital Circulante Líquido)

---

[1] ASSAF NETO, Alexandre. *Estrutura e análise de balanços*. 4. ed. São Paulo: Atlas, 1998, p. 192.

Reclassificação do Balanço Patrimonial para Fins de Finanças

Para fins de análise financeira, os passivos circulantes devem ser considerados redutores do ativo circulante. Assim, temos de colocá-los no ativo, com sinal negativo:

Balanço Tradicional

	$		$
Ativo Circulante	6.911.945	Passivo Circulante	3.446.209
Realizável a Longo Prazo	8.000	Passivo Não Ciculante	4.838.436
Ativo Fixo	5.634.775	Patrimônio Líquido	4.270.075
Ativo Total	12.554.719	Passivo Total	12.554.719

Capital de Giro no Balanço Financeiro

	$		$
Ativo Circulante	6.911.945		
(−) Passivo Circulante	(3.446.209)	Passivo Não Ciculante	4.838.435
= Capital de Giro Próprio	3.465.736		
Realizável a Longo Prazo	8.000		
Ativo Fixo	5.634.775	Patrimônio Líquido	4.270.075
Ativo Total	9.108.510	Passivo Total	9.108.510

Elementos do capital de giro próprio

Dentro da visão tradicional, os componentes do capital de giro são todas as contas do ativo e passivo circulantes. Os principais elementos são:

- Disponibilidades (caixa, bancos e aplicações financeiras).
- Contas a receber de clientes (duplicatas a receber).
- Estoques (materiais, em processo e acabados).
- Contas a pagar a fornecedores (duplicatas a pagar).
- Outras contas a pagar (despesas provisionadas).
- Salários e encargos a pagar.
- Impostos a recolher sobre mercadorias.

Outras contas menos comuns e até de montante menos significativo, para a maioria das empresas, também devem ser consideradas no capital de giro:

- Impostos a recuperar (IR de aplicações financeiras, saldo credor de IPI/ICMS etc.).

- Provisão para devedores duvidosos.
- Títulos descontados.
- Provisão retificadora de estoques.
- Adiantamentos de fornecedores.
- Despesas do exercício seguinte (despesas antecipadas).
- Adiantamento de clientes.
- Impostos a recolher sobre o lucro.
- Empréstimos de curto prazo.
- Dividendos ou lucros a distribuir.

Cada uma dessas contas merece uma gestão diferenciada, pois têm características próprias. Contudo, as principais contas objeto de estudo mais aprofundado são: estoques, clientes e fornecedores, que formam a espinha dorsal do conceito de capital de giro próprio.

9.2 O Modelo Fleuriet – Contas Cíclicas e Erráticas e Necessidade Líquida de Capital de Giro

Michel Fleuriet e outros[2] desenvolveram um modelo de administração do capital de giro, que tem sido denominado *análise financeira dinâmica*, que retoma o tema da liquidez e seus indicadores, sugerindo uma abordagem nova e diferente da abordagem da análise de balanço tradicional. Seu modelo foi desenvolvido com algumas adaptações por Olinquevitch e De Santi.[3]

Para desenvolver seu modelo, Fleuriet separa os elementos do giro, classificando-os em dois tipos, em relação ao seu comportamento com o ciclo operacional:

a) contas *cíclicas*, ou seja, aquelas de natureza operacional;
b) contas *erráticas*, ou seja, as demais do circulante.

As contas cíclicas "são as que relacionam-se diretamente com o ritmo operacional, refletindo, em seus saldos, o nível de operações fins da empresa (...); as contas erráticas são aquelas cujos saldos evoluem sem qualquer relação com o ritmo das operações, podendo, portanto, ser zeradas quando a empresa estiver desempenhando normalmente suas atividades".[4]

As contas cíclicas relevantes são: duplicatas a receber de clientes, estoques, despesas pagas antecipadamente, no ativo; duplicatas a pagar de fornecedores, obrigações tributárias incidentes sobre o faturamento, obrigações

---

[2] FLEURIET, M., KEHDY, R. e BLANC, G. *A dinâmica financeira das empresas brasileiras*. Belo Horizonte: Fundação Dom Cabral, 1978.
[3] OLINQUEVITH, José Leônicas e DE SANTI Filho, Armando. *Análise de balanços para controle gerencial*. 2. ed. São Paulo: Atlas, 1987.
[4] FIORAVANTI, Maria Antonia. *Análise da dinâmica financeira das empresas: uma abordagem didática do "Modelo Fleuriet"*. Dissertação de Mestrado, Universidade Metodista de São Paulo, 1999.

trabalhistas, no passivo. As contas erráticas relevantes são: caixa, bancos, aplicações financeiras, mútuos com controladas e coligadas, outras contas correntes, no ativo; financiamentos bancários, títulos descontados, provisões de impostos sobre o lucro, mútuos com controladas e coligadas, outras contas a pagar, no passivo.

Considerando as naturezas diferenciadas das contas do giro, há uma reclassificação do capital circulante: as contas cíclicas são classificadas como giro e, consequentemente, o total dos ativos cíclicos menos o total dos passivos cíclicos indica a *necessidade líquida de capital de giro* (NLCG). As demais contas, de caráter financeiro e não vinculadas às operações, são denominadas *contas de tesouraria*, e só com elas é que se deveria calcular a liquidez empresarial e a capacidade de solvência da empresa no curto prazo. Com os dados do exemplo inicial, apresentamos uma reclassificação conforme a abordagem dinâmica do Modelo Fleuriet.

Tabela 9.1 Balanço patrimonial – Modelo Fleuriet

ATIVO CIRCULANTE		PASSIVO CIRCULANTE	
Contas Erráticas	**1.602.967**	**Contas Erráticas**	**1.901.202**
Caixa/Bancos	1.000	Títulos Descontados	0
Aplicações Financeiras	1.596.167	Impostos a Recolher – sobre Lucros	72.028
Impostos a Recuperar (sobre Lucro)	5.800	Empréstimos	1.649.124
		Dividendos a Pagar	180.050
Contas Cíclicas	**5.308.977**	**Contas Cíclicas**	**1.545.007**
Contas a Receber	2.048.604	Fornecedores	679.377
Provisão Devedores Duvidosos	(43.899)	Salários e Encargos a Pagar	264.981
Estoques	3.300.172	Contas a Pagar	120.446
Adiantamentos a Fornecedores	2.800	Impostos a Recolher – sobre Mercadorias	475.203
Despesas do Exercício Seguinte	1.300	Adiantamento de Clientes	5.000
REALIZÁVEL A LONGO PRAZO	**8.000**	**PASSIVO NÃO CIRCULANTE**	**4.838.435**
ATIVO FIXO	**5.634.775**	**PATRIMÔNIO LÍQUIDO**	**4.270.075**
ATIVO TOTAL	**12.554.719**	**ATIVO TOTAL**	**12.554.719**

O aspecto fundamental dessa abordagem, que tem como objetivo oferecer um modelo de decisão completo para administração do capital de giro,[5]

---

[5] BRAGA, Roberto. Análise avançada do capital de giro. *Caderno de Estudos Fipecafi – FEA/USP*, n. 3, set. 1991.

centra-se no conceito de que as contas cíclicas são necessárias para o ritmo das operações e, portanto, não podem ser realizadas, sob pena de comprometer a continuidade da empresa. Além de não poderem ser realizadas e, consequentemente, ser utilizadas para quitação de obrigações financeiras (passivos erráticos), o saldo das contas cíclicas varia com o nível de atividade da empresa. Em outras palavras, sempre que houver um aumento no volume de produção ou vendas, haverá a necessidade de ampliar os investimentos e a retenção de giro para fazer face a esse novo nível de atividade (o inverso também é válido – sempre que houver redução de nível de atividade, deverá haver redução da necessidade de giro).[6]

Dentro dessa abordagem, *a necessidade líquida de capital de giro equipara-se a um conceito de permanente*, mesmo que, à luz dos princípios contábeis geralmente aceitos, não o seja. Porém, em uma abordagem puramente gerencial, não há possibilidade de dispor dos elementos do giro (clientes, estoques) porque são necessários e imprescindíveis para manter o nível de atividade da companhia.

No exemplo apresentado acima, a NLCG é de $ 3.763.970, e esse valor não deve ser disponibilizado para pagamento de obrigações, pois é necessário para a manutenção das operações.

Necessidade Líquida de Capital de Giro (NLCG) = Ativos Cíclicos (–) Passivos Cíclicos
NLDG = $ 5.308.977 (–) $ 1.545.007 NLDG = $ 3.763.970

A Visão da Liquidez sob o Modelo Fleuriet

Fleuriet ressalta que a inadequação da visão tradicional da liquidez decorre de sua condição de indicador estático: "Assim, os conceitos de liquidez, utilizados na análise contábil tradicional, pressupõem uma visão estática da empresa, podendo muitas vezes traduzir uma falsa imagem da situação de solvência de curto prazo, principalmente porque desconsideram, na dinâmica operacional, a convivência de contas de naturezas bastante distintas, tanto no ativo circulante quanto no passivo circulante. Isso significa que, ao terem seus resultados determinados pela divisão entre totais de ativos e passivos circulantes, tanto o numerador da fórmula quanto o denominador refletem um conjunto de contas que reagem de forma bastante distinta ao ritmo de operações da empresa".

---

[6] Estamos desconsiderando alterações nas políticas ou ganhos de produtividade nos créditos e estoques.

Como consequência desse conceito, as contas cíclicas, sejam ativas ou passivas, não devem fazer parte da liquidez. A liquidez da empresa é exclusivamente decorrente do seu saldo de tesouraria, que é representado pelas contas erráticas. Esta é uma conclusão fundamental e de extrema importância. Passa-se a entender a capacidade de pagamento da empresa sob um aspecto mais profundo e realístico, não enviesando os fundamentos de liquidez e necessidade de investimentos no giro. No exemplo acima, o saldo da tesouraria é de – $ 298.235, ou seja, a tesouraria é negativa.

Dentro desse modelo, os indicadores de liquidez corrente, seca e imediata passam a ser iguais, restando, então, dois indicadores de liquidez: de tesouraria e geral.

A *liquidez de tesouraria* relaciona os ativos circulantes erráticos com os passivos circulantes erráticos. No nosso exemplo numérico, as contas ativas de tesouraria são as de disponibilidades (caixa, bancos, aplicações financeiras) mais os outros valores realizáveis de curto prazo. As contas passivas de tesouraria são representadas no nosso exemplo pelos empréstimos de curto prazo. Assim, a liquidez de curto prazo da empresa é de 0,84 ($ 1.602.967/ $ 1.901.202). Enfatizando, a liquidez de tesouraria não compreende os valores a receber de clientes nem os estoques, nem utiliza no passivo circulante as obrigações decorrentes do giro das operações.

A liquidez geral compreende os elementos erráticos do circulante mais os dados de longo prazo. Também não incorpora as contas cíclicas. Identicamente à abordagem tradicional, a liquidez geral, na abordagem Fleuriet, não tem muito significado.

Necessidade de capital de giro, crescimento da empresa e financiamento do capital de giro

Em linhas gerais, as empresas buscam desempenhar um modelo de crescimento constante, ganhando ou ampliando mercados. Dentro dessa premissa, há sempre necessidade adicional de capital de giro, ao longo do tempo, pois ele representa os recursos necessários para o desempenho das operações da empresa. Já deixamos claro que a empresa sempre deverá objetivar uma redução do ciclo operacional. Porém, dentro de determinadas condições, essa redução tem limites, e o capital de giro adicional, com crescimento do nível de atividade, é necessário.

Contudo, por melhores que sejam as condições do planejamento e do processo de gestão operacional, a realidade dos negócios carrega dentro de si imperfeições naturais da conjuntura econômica que afetam o valor da necessidade de capital de giro. Essas condições naturais de mercados imperfeitos imprime alguma sazonalidade nas necessidades de capital de giro. Essas sazonalidades, juntamente com a evolução das contas erráticas, terminam por evidenciar dois tipos de comportamento do capital de giro: um cíclico, que responde proporcionalmente à evolução do nível de atividade ao longo do tempo, e um sazonal ou errático, que responde desvinculado da evolução natural do ritmo das operações. Esses dois comportamentos do capital de giro podem ser expressos de forma gráfica, conforme mostra a Figura 9.1.

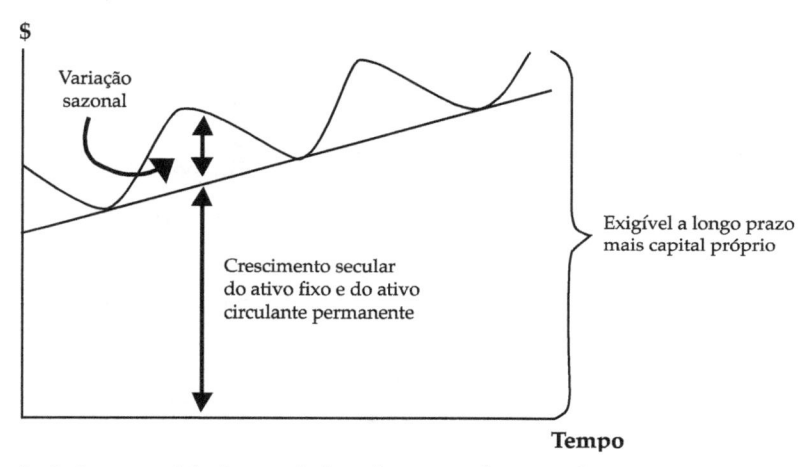

Figura 9.1 A necessidade total de ativos em função do tempo.

Esta figura, em consonância com o conceito de contas cíclicas e erráticas, mostra a possibilidade de financiamento também do capital de giro. A ideia é que a necessidade de capital de giro não pode ser disponibilizada e tem características de ativo permanente.

Em linhas gerais, há duas opções claras de financiamento para o capital de giro em relação ao seu comportamento ao longo do tempo:

a) financiar toda a necessidade de giro, cíclica e sazonal, com recursos de longo prazo;
b) financiar a necessidade de giro cíclica com recursos de longo prazo, cobrindo as necessidades sazonais com recursos temporários de curto prazo.

Essas duas opções de financiamento são apresentadas nas figuras 9.2 e 9.3.

9.3 Gestão do Capital de Giro – Visão Geral

A administração do capital de giro corresponde basicamente ao monitoramento completo do ciclo operacional padrão ou ideal e do impacto financeiro que a magnitude do ciclo provoca nas necessidades dos recursos empresariais.

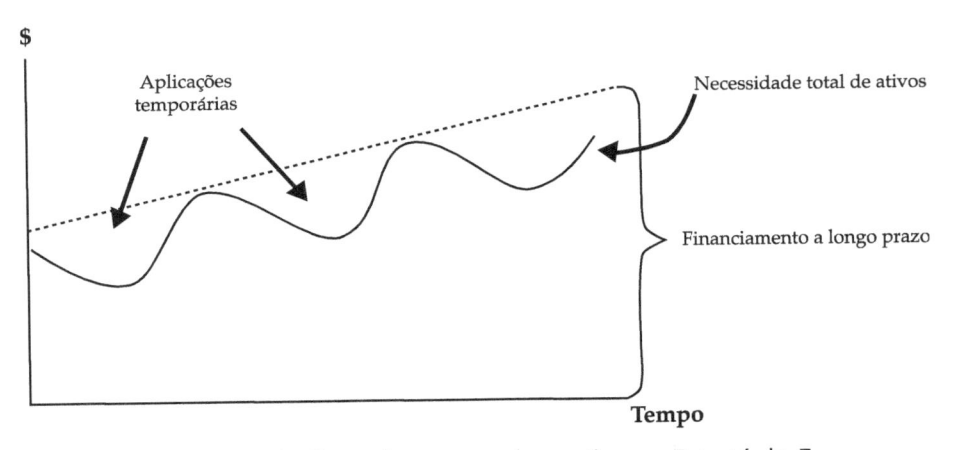

Figura 9.2 Políticas de financiamentos alternativas – Estratégia F.

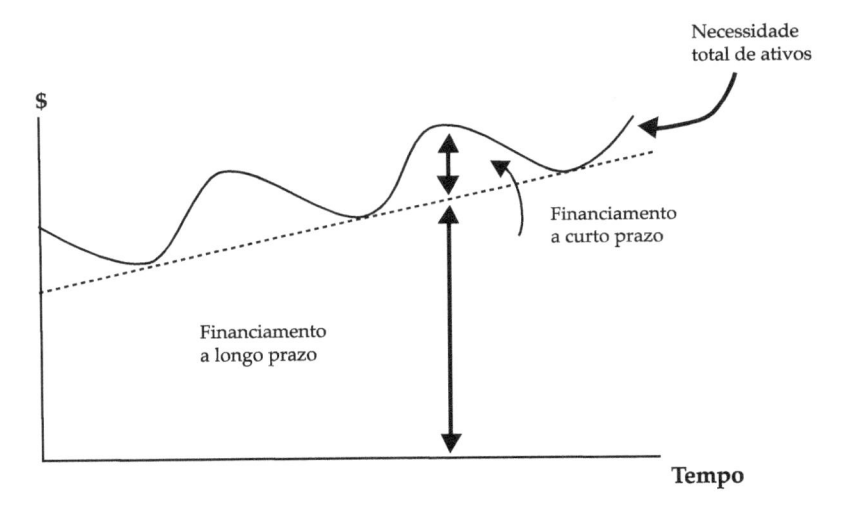

Figura 9.3 Políticas de financiamentos alternativas – Estratégia R.

Podemos dizer que a função de controladoria em relação à gestão do capital de giro consiste em apoiar os gestores das diversas áreas e atividades da empresa na busca de desempenho operacional em termos dos padrões identificados, para cada atividade, do ciclo operacional.

Como já vimos, os gastos necessários para o giro estão representados em rubricas específicas do balanço patrimonial, que têm uma relação direta e inter-relacionada com dados da demonstração de resultados. Esses dados evidenciam a realidade da empresa e, portanto, os indicadores dos prazos médios de atividades extraídos das demonstrações contábeis devem ser confrontados com os indicadores ideais ou padrão, detectados na mensuração individualizada das diversas etapas do ciclo operacional.

> **Foco da gestão do capital de giro**
> Indicadores do Ciclo Operacional por meio de Prazos Médios de Atividades Reais
>
> x
>
> Indicadores do Ciclo Operacional Ideais ou Padrão

A Tabela 9.2 apresenta um modelo de decisão para a gestão do capital de giro. Vamos tomar como referência apenas os principais elementos representativos do capital de giro.

Tabela 9.2 Modelo de decisão para gestão do capital de giro

	Dados Reais		Dados Padrão		Variação		
	$	Dias	$	Dias	$	Dias	Percentual
Estocagem de Materiais	1.788.347	64	1.676.000	60	112.347	4	6,7%
Estoque de Produtos em Processo	839.145	20	839.000	20	145	0	0,0%
Estoque de Produtos Acabados	672.679	16	625.000	15	47.679	1	7,6%
Total dos Estoques	3.300.171	100	3.140.000	95	160.171	5	5,1%
Fornecedores	679.377	21	646.000	20	33.377	1	5,2%
Clientes	2.048.604	31	1.850.000	28	198.604	3	10,7%
Total Geral	4.669.398	110	4.344.000	103	325.398	7	7,5%

Os dados desta tabela indicam que há um excesso de investimento de $ 325.398 em capital de giro, correspondendo a uma média de 7 dias a mais do que os dados padronizados no momento. A controladoria, junto com os gestores responsáveis pelas diversas atividades, deverão identificar as razões que estão ocasionando as variações e procurar eliminá-las.

9.4 Principais Fatores que Afetam a Necessidade Líquida de Capital de Giro

A gestão do capital de giro, como já vimos, baseia-se no monitoramento do ciclo operacional padrão. O ciclo operacional padrão ou ideal decorre do processo produtivo e dos tempos necessários para o conjunto de atividades para produzir e vender os produtos e serviços.

Contudo, o ciclo padrão pode ser alterado por decisões arbitrárias, decorrentes de políticas que a empresa deseje implementar, sempre objetivando maior rentabilidade e dentro da estratégia de contínuo crescimento.

Política de Crédito *Versus* Volume de Vendas

O saldo de contas a receber (duplicatas a receber de clientes) decorre das vendas a prazo da empresa, que tanto podem ser uma necessidade do negócio em que a empresa atua, como, no mais das vezes, um produto da sua política de crédito. Essa política de crédito pode ser um elemento competitivo diferenciador da empresa e incrementador de volume de vendas. Assim, ela está intimamente associada à variação da quantidade e volume vendidos.

A política de crédito demandará uma necessidade de capital de giro, que será aumentada se o volume de vendas for aumentado. Além disso, uma variação da política de crédito provocará mais necessidade de capital de giro (se os prazos para recebimento das vendas aumentarem), bem como reduzirá o capital de giro (se os prazos das vendas diminuírem).

Os fatores básicos para a determinação de uma política de crédito são:

a) volume de vendas a ser incrementado com a adoção de uma nova política;
b) volume de capital necessário para fomentar essa nova política;
c) o custo de capital dos investimentos necessários (custo de oportunidade);
d) a taxa a ser cobrada dos clientes pelos prazos concedidos nas vendas.[7]

Exemplo

Uma empresa vende apenas à vista. Para aumentar seu faturamento em 12% ela pretende vender tudo a prazo, para 30 dias. O volume normal de vendas é $ 500.000 ao mês. O custo de oportunidade de capital é de 4% ao mês. Ela pretende recuperar 25% a mais de custo financeiro na venda a prazo. Os impostos sobre vendas são de 20% e recolhidos à vista. Vamos calcular o índice para vender a 30 dias e o volume necessário de capital de giro em contas a receber.

O exemplo da página 271 evidencia os seguintes aspectos principais em uma mudança de política de crédito:

a) há necessidade de rever a formação do preço de venda, sob pena de perda de rentabilidade com a antecipação do recolhimento dos impostos, em relação à situação anterior;
b) um aumento de vendas por política de crédito, aumentando o prazo para o cliente, vai exigir um acréscimo de capital de giro;

---

[7] Inclui o impacto dos impostos adicionais faturados sobre os juros cobrados nas vendas.

c) o capital de giro acrescido deve ser financiado, gerando um custo adicional e complementar de custo do dinheiro;
d) na relação custo-benefício, a rentabilidade maior pelo aumento das vendas deve cobrir todos esses três aspectos inicialmente apresentados.

---

a) Custo Financeiro a Recuperar = 5% ao mês (4% + 25% = 4 x 1,25)

b) Índice para Venda a Prazo =

Venda à vista = $ 100,00	Imposto a recolher = $ 20,00	Receita líquida = $ 80,00
Venda a prazo = $ 105,00	Imposto a recolher = $ 21,00	Receita líquida = $ 84,00

Valor Presente da Receita da Venda a Prazo = $ 105 : 1,04 = $ 100,96	
(–) Imposto recolhido	(21,00)
Valor líquido	79,96
Perda por vender a prazo	0,04
Valor a ser incorporado na venda a prazo ($ 0,04 x 1,04%)	0,0416
Venda a prazo	= $ 105,0416

Comprovação = $ 105,0416 : 1,04 = $ 101,00 (–) 21,00 Imposto = $ 80,00

c) Volume de Capital de Giro Necessário em Contas a Receber (1)

$ 500.000 x 1,12 (12% a mais de vendas) =	$ 560.000
Impostos – 20%	$ 112.000

Valor Anterior de Giro	
Vendas à vista	$ 500.000
(–) Impostos recolhidos – 20%	(100.000)

Vendas à Vista	$ 500.000
(+) Diferença de impostos (112.000 – 100.000)	12.000
= Caixa necessário	512.000
(+) Custo de capital (512.000 + 4% (2))	532.480

(1) Não estamos levando em conta os estoques necessários para o aumento de venda.

(2) Na política anterior, o valor recebido poderia ser aplicado no mercado financeiro, ganhando o custo de oportunidade do capital.

Análise de crédito versus devedores duvidosos (inadimplência)

A análise de crédito é ferramenta indispensável dentro da política de crédito, objetivando a melhor carteira de clientes. Ela também permite a adoção de políticas. Política mais dura de análise de crédito inibe a inadimplência e, consequentemente, é menor a probabilidade de ter perdas com créditos de clientes. Como contrapartida negativa, pode inibir as vendas.

Uma política menos austera de análise de crédito é fator importante para obtenção de mais vendas. Como contrapartida negativa, alarga a probabilidade de possíveis perdas com créditos de clientes.

Dentro de uma política de crédito, um ponto importante é o monitoramento da concentração de vendas a prazo por cliente, ou seja, a análise da concentração da política de crédito.

Lote Econômico, Ponto de Pedido e Estoque de Segurança

O principal fator que pode alterar uma política de estocagem é a questão do lote de compra ou de fabricação. As necessidades de materiais são calculadas em cima dos sistemas de informações de estrutura de produto e do processo de fabricação. Esses dois sistemas apresentam as quantidades ideais de estoque.

Outros aspectos também podem levar a empresa a alterar as quantidades teoricamente demandadas:

a) custos da estocagem;
b) custos de colocar um pedido ou ordem de fabricação;
c) materiais de pequeno valor;
d) necessidade de estoques de segurança.

Esses aspectos podem determinar políticas alternativas de estocagem. Assim, foram desenvolvidos os conceitos de lote econômico, ponto de pedido e estoque de segurança. Lote econômico representa um lote mínimo a ser comprado ou fabricado, que atenda à relação custo-benefício entre custos de estocagem e aqueles para colocar pedidos ou ordem de fabricação. Estoque de segurança é um volume adicional ao tempo padrão, para garantia de ininterrupção de fornecimento. Ponto de pedido é a determinação do dia ideal para se fazer uma nova compra ou emitir nova ordem de fabricação, para atender aos dois conceitos anteriores.

Questões e Exercícios

1. Projeção da necessidade de capital de giro

Demonstração do Resultado Projetada	1º Trim./X7
Receitas Operacionais de Vendas	5.400
(–) Custo das Mercadorias Vendidas	(3.180)
Lucro Bruto	2.220
(–) Despesas Operacionais	
Despesas com Vendas	(280)
Despesas Administrativas	(500)
Despesas de Depreciação	(87)
Lucro antes das Despesas Financeiras	1.353
(–) Despesas Financeiras	(75)
Lucro antes do Imposto de Renda	1.278
(–) Provisão para o Imposto de Renda	(510)
Lucro Líquido do Exercício	768

Capítulo 9 – Análise Dinâmica do Capital de Giro

Informações Adicionais:

- Prazo médio de estocagem — 40 dias
- Prazo médio de cobrança — 25 dias
- Prazo médio de pagamento a fornecedores — 25 dias
- Prazo médio de pagamento de despesas operacionais — 20 dias
- Compras de mercadorias previstas para o 1º Trim./X7 — R$ 4.140

Pede-se: projetar a necessidade de capital de giro para o 1º Trim./X7.

2. Com base nos demonstrativos contábeis apresentados a seguir, calcule em dias os prazos médios de pagamento, de recebimento e de estocagem. Em seguida, apure os ciclos econômico e financeiro, também em dias.

BALANÇO PATRIMONIAL

	Ano 1	Ano 2		Ano 1	Ano 2
Ativo Circulante	120.000	132.700	**Passivo Circulante**	85.300	85.600
Aplicações Financeiras	25.000	23.200	Fornecedores	10.000	11.000
Contas a Receber de Clientes	43.000	61.200	Contas a Pagar	7.800	8.300
Estoques	50.000	45.500	Impostos a Recolher	4.500	5.800
Outros Valores a Realizar	2.000	2.800	Dividendos a Pagar	8.000	4.000
			Empréstimos	55.000	56.500
Realizável a Longo Prazo	2.000	2.400	**Passivo Não Circulante**	34.700	37.400
Depósitos Judiciais	2.000	2.400	Financiamentos	34.700	37.400
Investimentos e Imobilizado	88.000	81.900	**Patrimônio Líquido**	90.000	94.000
Investimentos em Controladas	18.000	19.200	Capital Social	68.000	68.000
Imobilizados	150.000	162.000	Reservas	16.400	22.000
(–) Depreciação Acumulada	(80.000)	(99.300)	Lucros Acumulados	5.600	4.000
Total	210.000	217.000		210.000	217.000

DEMONSTRAÇÃO DE RESULTADOS

	Ano 1	Ano 2
Receita Operacional Bruta	320.000	347.000
(–) Impostos sobre Vendas	(35.000)	(38.000)
Receita Operacional Líquida	285.000	309.000
Custo dos Produtos Vendidos	187.400	205.800
Materiais Consumos	104.000	114.000
Depreciação	18.400	19.300
Outros Custos de Fabricação	65.000	72.500
Lucro Bruto	97.600	103.200

(continua)

DEMONSTRAÇÃO DE RESULTADOS (continuação)		
	Ano 1	Ano 2
(–) Despesas Operacionais	67.500	76.700
Com Vendas	38.400	41.700
Administrativas	29.100	35.000
Lucro Operacional I	30.100	26.500
Receitas Financeiras	2.800	2.500
Despesas Financeiras	(13.050)	(18.000)
Equivalência Patrimonial	800	1.200
Lucro Operacional II	20.650	12.200
Imposto sobre o Lucro	(7.021)	(4.148)
Lucro Líquido do Exercício	13.629	8.052

3. Com base nos demonstrativos contábeis apresentados no exercício anterior, estruture, de forma sintética, o balanço financeiro, identificando o capital de giro da empresa.

4. Utilizando os mesmos demonstrativos contábeis do exercício anterior, estruture o balanço patrimonial dentro da concepção do modelo Fleuriet, apurando em seguida a NLCG – necessidade líquida de capital de giro.

5. Considerando os seguintes dados financeiros:

Duplicatas a Receber	$ 3.000	Duplicatas a Pagar	$ 900	Vendas Anuais	$ 16.800
Estoques	$ 6.000	Financiamentos	$ 5.500 (–)	Custo Vendas	$ 13.000
Imobilizado	$ 7.000	Patrimônio Líquido	$ 9.600 (–)	Despesas	$ 1.800
Ativo Total	$ 16.000	Passivo Total	$ 16.000	Lucro	$ 2.000

Calcule:

a) prazos médios de recebimento, estocagem e pagamento;

b) dias dos ciclos econômico e financeiro;

c) necessidade líquida do capital de giro.

6. Considerando os mesmos dados do exercício anterior, faça uma estimativa da necessidade líquida de capital de giro, sabendo que a empresa estima vender mais 10% caso conceda um prazo médio de recebimento maior em 8%. Para compensar, haverá um objetivo de redução do prazo médio dos estoques em 5%. Considere que o custo das vendas é totalmente variável. Calcule também o novo ciclo financeiro em dias.

Capítulo 10 – Análise de Balanço em Perspectiva e Critérios de Avaliação de Investimentos

Enfatizamos, ao longo de todo este trabalho, que um julgamento econômico-financeiro sobre uma empresa, decorrente da aplicação da metodologia de análise de balanço estritamente às demonstrações contábeis, não permitirá necessariamente as melhores decisões para os diversos usuários das análises.

A razão desta possibilidade, também enfatizada em diversos momentos neste livro, decorre da característica dos dados das demonstrações, que refletem a situação da empresa em determinado momento e período. Eventos futuros não esperados e/ou significativos provocam alterações de relevância na situação econômico-financeira do empreendimento e as conclusões extraídas dos dados passados perdem validade parcial ou total.

Essas observações são importantes mesmo quando se utiliza a metodologia de análise de balanço todo mês, para fins gerenciais, internamente pelos administradores. Com a utilização de relatórios anuais, essas considerações tornam-se ainda mais relevantes.

Portanto, faz-se necessário que, conjuntamente às análises obtidas dos dados históricos das demonstrações publicadas, o analista procure desenvolver ao máximo a capacidade de inferir o desempenho futuro da empresa analisada. Denominamos esta metodologia *análise de balanço em perspectiva*, que se concretiza em uma projeção da demonstração de resultados e do balanço patrimonial para um ou mais períodos futuros.

Não há dúvida de que é uma tarefa difícil, muito mais do que a análise dos dados passados, em que as conclusões são extraídas de observações do mundo real. Contudo, é fundamental este procedimento, porque permite um retreinamento e uma visão maior da empresa analisada. Admitimos também que, para esta metodologia, a experiência do analista será decisiva para o nível de qualidade final da análise.

10.1 Fundamentos para a Análise Perspectiva

São os mesmos necessários para qualquer processo de planejamento operacional, ou seja, identificar o ambiente em que a empresa está inserida, para conhecer os impactos possíveis no seu desempenho e, a, partir daí, procurar identificar as possibilidades e probabilidades de vendas, custos, necessidades de investimentos e financiamentos.

Não há dúvida de que um analista externo à empresa terá muito mais dificuldades do que um profissional interno. Contudo, há que se fazer esse exercício de análise e identificação das variáveis externas e internas, que serão relevantes para projeção dos resultados e situação patrimonial. Dependendo do porte e da atuação da empresa, pode ser necessário que essa análise tenha de se iniciar até com uma análise geral da situação econômica mundial.

A extensão e profundidade da análise de identificação das variáveis externas e internas dependerá do analista e do tempo disponível, bem como da sua finalidade. Por exemplo: se a finalidade da análise de balanço em perspectiva é apenas uma breve comparação com o concorrente, esse processo será rápido e não necessariamente explícito. Por outro lado, se a finalidade é a avaliação de um lançamento de ações na bolsa de valores, esse processo deverá ser explícito, detalhado e cercado de todos os cuidados possíveis.

Em linhas gerais, as informações para a análise em perspectiva devem seguir estes passos:

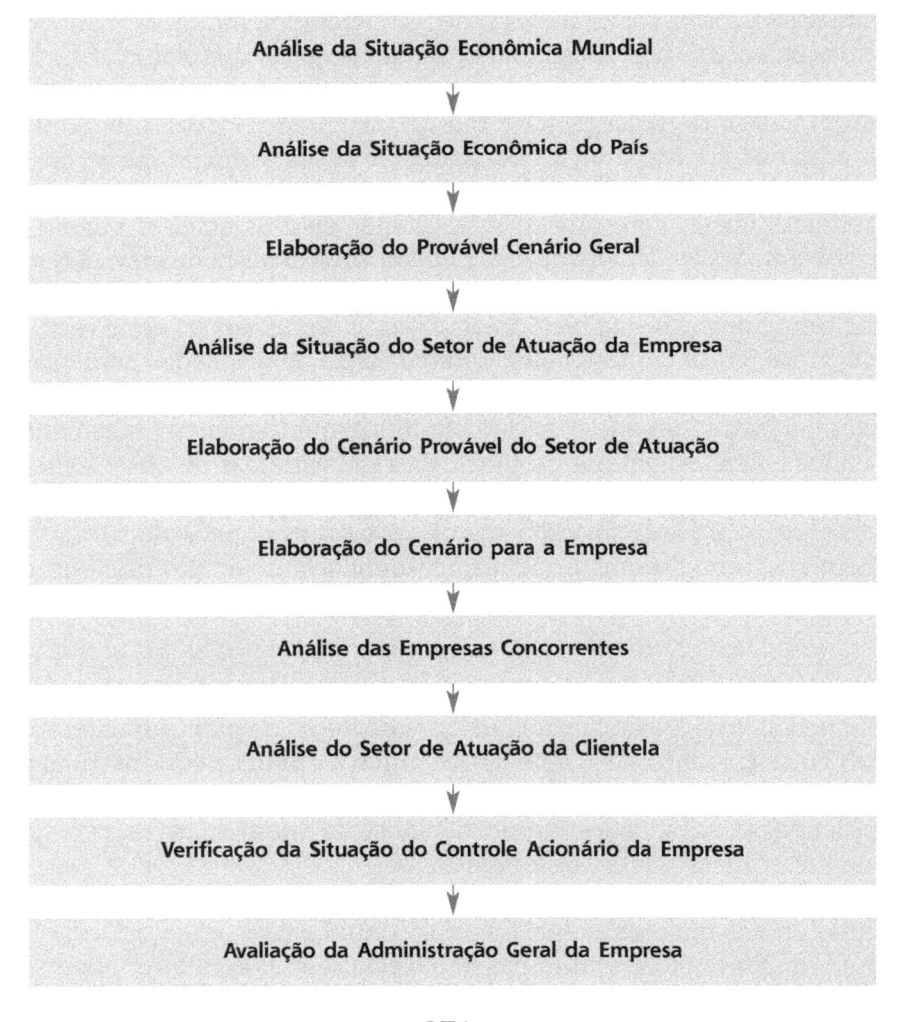

- Análise da Situação Econômica Mundial
- Análise da Situação Econômica do País
- Elaboração do Provável Cenário Geral
- Análise da Situação do Setor de Atuação da Empresa
- Elaboração do Cenário Provável do Setor de Atuação
- Elaboração do Cenário para a Empresa
- Análise das Empresas Concorrentes
- Análise do Setor de Atuação da Clientela
- Verificação da Situação do Controle Acionário da Empresa
- Avaliação da Administração Geral da Empresa

A etapa subsequente consiste em obter a maior quantidade de dados possível para o processo de projeção, tais como:

- Quantidades de venda atuais dos principais produtos e serviços.
- Preços de venda esperados.
- Principais mercados de venda: interno, externo etc.
- Principais mercados de fornecimento das matérias-primas, materiais e serviços.
- Expectativa da evolução dos preços de compra.
- Inflação esperada.
- Câmbio esperado.
- Custos financeiros atuais do capital de terceiros.
- Custos financeiros esperados.
- Identificação, com o máximo possível de acurácia, dos custos fixos e variáveis.
- Verificação das possibilidades de projeção de cada tipo de custo e despesa.
- Identificação de sazonalidades.
- Nível de inadimplência esperado.
- Capacidade de reinversão e novos investimentos.
- Carga tributária etc.

Isso posto, pode-se utilizar os mesmos modelos de análise de geração de lucro e projetar as possíveis situações futuras da empresa, seus impactos patrimoniais e na liquidez. Desenvolveremos alguns modelos simplificados para exemplificar a possibilidade de análise de balanço em perspectiva.

10.2 Exemplos

Na página seguinte estão as demonstrações contábeis de uma empresa, ambas hipotéticas, que estamos denominando Situação 1. A empresa está com uma liquidez corrente considerada normal e boa, e apresenta uma excelente rentabilidade.

Após uma verificação da situação geral do país, do setor e da empresa, nota-se que as possibilidades de aumento da receita para o próximo exercício são poucas. Projeta-se, então, um aumento de apenas $ 1.000. O custo das vendas deve ter um aumento de dois pontos percentuais (representava 62%, e passará a representar 64% das vendas líquidas), estimando um aumento de preços dos principais materiais, especialmente os importados.

As despesas comerciais e administrativas, concentradas em mão de obra, deve ter um aumento de quase 9% no próximo período, pois a empresa é filiada a um sindicato patronal e esta é a expectativa de aumento de salários para o seu pessoal.

O mais importante, contudo, é que se espera uma variação cambial de 30% para o próximo ano, e verificou-se que os empréstimos de curto e longo prazo da empresa são todos em moeda estrangeira – e a empresa não tem utilizado instrumentos de *hedge* cambial. Portanto, todo o impacto cambial será repassado nas dívidas, o que ocasionará uma despesa financeira líquida mínima de $ 2.700.

Ao final do ano, a empresa terá de pagar toda a parcela de curto prazo dos empréstimos, ao mesmo tempo em que deslocará metade do exigível a longo prazo para o passivo circulante.

Situação 1

BALANÇO PATRIMONIAL			
ATIVO CIRCULANTE	**12.500**	**PASSIVO CIRCULANTE**	**10.700**
Disponibilidades	500	Fornecedores	2.500
Clientes	5.000	Impostos a Recolher	3.200
Estoques	7.000	Empréstimos	5.000
ATIVO NÃO CIRCULANTE			
Realizável a Longo Prazo		**PASSIVO NÃO CIRCULANTE**	
Valores a Realizar	100	Financiamentos	4.000
INVESTIMENTOS E IMOBILIZADO	**10.200**	**PATRIMÔNIO LÍQUIDO**	**8.100**
Investimentos	200	Capital Social	7.500
Imobilizado	10.000	Reservas + Lucros Acumulados	600
TOTAL	**22.800**	**TOTAL**	**22.800**

DEMONSTRAÇÃO DE RESULTADOS – Último Exercício	
RECEITA OPERACIONAL LÍQUIDA	**35.000**
(–) Custo dos Produtos Vendidos	(21.700)
LUCRO BRUTO	**13.300**
Despesas Operacionais	
Administrativas	(4.500)
Comerciais	(4.800)
LUCRO OPERACIONAL	**4.000**
Despesas Financeiras Líquidas	(1.500)
LUCRO ANTES DOS IMPOSTOS	**2.500**
Impostos sobre o Lucro	(875)
LUCRO LÍQUIDO DO EXERCÍCIO	**1.625**
Liquidez Corrente	1,17
Rentabilidade do Capital Próprio – % anual	20,1%

Capítulo 10 – Análise de Balanço em Perspectiva e Critérios de Avaliação de Investimentos

Considerando esses aspectos, a situação financeira da empresa ficará sensivelmente afetada e ela terá de captar novos empréstimos para fazer face à disponibilidade negativa projetada. Sua liquidez fica prejudicada, enquanto sua rentabilidade torna-se muito fraca. Esses dados estão projetados na Situação 1A.

Situação 1A

BALANÇO PATRIMONIAL			
ATIVO CIRCULANTE	**8.804**	**PASSIVO CIRCULANTE**	**8.300**
Disponibilidades	(3.196)	Fornecedores	2.500
Clientes	5.000	Impostos a Recolher	3.200
Estoques	7.000	Empréstimos	2.600
ATIVO NÃO CIRCULANTE			
Realizável a Longo Prazo		**PASSIVO NÃO CIRCULANTE**	
Valores a Realizar	100	Financiamentos	2.600
INVESTIMENTOS E IMOBILIZADO	**10.200**	**PATRIMÔNIO LÍQUIDO**	**8.204**
Investimentos	200	Capital Social	7.500
Imobilizado	10.000	Reservas + Lucros Acumulados	704
TOTAL	**19.104**	**TOTAL**	**19.104**

DEMONSTRAÇÃO DE RESULTADOS – Último Exercício	
RECEITA OPERACIONAL LÍQUIDA	**36.000**
(–) Custo dos Produtos Vendidos	(23.040)
LUCRO BRUTO	**12.960**
Despesas Operacionais	
Administrativas	(4.900)
Comerciais	(5.200)
LUCRO OPERACIONAL	**2.860**
Despesas Financeiras Líquidas	(2.700)
LUCRO ANTES DOS IMPOSTOS	**160**
Impostos sobre o Lucro	(56)
LUCRO LÍQUIDO DO EXERCÍCIO	**104**
Liquidez Corrente	1,06
Rentabilidade do Capital Próprio – % anual	1,3%

Se a nova situação for a que tiver mais probabilidade de continuar, a empresa deverá se cercar de muitos cuidados para que sua situação financeira não se deteriore rapidamente.

Vejamos outro exemplo, também hipotético, que denominamos Situação 2. A empresa em questão está com prejuízo acumulado, liquidez corrente abaixo de 1,00, considerada ruim, e uma rentabilidade negativa, também com grande endividamento financeiro de curto prazo.

Situação 2

BALANÇO PATRIMONIAL			
ATIVO CIRCULANTE	**10.200**	**PASSIVO CIRCULANTE**	**13.200**
Disponibilidades	500	Fornecedores	2.500
Clientes	2.700	Impostos a Recolher	3.200
Estoques	7.000	Empréstimos	7.500
ATIVO NÃO CIRCULANTE			
Realizável a Longo Prazo		**PASSIVO NÃO CIRCULANTE**	
Valores a Realizar	100	Financiamentos	1.500
INVESTIMENTOS E IMOBILIZADO	**7.200**	**PATRIMÔNIO LÍQUIDO**	**2.800**
Investimentos	200	Capital Social	7.500
Imobilizado	7.000	Reservas + Lucros Acumulados	(4.700)
TOTAL	**17.500**	**TOTAL**	**17.500**

DEMONSTRAÇÃO DE RESULTADOS – Último Exercício	
RECEITA OPERACIONAL LÍQUIDA	**35.000**
(–) Custo dos Produtos Vendidos	(27.300)
LUCRO BRUTO	**7.700**
Despesas Operacionais	
Administrativas	(4.500)
Comerciais	(4.800)
LUCRO OPERACIONAL	**1.600**
Despesas Financeiras Líquidas	(1.500)
LUCRO ANTES DOS IMPOSTOS	**3.100**
Impostos sobre o Lucro	1.085
LUCRO LÍQUIDO DO EXERCÍCIO	**(2.015)**
Liquidez Corrente	0,77
Rentabilidade do Capital Próprio – % anual	– 72,0%

Supondo a mesma possibilidade de uma variação cambial de 30% no próximo período, mas com o endividamento da empresa em moeda nacional, deve haver um custo financeiro anual de 15%. A empresa já está negociando a revisão do perfil da dívida e parte do financiamento de curto prazo será deslocada para longo prazo.

Além disso, a empresa exporta 80% de suas vendas e será beneficiada com a desvalorização cambial. Os custos e despesas feitos no mercado interno subirão, no máximo, 5%. Essas novas variáveis em cima da situação que era ruim podem transformar significativamente a empresa.

As exportações recuperarão a margem operacional, que será suficiente para cobrir os custos financeiros. Aliadas à renegociação do perfil da dívida, a liquidez corrente será recuperada e a rentabilidade do capital próprio será extremamente positiva, conforme demonstramos na Situação 2A a seguir.

Situação 2A

BALANÇO PATRIMONIAL			
ATIVO CIRCULANTE	**9.781**	**PASSIVO CIRCULANTE**	**7.200**
Disponibilidades	3.081	Fornecedores	2.500
Clientes	2.700	Impostos a Recolher	3.200
Estoques	4.000	Empréstimos	1.500
ATIVO NÃO CIRCULANTE			
Realizável a Longo Prazo		**PASSIVO NÃO CIRCULANTE**	
Valores a Realizar	100	Financiamentos	4.500
INVESTIMENTOS E IMOBILIZADO	**7.200**	**PATRIMÔNIO LÍQUIDO**	**5.381**
Investimentos	200	Capital Social	7.500
Imobilizado	7.000	Reservas + Lucros Acumulados	(2.120)
TOTAL	**17.081**	**TOTAL**	**17.081**

DEMONSTRAÇÃO DE RESULTADOS – Último Exercício	
RECEITA OPERACIONAL LÍQUIDA	**43.750**
(–) Custo dos Produtos Vendidos	(28.665)
LUCRO BRUTO	**15.085**
Despesas Operacionais	
Administrativas	(4.725)
Comerciais	(5.040)
LUCRO OPERACIONAL	**5.320**
Despesas Financeiras Líquidas	(1.350)

(continua)

Situação 2A (continuação)

DEMONSTRAÇÃO DE RESULTADOS – Último Exercício	
LUCRO ANTES DOS IMPOSTOS	**3.970**
Impostos sobre o Lucro	(1.390)
LUCRO LÍQUIDO DO EXERCÍCIO	**2.581**
Liquidez Corrente	1,36
Rentabilidade do Capital Próprio – % anual	48,0%

Os exemplos apresentados objetivam ilustrar a possibilidade de analisar as demonstrações financeiras, considerando, além da atual, a situação em perspectiva de futuro. Obviamente, não são só essas variáveis e situações que podem acontecer.

É importante para o analista procurar identificar o máximo possível de variáveis significativas que devem impactar os resultados e a situação financeira da empresa analisada. Quanto mais aguçado for o processo de identificação das variáveis-chave, maior será o sucesso da análise financeira, atual e do futuro da empresa analisada.

10.3 Critérios de Decisão de Investimento

Os modelos para decisão de investimentos e para mensuração do valor da empresa compreendem fundamentalmente as mesmas variáveis. Todos levam em consideração os valores investidos e a ser investido, os fluxos futuros de benefícios, a quantidade de tempo em que esses fluxos futuros ocorrerão e o custo do dinheiro no tempo.

Os modelos para decisão de investimentos partem da ideia de verificar a viabilidade econômica de um investimento, antes de sua implementação. Os modelos de decisão de mensuração do valor da empresa centram-se em determinar o valor de uma empresa em andamento. Como uma empresa em andamento é fruto de um conjunto de investimentos em operação, já decididos no passado, os critérios de avaliação devem ser os mesmos. Em outras palavras, os mesmos critérios adotados para a decisão de investir devem ser utilizados para a mensuração do valor desses mesmos investimentos em operação.

O objetivo de qualquer empreendimento é criar valor para os acionistas, gerado pelas operações, mensurado e evidenciado contabilmente pela demonstração de resultados que refletem as decisões de investimentos do passado e, consequentemente, são avaliadores do desempenho dos responsáveis pela decisão.

10.4 Modelo Básico para Decisão de Investimento: Valor Presente Líquido (VPL)

Um investimento é feito no pressuposto de gerar um resultado que supere o valor investido, para compensar o risco de trocar um valor presente certo por um valor futuro com risco de sua recuperação.[1] Esse resultado excedente é a rentabilidade do investimento e o prêmio por investir. Esse prêmio é o conceito que fundamenta a existência dos juros como pagamento pelo serviço prestado ao investidor pelo ato de emprestar dinheiro para um terceiro.

No mercado também existem inúmeras possibilidades de investimentos e, entre elas, algumas em que não há risco nenhum, como os títulos governamentais. Portanto, o investidor tem informações das rentabilidades possíveis de inúmeros investimentos. Quando vai aplicar seu dinheiro, está diante de várias possibilidades de investimento e respectivas rentabilidades. Denominamos essas possibilidades *oportunidades de investimento*.

Dessa maneira, ao se decidir por um investimento, o aplicador deixa de receber rentabilidades dos demais investimentos abandonados. Portanto, o grande parâmetro para o modelo de decisão do investidor é a rentabilidade dos outros investimentos. Denominamos essas rentabilidades *investimentos concorrentes de custo de oportunidade*.

A rentabilidade dos demais investimentos determina qual será a rentabilidade que o investidor vai querer obter do investimento sob o processo de decisão. Ele pode desejar a rentabilidade média dos demais investimentos, como pode desejar rentabilidades superiores. Dificilmente ele admitirá rentabilidades inferiores à média, se bem que, em teoria, seja possível.

A rentabilidade desejada que será incorporada no modelo de decisão de investimentos é denominada *juros remuneratórios*. Em condições normais de mercado, o juro é expresso de forma anual e, nas economias estabilizadas, compreende o custo de capital mais uma taxa esperada de inflação, redundando em uma taxa única ou prefixada. Em economias com ocorrência de inflação crônica, o conceito mais utilizado é o de rendimento pós-fixado, que compreende uma taxa de juros prefixada, que se somará à inflação que ocorrer no futuro.

Valor Presente Líquido

O critério de valor presente líquido é o modelo clássico para a decisão de investimentos e compreende as seguintes variáveis:

---

[1] Não podemos dizer que há incerteza do retorno, porque esta caracteriza-se pelo total desconhecimento do futuro. No caso de um investimento, denomina-se essa lacuna *conhecimento do futuro de risco*, uma vez que é possível associar probabilidades de êxito ao retorno do investimento. Ou seja, quando faz um investimento, o investidor tem uma série de informações que lhe permitem vislumbrar algo do futuro e associar probabilidades de êxito ao seu investimento, caracterizando-se, dessa maneira, como risco, e não como incerteza.

a) O valor do investimento.
b) O valor dos fluxos futuros de benefícios (de caixa, de lucro, de dividendos, de juros).
c) A quantidade de períodos em que haverá os fluxos futuros.
d) A taxa de juros desejada pelo investidor.

Exceto com relação ao item (a) – (o valor do investimento), todas as demais variáveis apresentam alguma dificuldade para incorporação ao modelo decisório.

A obtenção das informações sobre o valor dos fluxos futuros depende de estudos antecipatórios das probabilidades de ocorrência de vendas, mercados, custos, inflação etc., que fatalmente conduzem a dificuldades de previsibilidade.

O mesmo ocorre com a quantidade de períodos a serem utilizados no modelo. Excetuando-se casos como aplicações em renda fixa, contratos de remuneração prefixada com período certo etc., dificilmente sabe-se com precisão quanto tempo o investimento produzirá fluxos futuros.

A taxa de juros sempre dependerá das expectativas de inflação, tanto do país como do exterior, bem como das taxas básicas de juros existentes no mercado, como a do banco central do país, dos títulos do tesouro norte-americano, do banco central europeu, da Libor, da Prime Rate etc.

Fundamento do VPL: o Valor do Dinheiro no Tempo

O fundamento do VPL é o custo do dinheiro no tempo. Um bem ou direito, hoje, tem um valor para as pessoas diferente do que terá no futuro. Essa diferença tem como base o custo do dinheiro, ou seja, sempre haverá uma possibilidade de emprestar o dinheiro, que será remunerado por uma taxa de juros. Portanto, o valor de um bem ou direito que não acompanhe o juro mínimo existente no mercado perde valor econômico.

Adicionalmente, quanto mais tempo for necessário para que haja retorno do investimento, mais riscos existem e, portanto, a taxa de juros a ser incorporada ao modelo deve ser adequada para cobrir o risco decorrente da extensão do tempo.

Conceito do VPL: Valor Atual

Valor presente líquido significa descontar o valor dos fluxos futuros a uma determinada taxa de juros, de tal forma que o fluxo futuro se apresente a valores de hoje ou ao valor atual. O valor atual dos fluxos futuros, confrontado com o valor atual do investimento a ser feito, indica a decisão a ser tomada:

a) Se o valor atual dos fluxos futuros for igual ou superior ao valor atual a ser investido, o investimento *deve ser aceito*.
b) Se o valor atual dos fluxos futuros for *inferior* ao valor a ser investido, o investimento *não deve ser aceito*.

Exemplo

Investimento a ser feito (Ano 0 ou T0) – $	1.000.000
Rentabilidade mínima exigida (taxa de juros)	12%
Fluxo futuro de benefícios	
. Ano 1 (T1)	500.000
. Ano 2 (T2)	500.000
. Ano 3 (T3)	500.000
Total	1.500.000

Valor Presente Líquido dos Fluxos Futuros

	Fluxo Futuro	Índice da Taxa de Desconto	Valor Atual do Fluxo Futuro
	A	B	C (A : B)
Ano 1	500.000	1,12	446.429
Ano 2	500.000	1,2544	398.597
Ano 3	500.000	1,404928	335.890
	1.500.000		**1.200.916**

Pelos dados apurados no exemplo, o investimento deverá ser aceito, uma vez que a soma do valor atual dos fluxos dos próximos três anos, descontados à taxa de 12% a.a., é $ 1.200.916, superior ao valor de $ 1.000.000 a ser investido.

Note que o fluxo futuro de cada ano é diferente em termos de valor atual. O fluxo futuro do ano 1 foi descontado pela taxa de 12% para um ano, e o seu valor atual equivalente, um ano antes, é $ 446.429. Ou seja, $ 446.429, hoje, equivalem a $ 500.00 daqui a um ano.

O valor atual do fluxo do segundo ano equivale a preços do ano 0 a $ 398.597. Ou seja, se aplicarmos hoje $ 398.597 a uma taxa de 12% a.a., teríamos $ 500.000 daqui a dois anos ($ 398.597 x 1,12 x 1,12).

Taxa Interna de Retorno (TIR)

O modelo de decisão baseado na taxa interna de retorno é uma variação do critério do VPL. Nesse modelo, em vez de se buscar o VPL do fluxo futuro, busca-se a taxa de juros que iguala o total dos fluxos futuros descontados a essa taxa de juros com o valor do investimento inicial. A fórmula é a seguinte:

$$I(0) = \frac{FF(1)}{(1+i)^1} + \frac{FF(2)}{(1+i)^2} + \ldots + \frac{FF(n)}{(1+i)^n}$$

onde:
I (0) = Investimento inicial no período 0
FF = Fluxos futuros dos períodos 1 a n
i = Taxa de juros que iguala a equação

Utilizando os dados do nosso exemplo, a taxa de juros anual que iguala o investimento ao fluxo futuro descontado é de 23,3752% a.a. Para o cálculo da TIR, utilizamos essa função no Excel. O Excel exige que o investimento inicial esteja com sinal negativo. Esse valor está na célula B2, enquanto os três fluxos futuros estão nas células B4, B5 e B6. A fórmula exigida pelo Excel para calcular a TIR com essas células é = TIR (B2 : B6). O resultado é imediato: 23,3752%, que é a taxa anual.

Utilizando essa taxa para descontar os fluxos futuros e aplicando no modelo de VPL, temos que o valor atual dos fluxos futuros, descontados a 23,752% ao ano, é $ 1.000.000, comprovando a TIR.

	A	B
1	**Taxa Interna de Retorno**	
2	Investimento a ser feito (Ano 0 ou T0) – $	(1.000.000)
3	Fluxo futuro de benefícios	
4	. Ano 1 (T1)	500.000
5	. Ano 2 (T2)	500.000
6	. Ano 3 (T3)	500.000
7	Total	1.500.000
8	= TIR (B2 : B6)	23,3752%

Valor Presente Líquido dos Fluxos Futuros com Taxa de 23,3752%

	Fluxo Futuro	Índice da Taxa de Desconto	Valor Atual do Fluxo Futuro
	A	B	C (A : B)
Ano 1	500.000	1,233752	405.268
Ano 2	500.000	1,5221438	328.484
Ano 3	500.000	1,8779479	266.248
	1.500.000		**1.000.000**

Períodos de Retorno do Investimento (*Payback*)

Esse critério aplicado ao conceito VPL indica em quantos períodos (normalmente anos) há o retorno do investimento inicial. É uma informação complementar ao processo decisório e, eventualmente, relevante quando, além do retorno do investimento, o tempo de recuperação é importante.

No nosso exemplo, considerando a taxa de 12% a.a., o *payback* médio é de 2,43 anos.

PAYBACK
Valor Presente Líquido dos Fluxos Futuros a 12% a.a.

	Fluxo Futuro	Índice da Taxa de Desconto	Valor Atual do Fluxo Futuro	Investimento $ 1.000.000
	A	B	C (A : B)	Saldo a Recuperar
Ano 1	500.000	1,2	446.429	533.571
Ano 2	500.000	1,2544	398.587	154.974
Ano 3	500.000	1,404928	355.890	
	1.500.000		**1.200.916**	

O saldo do investimento de $ 1.000.000 só será recuperado no último ano, o terceiro. Esse saldo de $ 154.974 equivale a 43% do fluxo do terceiro ano, que representa 5,2 meses.

$ 154.974 : 355.890 x 12 meses = 5,2 meses.

Somando esse período aos dois primeiros anos, o retorno do investimento ocorrerá em 2 anos e 5,2 meses.

Questões e Exercícios

1. Considere os dados das demonstrações contábeis apresentadas a seguir como a situação inicial. Suponha que os empréstimos, tanto de curto como de longo prazo, são em moeda estrangeira e houve uma variação cambial atípica e inesperada de 40%. Apure como ficariam o balanço e a demonstração de resultados adicionando apenas mais este evento. Calcule, em seguida, os novos indicadores de liquidez corrente e liquidez geral e apure a rentabilidade do patrimônio líquido.

Situação Inicial

BALANÇO PATRIMONIAL

ATIVO CIRCULANTE		49.500	PASSIVO CIRCULANTE	26.800
Disponibilidades		2.500	Fornecedores	9.000
Clientes		24.000	Impostos a Recolher	7.800
Estoques		23.000	Empréstimos	10.000

(continua)

Situação Inicial (continuação)

BALANÇO PATRIMONIAL

ATIVO NÃO CIRCULANTE		PASSIVO NÃO CIRCULANTE	
Realizável a Longo Prazo			
Valores a Realizar	100	Financiamentos	25.000
INVESTIMENTOS E IMOBILIZADO	**45.800**	**PATRIMÔNIO LÍQUIDO**	**43.600**
Investimentos	800	Capital Social	30.000
Imobilizado	45.000	Reservas + Lucros Acumulados	13.600
TOTAL	**95.400**	**TOTAL**	**95.400**

DEMONSTRAÇÃO DE RESULTADOS – Último Exercício

RECEITA OPERACIONAL LÍQUIDA	**130.000**
(–) Custo dos Produtos Vendidos	(80.600)
LUCRO BRUTO	**49.400**
Despesas Operacionais	
Administrativas	(15.100)
Comerciais	(17.800)
LUCRO OPERACIONAL	**16.500**
Despesas Financeiras Líquidas	(4.500)
LUCRO ANTES DOS IMPOSTOS	**12.000**
Impostos sobre o Lucro	4.200
LUCRO LÍQUIDO DO EXERCÍCIO	**(7.800)**
Liquidez Corrente	1,85
Rentabilidade do Capital Próprio – % anual	17,9%

2. Tomando como base as mesmas demonstrações do exercício anterior, imagine agora que a empresa exporta 70% de suas vendas e que a variação cambial abrupta de 40% afetou sua receita. Considere também que apenas os empréstimos de curto prazo são em moeda estrangeira. Levante as novas demonstrações, considerando mais estes eventos e apure novos indicadores de liquidez corrente e geral e a nova rentabilidade do capital próprio.

3. Um investimento de $ 2.000.000 tem um lucro estimado de 10% no primeiro ano, 15% no segundo ano, 25% no terceiro e 22,5% nos próximos

quatro anos. Calcule o *payback* pelo critério do retorno médio e do retorno histórico.

4. Um investimento tem gastos de $ 200.000 no período 1 e $ 200.000 no período 2. O lucro é de $ 180.000 nos próximos três anos. Pede-se:

   a) Desejando-se uma taxa de 10% a.a. de retorno, qual o VPL?
   b) E se a taxa for de 15% a.a., qual o VPL?
   c) Qual a TIR?

5. Calcule o VPL do Exercício 3, considerando uma taxa de retorno de 8% a.a. e também um valor residual do investimento de 200.000 no último ano. Calcule também os dois novos *paybacks*, com os valores descontados.

Apêndice – Demonstrações Publicadas para Análise

A seguir, apresentamos uma série de demonstrações financeiras publicadas que formatamos dentro de um modelo básico de apresentação. Basicamente, são de empresas de capital aberto e as demonstrações foram extraídas de jornais de grande circulação.

Os dados são reais. Adaptamos os nomes, procurando evidenciar qual seu segmento de atuação. Transcrevemos apenas a demonstração de resultados e o balanço patrimonial.

Há boas possibilidades de exercícios em cima dessas publicações. O professor poderá pedir uma análise completa dessas demonstrações, de forma individual ou em grupo, complementando, por exemplo, com apresentações para o restante da classe.

O professor pode complementar as solicitações das seguintes formas, por exemplo:

a) atribuindo um valor de mercado para a empresa por meio do arbitramento de uma quantidade de ações para cada empresa e um valor de mercado ao final de cada exercício, solicitando análise do preço e lucro das ações;
b) assumindo um ou dois percentuais de custo de capital e solicitando uma análise de criação de valor ou valor agregado (EVA);
c) solicitando aos alunos que façam um somatório de todos os valores, extraindo dados médios de rentabilidade, margem bruta, margem operacional, giro do ativo etc.;
d) solicitando gráficos comparativos de indicadores ou números relativos entre as diversas empresas;
e) assumindo algumas premissas e variáveis para fazer projeções de resultados, fluxos de caixa e balanço patrimonial para o próximo exercício etc.

Cremos que este material adicional possa ser de utilidade para todos.

Análise das Demonstrações Financeiras

COMPANHIA DE BEBIDAS

Em milhões de reais

ATIVO	X2	X1	PASSIVO	X2	X1	DEMONSTRAÇÃO DE RESULTADOS	X2	X1
Ativo Circulante	**5.594**	**4.685**	**Passivo Circulante**	**2.833**	**3.412**	Receita Operacional Bruta	14.479	13.283
Disponibilidades	3.504	2.562	Fornecedores	789	571	Impostos sobre Vendas	(6.955)	(6.605)
Clientes	679	803	Impostos a Recolher	694	673	**Receita Operacional Líquida**	**7.524**	**6.678**
Estoques	860	807	Salários/Encargos a Pagar	59	142	Custo dos Produtos Vendidos	(3.341)	(3.366)
Impostos a Recuperar	411	336	Financiamentos	607	1.720	**Lucro Bruto**	**4.183**	**3.312**
Outros	140	177	Outros	684	306	**Despesas Operacionais**	**(2.056)**	**(1.817)**
						Comerciais	1.224	1.176
Ativo Não Circulante			**Passivo Não Circulante**	**5.339**	**4.165**	Administrativas	708	607
Realizável a Longo Prazo	2.706	2.235	Financiamentos	3.879	2.849	Outras	124	34
Impostos Diferidos	1.558	1.160	Impostos a Recolher	1.322	1.163	**Lucro Operacional**	**2.127**	**1.495**
Depósitos Fiscais	257	259	Outros	138	153	Receitas Financeiras	2.530	358
Outros	891	816				Despesas Financeiras	(3.277)	(862)
Investimentos, Imobilizado e Intangível	4.081	4.109	**Patrimônio Líquido**	**4.209**	**3.452**	Equivalência Patrimonial	47	1
Investimentos	637	662	Capital Social	2.866	2.445	Outras Receitas e Despesas	(73)	2
Imobilizado	3.289	3.278	Reservas	17	5	**Lucro antes do IR/CSLL**	**1.354**	**994**
Intangível	155	169	Lucros Acumulados	1.326	1.002	Impostos sobre o Lucro	281	(52)
						Participações	(125)	(157)
TOTAL	**12.381**	**11.029**	**TOTAL**	**12.381**	**11.029**	**Lucro Líquido do Exercício**	**1.510**	**785**

Apêndice – Demonstrações Publicadas para Análise

COMPANHIA INDUSTRIAL DE TECIDOS

ATIVO	X2	X1	PASSIVO	X2	X1
Ativo Circulante	**724.403**	**547.313**	**Passivo Circulante**	**301.549**	**229.068**
Disponibilidades	143.651	103.823	Fornecedores	111.250	92.429
Clientes	270.058	208.888	Impostos a Recolher	22.149	18.000
Estoques	257.431	201.435	Salários/Encargos a Pagar	19.663	18.171
Impostos a Recuperar	33.221	19.366	Financiamentos	74.705	57.044
Outros	20.042	13.801	Outros	73.782	43.424
Ativo Não Circulante			**Passivo Não Circulante**	**176.609**	**151.981**
Realizável a Longo Prazo	76.122	86.405	Financiamentos	70.011	96.679
Empréstimos a Controladas	20.647	64.357	Empréstimos a Controladas	18.192	158
Depósitos Fiscais	51.037	20.384	Outros	88.406	55.144
Outros	4.438	1.664			
Investimentos, Imobilizado e Intangível	880.252	800.214	**Patrimônio Líquido**	**1.202.619**	**1.052.883**
Investimentos	7.328	3.624	Capital Social	870.000	830.549
Imobilizado	859.253	777.521	Reservas	88.602	69.909
Intangível	13.671	19.069	Lucros Acumulados	244.017	152.425
TOTAL	**1.680.777**	**1.433.932**	**TOTAL**	**1.680.777**	**1.433.932**

Em mil reais

DEMONSTRAÇÃO DE RESULTADOS	X2	X1
Receita Operacional Bruta	1.054.603	715.777
Impostos sobre Vendas	(154.646)	(119.099)
Receita Operacional Líquida	**899.957**	**596.678**
Custo dos Produtos Vendidos	(591.019)	(392.045)
Lucro Bruto	**308.938**	**204.633**
Despesas Operacionais	**(102.578)**	**(81.618)**
Comerciais	49.998	40.264
Administrativas	52.456	41.320
Outras	124	34
Lucro Operacional	**206.360**	**123.015**
Receitas Financeiras	75.964	54.087
Despesas Financeiras	(78.390)	(42.353)
Equivalência Patrimonial	8.308	(10.293)
Outras Receitas e Despesas	(4.337)	545
Lucro antes do IR/CSLL	**207.905**	**125.001**
Impostos sobre o Lucro	(54.430)	(38.130)
Participações	(277)	(604)
Lucro Líquido do Exercício	**153.198**	**86.267**

COMPANHIA MECÂNICA DE BASE

ATIVO	X2	X1	PASSIVO	X2	X1	Em mil reais DEMONSTRAÇÃO DE RESULTADOS	X2	X1
Ativo Circulante	**155.866**	**168.627**	**Passivo Circulante**	**39.842**	**59.185**	Receita Operacional Bruta	152.648	197.466
Disponibilidades	44.034	46.120	Fornecedores	3.638	8.340	Impostos sobre Vendas	(16.177)	(22.520)
Clientes	23.533	36.310	Impostos a Recolher	1.360	1.305	**Receita Operacional Líquida**	**136.471**	**174.946**
Estoques	80.351	81.744	Salários/Encargos a Pagar	3.840	4.681	Custo dos Produtos Vendidos	(103.539)	(119.296)
Impostos a Recuperar	6.477	3.273	Financiamentos	29.734	36.172	**Lucro Bruto**	**32.932**	**55.650**
Outros	1.471	1.180	Outros	1.270	8.687	**Despesas Operacionais**	**(38.366)**	**(40.183)**
						Comerciais	19.992	21.829
Ativo Não Circulante			**Passivo Não Circulante**	**19.884**	**16.859**	Administrativas	18.374	18.354
Realizável a Longo Prazo	**11.835**	**5.387**						
Clientes	4.231	3.964	Financiamentos	19.884	16.859	Outras	0	0
Impostos Diferidos	5.627	0	Empréstimos a Controladas	0	0	**Lucro Operacional**	**(5.434)**	**15.467**
Outros	1.977	1.423	Outros	0	0	Receitas Financeiras	9.496	7.952
						Despesas Financeiras	(6.795)	(7.334)
Investimentos, Imobilizado e Intangível	**116.678**	**123.894**	**Patrimônio Líquido**	**224.653**	**221.864**	Equivalência Patrimonial	415	572
Investimentos	12.944	11.824	Capital Social	89.762	89.762	Outras Receitas e Despesas	291	(210)
Imobilizado	103.123	111.229	Reservas	67.875	74.568	**Lucro antes do IR/CSLL**	**(2.027)**	**16.447**
Intangível	611	841	Lucros Acumulados	67.016	57.534	Impostos sobre o Lucro	1.128	(3.856)
						Participações	(617)	(930)
TOTAL	**284.379**	**297.908**	**TOTAL**	**284.379**	**297.908**	**Lucro Líquido do Exercício**	**(1.516)**	**11.661**

Apêndice – Demonstrações Publicadas para Análise

INDÚSTRIA DE CONFECÇÕES E VAREJO

Em mil reais

ATIVO	X2	X1	PASSIVO	X2	X1	DEMONSTRAÇÃO DE RESULTADOS	X2	X1
Ativo Circulante	**449.433**	**410.287**	**Passivo Circulante**	**230.170**	**193.849**	Receita Operacional Bruta	1.120.392	996.583
Disponibilidades	21.388	51.928	Fornecedores	144.106	127.254	Impostos sobre Vendas	(219.522)	(195.126)
Clientes	288.963	252.266	Impostos a Recolher	25.343	22.425	**Receita Operacional Líquida**	**900.870**	**801.457**
Estoques	128.910	92.941	Salários/Encargos a Pagar	26.815	21.689	Custo dos Produtos Vendidos	(466.013)	(423.204)
Impostos a Recuperar	0	0	Financiamentos	3.564	0	**Lucro Bruto**	**434.857**	**378.253**
Outros	10.172	13.152	Outros	30.342	22.481	**Despesas Operacionais**	**(391.899)**	**(362.438)**
						Comerciais	270.197	246.382
Ativo Não Circulante			**Passivo Não Circulante**	**56.794**	**33.635**	Administrativas	117.786	112.962
Realizável a Longo Prazo	35.379	38.130						
Depósitos Judiciais	27.148	34.300	Financiamentos	137	112	Outras	3.916	3.094
Impostos Diferidos	8.231	3.830	Empréstimos a Controladas	30.496	0	**Lucro Operacional**	**42.958**	**15.815**
Outros	0	0	Impostos a Recolher	26.161	33.523	Receitas Financeiras	70.128	62.142
						Despesas Financeiras	(7.544)	(7.074)
Investimentos, Imobilizado e Intangível	**444.922**	**345.114**	**Patrimônio Líquido**	**642.770**	**566.047**	Equivalência Patrimonial	0	0
Investimentos	1.059	1.391	Capital Social	560.000	501.169	Outras Receitas e Despesas	810	975
Imobilizado	408.022	314.532	Reservas	17.815	7.853	**Lucro antes do IR/CSLL**	**106.352**	**71.858**
Intangível	35.841	29.191	Lucros Acumulados	64.955	57.025	Impostos sobre o Lucro	(29.782)	(19.062)
						Participações	0	0
TOTAL	**929.734**	**793.531**	**TOTAL**	**929.734**	**793.531**	**Lucro Líquido do Exercício**	**76.570**	**52.796**

COMPANHIA DE DISTRIBUIÇÃO – SUPERMERCADOS

Em mil reais

ATIVO	X2	X1	PASSIVO	X2	X1
Ativo Circulante	**3.733.022**	**2.886.731**	**Passivo Circulante**	**3.229.408**	**2.380.520**
Disponibilidades	1.135.158	1.048.089	Fornecedores	1.409.616	813.525
Clientes	1.087.891	975.587	Impostos a Recolher	35.534	40.350
Estoques	980.794	686.103	Salários/Encargos a Pagar	98.030	101.267
Impostos a Recuperar	347.891	77.429	Financiamentos	1.566.111	1.254.578
Outros	181.288	99.523	Outros	120.117	170.800
Ativo Não Circulante Realizável a Longo Prazo	**667.610**	**411.956**	**Passivo Não Circulante**	**2.366.242**	**1.496.729**
Clientes	285.735	223.798	Financiamentos	1.349.674	858.220
Impostos Diferidos	257.753	105.067	Provisão para Contingências	988.991	611.159
Depósitos Judiciais	124.122	83.091	Outros	27.577	27.350
Investimentos, Imobilizado e Intangível	**4.787.058**	**3.982.452**	**Patrimônio Líquido**	**3.592.040**	**3.403.890**
Investimentos	271.088	123.884	Capital Social	2.749.774	2.252.361
Imobilizado	3.741.504	3.006.413	Reservas	344.242	348.292
Intangível	774.466	852.155	Lucros Acumulados	498.024	803.237
TOTAL	9.187.690	7.281.139	**TOTAL**	9.187.690	7.281.139

DEMONSTRAÇÃO DE RESULTADOS	X2	X1
Receita Operacional Bruta	11.154.079	9.532.606
Impostos sobre Vendas	(1.699.410)	(1.477.753)
Receita Operacional Líquida	**9.454.669**	**8.054.853**
Custo dos Produtos Vendidos	(6.809.588)	(5.807.652)
Lucro Bruto	**2.645.081**	**2.247.201**
Despesas Operacionais	**(2.348.964)**	**(1.986.605)**
Comerciais	1.927.442	1.618.747
Administrativas	350.066	324.740
Outras	71.456	43.118
Lucro Operacional	**296.117**	**260.596**
Receitas Financeiras	438.788	422.453
Despesas Financeiras	(601.737)	(419.341)
Equivalência Patrimonial	(10.357)	2.995
Outras Receitas e Despesas	4.480	1.851
Lucro antes do IR/CSLL	**127.291**	**268.554**
Impostos sobre o Lucro	117.831	(17.821)
Participações	0	0
Lucro Líquido do Exercício	**245.122**	**250.733**

Apêndice – Demonstrações Publicadas para Análise

CONGLOMERADO DE AGROBUSINESS			PASSIVO				Em mil reais		
ATIVO	X2	X1		X2	X1		DEMONSTRAÇÃO DE RESULTADOS	X2	X1
Ativo Circulante	**2.755.931**	**1.335.113**	**Passivo Circulante**	**2.001.384**	**887.961**		Receita Operacional Bruta	4.382.422	3.539.016
Disponibilidades	1.132.336	245.306	Fornecedores	262.883	242.146		Impostos sobre Vendas	(378.067)	(261.393)
Clientes	552.094	458.791	Impostos a Recolher	42.030	33.467		**Receita Operacional Líquida**	**4.004.355**	**3.277.623**
Estoques	859.075	511.068	Salários/Encargos a Pagar	56.470	40.381		Custo dos Produtos Vendidos	(2.961.394)	(2.256.714)
Impostos a Recuperar	154.095	53.347	Financiamentos	1.477.348	447.707		**Lucro Bruto**	**1.042.961**	**1.020.909**
Outros	58.331	66.601	Outros	162.653	124.260		**Despesas Operacionais**	**(800.152)**	**(623.569)**
							Comerciais	728.411	568.967
Ativo Não Circulante Realizável a Longo Prazo	**492.214**	**235.845**	**Passivo Não Circulante**	**1.304.492**	**912.466**		Administrativas	53.105	47.743
Aplicações Financeiras	180.011	43.679	Financiamentos	1.197.077	811.451		Outras	18.636	6.859
Impostos a Compensar	159.448	70.058	Provisão para Contingências	54.927	39.874		**Lucro Operacional**	**242.809**	**397.340**
Depósitos Judiciais e Outros	152.755	122.108	Impostos Diferidos e Outros	52.488	61.141		Receitas Financeiras	422.201	75.255
							Despesas Financeiras	(661.225)	(327.485)
Investimentos, Imobilizado e Intangível	**1.321.419**	**1.351.068**	**Patrimônio Líquido**	**1.263.688**	**1.121.599**		Equivalência Patrimonial	217.806	126.165
Investimentos	321.099	640.271	Capital Social	700.000	700.000		Outras Receitas e Despesas	591	(2.139)
Imobilizado	894.572	579.045	Reservas	468.215	308.756		**Lucro antes do IR/CSLL**	**222.182**	**269.136**
Intangível	105.748	131.752	Lucros Acumulados	95.473	112.843		Impostos sobre o Lucro	38.233	(57.907)
							Participações	(24.289)	(8.622)
TOTAL	**4.569.564**	**2.922.026**	**TOTAL**	**4.569.564**	**2.922.026**		**Lucro Líquido do Exercício**	**236.126**	**202.607**

INDÚSTRIA DE CALÇADOS ESPORTIVOS E LAZER

ATIVO	X2	X1	PASSIVO	X2	X1
Ativo Circulante	**510.585**	**382.747**	**Passivo Circulante**	**267.008**	**182.791**
Disponibilidades	162.178	103.299	Fornecedores	43.525	18.291
Clientes	188.806	145.408	Impostos a Recolher	16.649	11.071
Estoques	101.674	93.777	Salários/Encargos a Pagar	27.504	22.677
Impostos a Recuperar	29.600	18.908	Financiamentos	94.190	68.011
Outros	28.327	21.355	Outros	85.140	62.741
Ativo Não Circulante	**115.887**	**104.917**	**Passivo Não Circulante**	**187.985**	**137.735**
Realizável a Longo Prazo					
Bens Destinados à Venda	15.111	16.571	Financiamentos	90.475	56.444
Impostos a Compensar	82.592	80.975	Impostos a Pagar	88.817	73.525
Outros	18.184	7.371	Impostos Diferidos e Outros	8.693	7.766
Investimentos, Imobilizado e Intangível	**266.916**	**250.749**	**Patrimônio Líquido**	**438.395**	**417.887**
Investimentos	195	196	Capital Social	273.514	273.512
Imobilizado	252.971	238.699	Reservas	3.901	3.202
Intangível	13.750	11.854	Lucros Acumulados	160.980	141.173
TOTAL	**893.388**	**738.413**	**TOTAL**	**893.388**	**738.413**

Em mil reais

DEMONSTRAÇÃO DE RESULTADOS	X2	X1
Receita Operacional Bruta	1.051.511	933.077
Impostos sobre Vendas	(154.494)	(136.282)
Receita Operacional Líquida	**897.017**	**796.795**
Custo dos Produtos Vendidos	(582.213)	(516.028)
Lucro Bruto	**314.804**	**280.767**
Despesas Operacionais	**(264.003)**	**(239.213)**
Comerciais	209.348	188.495
Administrativas	54.655	50.718
Outras	0	0
Lucro Operacional	**50.801**	**41.554**
Receitas Financeiras	57.748	40.128
Despesas Financeiras	(64.005)	(42.801)
Equivalência Patrimonial	0	0
Outras Receitas e Despesas	8.306	404
Lucro antes do IR/CSLL	**52.850**	**39.285**
Impostos sobre o Lucro	(6.740)	(7.720)
Participações	0	0
Lucro Líquido do Exercício	**46.110**	**31.565**

Referências Bibliográficas

ASSAF NETO, Alexandre. *Estrutura e análise de balanços*. 4. ed. São Paulo: Atlas, 1998.

ASSAF NETO, Alexandre; SILVA, César Augusto Tibúrcio. *Administração do capital de giro*. 2. ed. São Paulo: Atlas, 1997.

BLATT, Adriano. *Análise de balanços*. São Paulo: Makron Books, 2001.

BRAGA, Hugo Rocha. *Demonstrações contábeis: estrutura, análise e interpretação*. 3. ed. São Paulo: Atlas, 1998.

BRAGA, Roberto. Análise avançada do capital de giro. *Caderno de Estudos da Fundação Instituto de Pesquisas Contábeis, Atuariais e Financeiras, da Faculdade de Economia, Administração e Contabilidade da Universidade de São Paulo*, n. 3, p. 1-34, set. 1991.

BREALEY, Richard A. e MYERS, Stewart C. *Princípios de finanças empresariais*. Lisboa: McGraw-Hill, 1992, p. 395, 400.

BUFFET, Mary e CLARK, David. *Warren Buffett e a análise de Balanços*. Rio de Janeiro, Editora Sextante, 2010.

CARVALHO, José Luiz de e CHRISTINO, Genuíno J. Magalhães. *Revista Mercado de Capitais*, n. 83, out. 2000.

CRUZ, Older Lopes da. *Análise de relatórios financeiros*. 2. ed. Rio de Janeiro: Livros Técnicos e Científicos, 1979.

DAMODARAN, Aswath. *Avaliação de investimen tos*. Rio de Janeiro: Qualitymark, 1997, p. 61.

EHRBAR, Al. *EVA – Valor econômico agregado*. Rio de Janeiro: Qualitymark, 1999, p. 2.

FIORAVANTI, Maria Antonia. *Análise da dinâmica financeira das empresas: uma abordagem didática do "Modelo Fleuriet"*. Dissertação de Mestrado. Universidade Metodista de São Paulo, 1999.

FRANCO, Hilário. *Estrutura, análise e interpretação de balanços*. 14. ed. São Paulo: Atlas, 1986.

GITMAN, Lawrence J. *Princípios de administração financeira*. 3. ed. São Paulo: Harper & Row do Brasil, 1985.

IUDÍCIBUS, Sérgio de. *Análise de balanços*. 2. ed. São Paulo: Atlas, 1978.

_____. Por uma teoria abrangente de contabilidade. *Boletim do IBRACON*, ano XVII, n. 200, janeiro de 1995, p. 6.

KAZMIER, Leonard J. *Estatística aplicada à economia e administração*. São Paulo: Makron Books, 1982, p. 30.

KITZBERGER, Hurgor. *Proposta de análise das demonstrações contábeis: Abordagem tradicional integrada com o Modelo Fleuriet*. Dissertação de Mestrado, Centro Universitário Nove de Julho, 2001.

MARTINS, Eliseu. *Análise da correção monetária das demonstrações financeiras: implicações no lucro e na alavancagem financeira*. 2. ed. São Paulo: Atlas, 1985.

MARTINS, Eliseu; ASSAF NETO, Alexandre. *Administração financeira: as finanças das empresas sob condições inflacionárias*. São Paulo: Atlas, 1985.

MATARAZZO, Dante C. *Análise financeira de balanços*. 2. ed. São Paulo: Atlas, 1989.

NASCIMENTO, José Olavo do. *Análise de balanços de empresas*. Revista Brasileira de Contabilidade, n. 85, dezembro de 1993.

OLINQUEVITH, José Leônicas e DE SANTI Filho, Armando. *Análise de balanços para controle gerencial*. 2. ed. São Paulo: Atlas, 1987.

PADOVEZE, Clóvis Luís. *Contabilidade gerencial: um enfoque em sistema de informação contábil*. 2. ed. São Paulo: Atlas, 1997.

_____. *Controladoria estratégica e operacional*. São Paulo: Pioneira Thomson, 2003.

PRESENTE, Mário. *Manual de estrutura e análise de balanços*. PUC – Campinas/FACECA, Campinas, 2000.

RIBEIRO, Osni Moura. *Contabilidade geral*. 2. ed. São Paulo: Saraiva, 1999.

SANDRONI, Paulo. *Novíssimo Dicionário de Economia*. São Paulo: Best Seller, 2001, p. 348 e 494.

SILVA, José Pereira da. *Análise financeira das empresas*. 3. ed. São Paulo: Atlas, 1996.

STICKNEY, Clyde B. e WEIL, Roman L. *Contabilidade Financeira*. São Paulo, Ed. Atlas, 2001, p. 876.

WALTER, Milton Augusto. *Introdução à análise de balanços*. 2. ed. São Paulo: Saraiva, 1981.